Knitting Patterns Book

쿠튀르 니트

대바늘 니트 패턴집 250

시다 히토미 지음 | 남궁가윤 옮김

한스미디어

이 책을 펴내며

1년에 한 권씩 출간한《쿠튀르 니트》가 여러분의 성원에 힘입어 올해로 열 권이 되었습니다.

《쿠튀르 니트》에 실린 무늬를 중심으로 패턴집을 펴내자는 감사한 제안을 받고,《쿠튀르 니트》에서 발표한 무늬, 지금까지 일하면서 생각해 낸 무늬, 그리고 새롭게 창작한 무늬에 에징을 더해서 250종류의 무늬를 책 한 권으로 정리했습니다.

이 작업을 하는 과정에서 지금까지 한 작업을 돌아보며, 저에게 무늬뜨기란 무엇인지 다시 생각해 보는 좋은 기회가 되었습니다.

실 한 가닥에서 태어나는 무늬뜨기는 전통적인 것에서부터 새로운 것까지 긴 세월 동안 많은 이들의 손을 거치며 나올 만한 무늬는 다 나왔다는 느낌도 없진 않으나 아직도 한없이 펼쳐지는 세계도 느낄 수 있습니다. 익숙한 무늬도 단면을 바꾸거나 다른 느낌을 더해 주면 전혀 다른 얼굴을 보여주기도 합니다. 그런 와중에 한 가지 무늬를 깊게 파고들어 가는 재미도 알았습니다.

그림의 액자와 마찬가지로 니트 작품도 테두리뜨기를 어떻게 하느냐에 따라 분위기가 완전히 달라집니다. 개성 있는 테두리뜨기를 원하는 마음이 에징으로 발전했습니다.

무늬를 변형하는 방법을 보여드리기 위해 한 가지 무늬로 두 가지 뜨개 바탕을 만들어 보았습니다. 여러분이 무늬를 변형할 때 힌트가 된다면 기쁘겠습니다.

제 안에서 태어난 무늬를 여러분에게 넘겨 드리고, 처음부터 다시 시작하는 기분으로 새로운 무늬와 마주하고 싶습니다.

뜨개질의 즐거움과 깊이를 가르쳐 주신 선생님들과 친구들의 인도 덕분에 저는 지금 뜨개질을 하는 행복을 느끼고 있습니다.

《쿠튀르 니트》부터 이번 책까지 편집에 힘써 주신 분들과 뜨개 바탕을 제작해 주신 분들께 진심으로 감사드립니다. 정말 고생 많으셨습니다. 많은 분의 도움으로 이 책이 완성된 것에 감사할 뿐입니다.

2005년 12월 시다 히토미

증보개정판을 펴내며

2005년에《대바늘 니트 패턴집 250》이 나온 지 16년이라는 세월이 흘렀습니다. 일본에서는 2012년에 절판되었기 때문에 책을 구할 수 없는 상태가 오랫동안 이어졌습니다. 올해 1월에 증보개정판을 내자는 제의를 받고, 새로운 장정으로 이 패턴집을 다시 낼 수 있게 되어 무척 기쁩니다.

증보개정판에서는 각 섹션에서 무늬를 골라서 새롭게 작품을 만들었습니다. 저에게 무늬 제작의 전기가 된 뜨개 바탕이나 좋아하는 무늬를 골라서 뜨개 도안 그대로 만들기도 하고 변형을 해 보기도 했으며 소재를 바꾸고 색은 무염색을 중심으로 하여 연한 색으로 뜨개질해 봤습니다.

16년 전의 글을 다시 읽으며 중요한 것을 독자들께 건넨 안도감과 쓸쓸함이 뒤섞인 묘한 기분이 들었던 것이 생각났습니다. 그 후에 처음부터 다시 시작한 것이《대바늘 손뜨개 패턴집 260》으로 이어졌습니다.

《대바늘 손뜨개 패턴집 260》에 실린 무늬는 각각 작은 날개를 달고 여러 나라로 날아갔습니다. 그 힘이《대바늘 니트 패턴집 250》에서 이루지 못한 소망을 바람에 실어 머나먼 나라로 불러들여 주었습니다. 이《대바늘 니트 패턴집 250》이 제 무늬 제작의 원천이자 돌아갈 장소라고 새삼 느꼈습니다.

뜨개질을 좋아하는 분들이 이 패턴집을 책장 한 귀퉁이에 두었다가 작품을 만들 때 조금이라도 도움이 된다면 기쁘겠습니다.

증보개정판 출간을 도와주신 모든 분께 진심으로 감사드립니다.

2021년 10월 시다 히토미

CONTENTS

Knitting Patterns Book 250
비침무늬

이 풀오버의 무늬는 제가 만든 무늬 중에서도 잊을 수 없는 작품입니다.
단마다 무늬를 변형하여 나비 같은 레이스무늬가 생겨나고,
실을 감는 위치와 횟수를 여러모로 궁리하여 꽃 모양이 된 스모크무늬와 만났습니다.
꽃의 좌우에는 지그재그 레이스를 넣어서 나만의 화려함이 담긴 무늬가 되었습니다.

086 무늬 사용 제작/ 나시모토 아케미 사용 실/ 다이아 태즈메이니안 메리노 뜨는 방법/ P.128

001

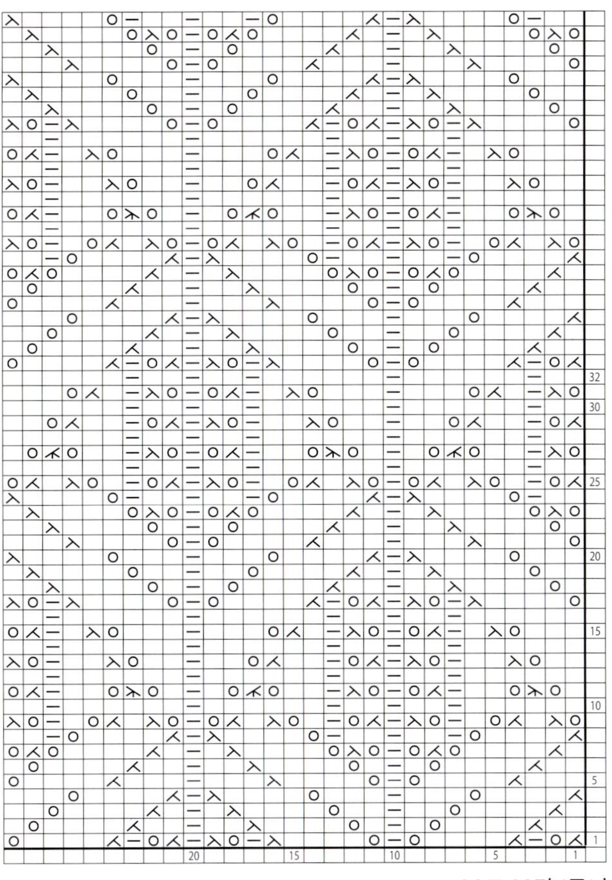

□ = ◫ 겉뜨기

20코 32단 1무늬

002

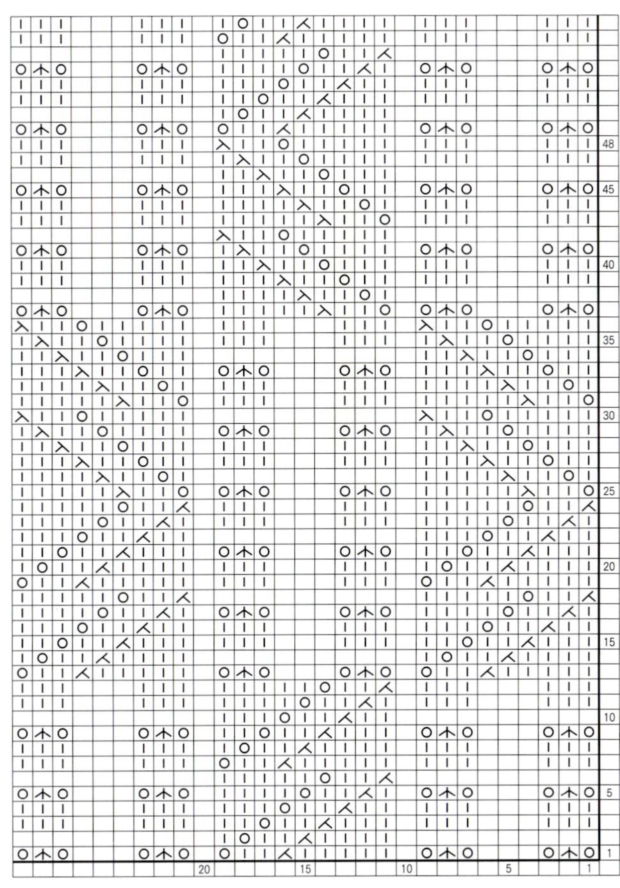

□ = ⊟ 안뜨기

20코 48단 1무늬

003

□ = ⊟ 안뜨기 [symbol] = P.123 참조

24코 28단 1무늬

004

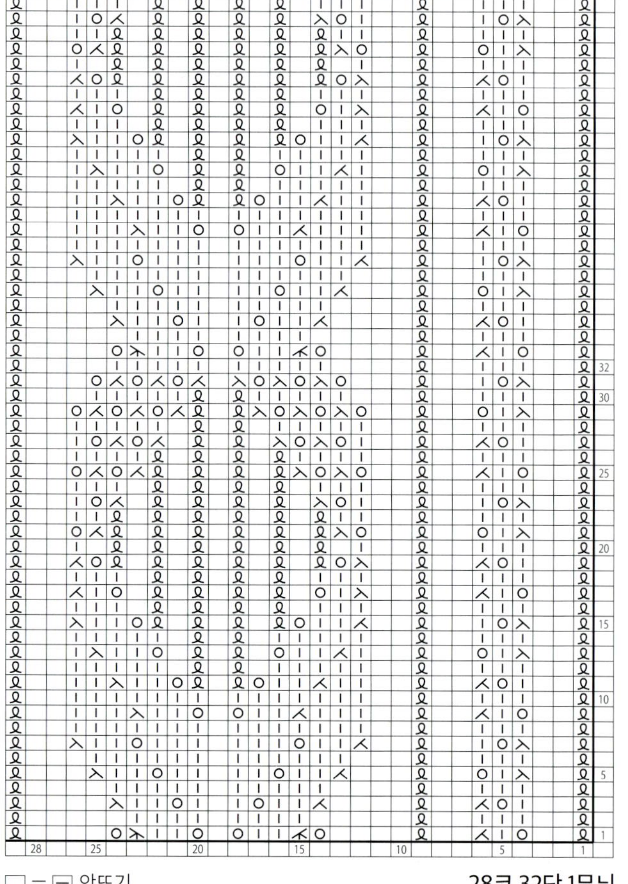

□ = ⊟ 안뜨기

28코 32단 1무늬

005

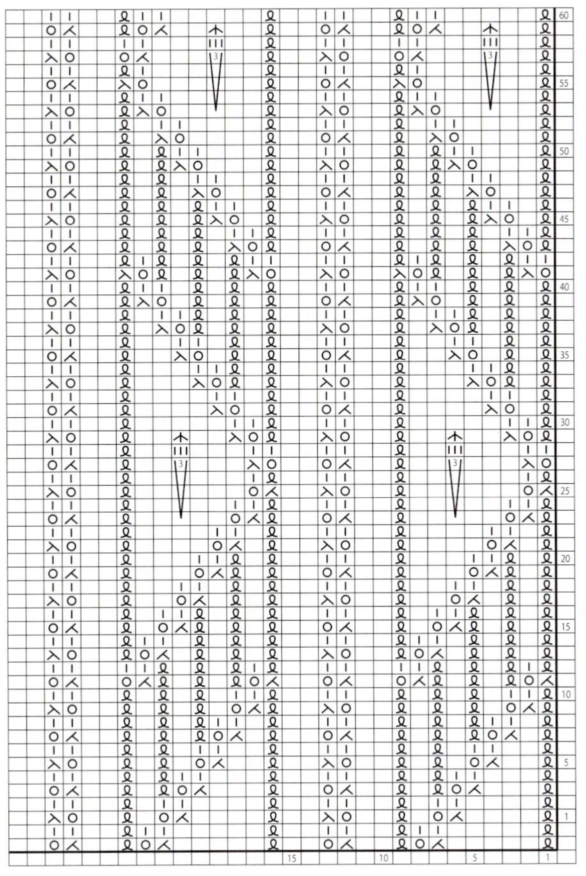

□ = ⊟ 안뜨기

15코 60단 1무늬

006

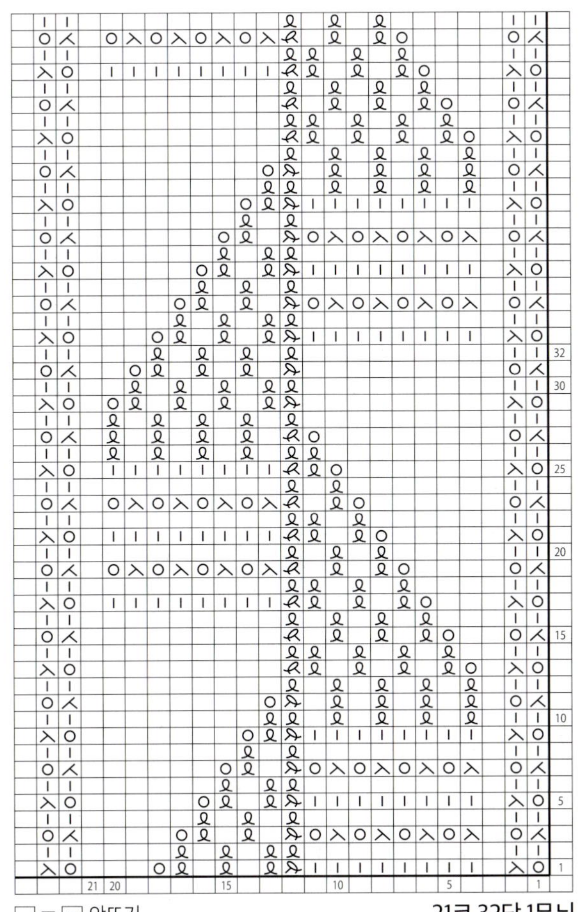

□ = ⊟ 안뜨기

21코 32단 1무늬

007

□ = ⊟ 안뜨기

18코 28단 1무늬

008

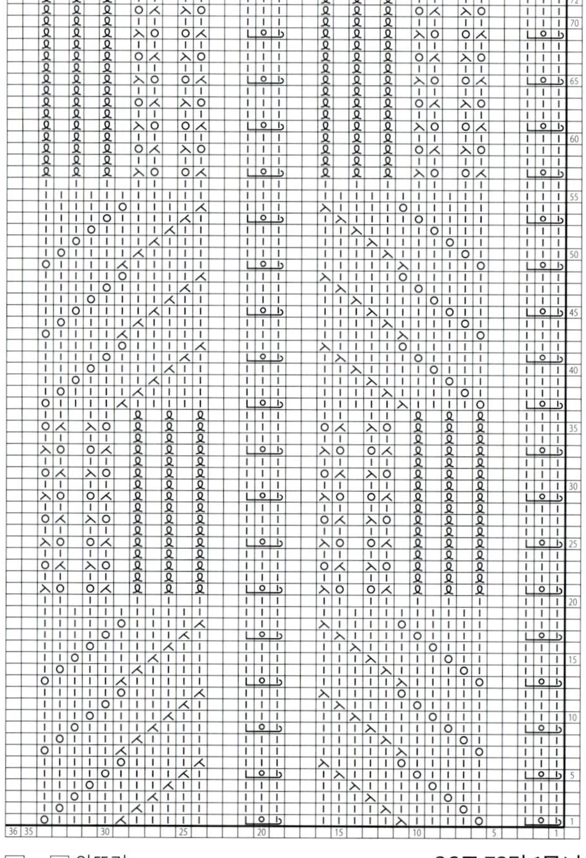

□ = ⊟ 안뜨기

36코 72단 1무늬

009

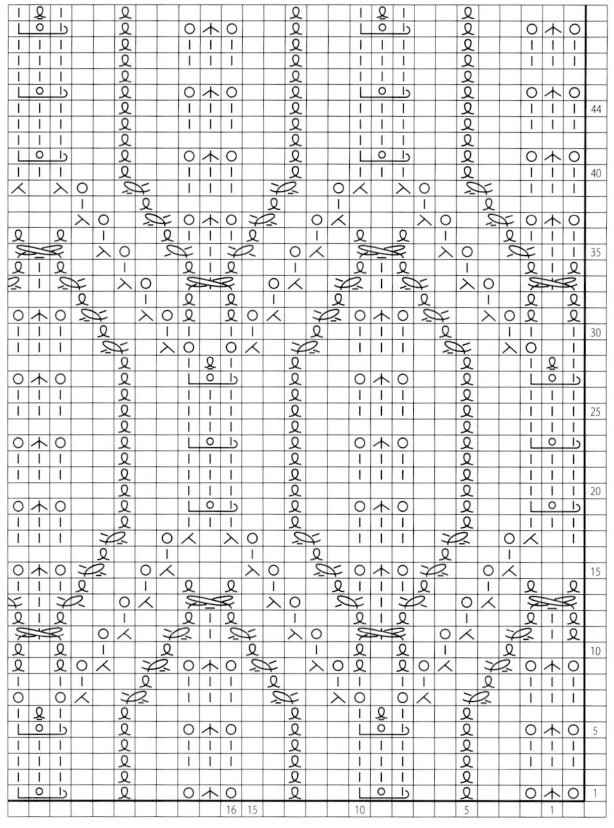

□ = ⊟ 안뜨기

16코 44단 1무늬

010

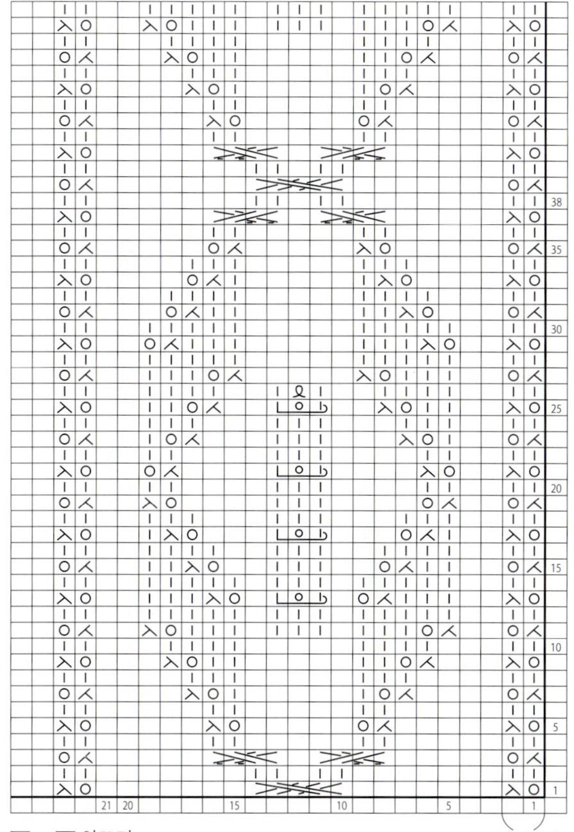

□ = ⊟ 안뜨기

4단 1무늬

21코 38단 1무늬

011

□ = ⊟ 안뜨기

14코 30단 1무늬

012

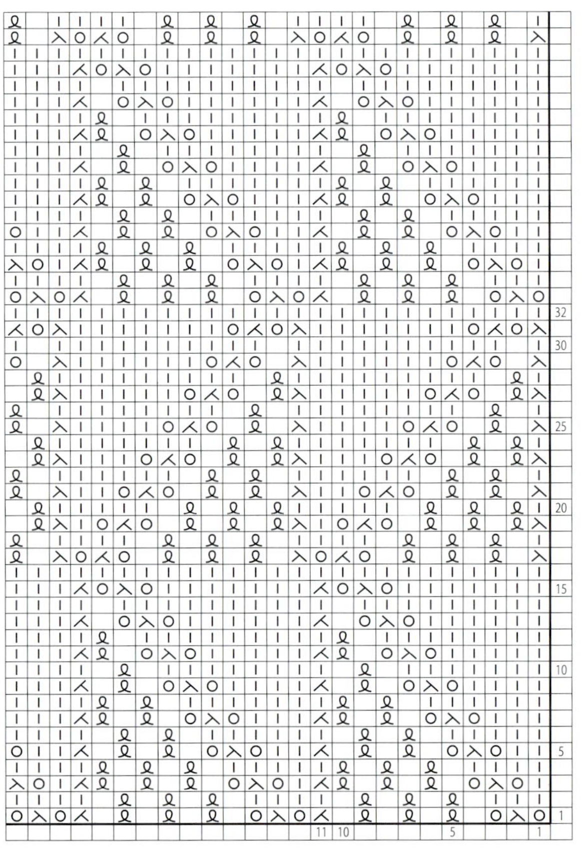

□ = ⊟ 안뜨기

11코 32단 1무늬

013

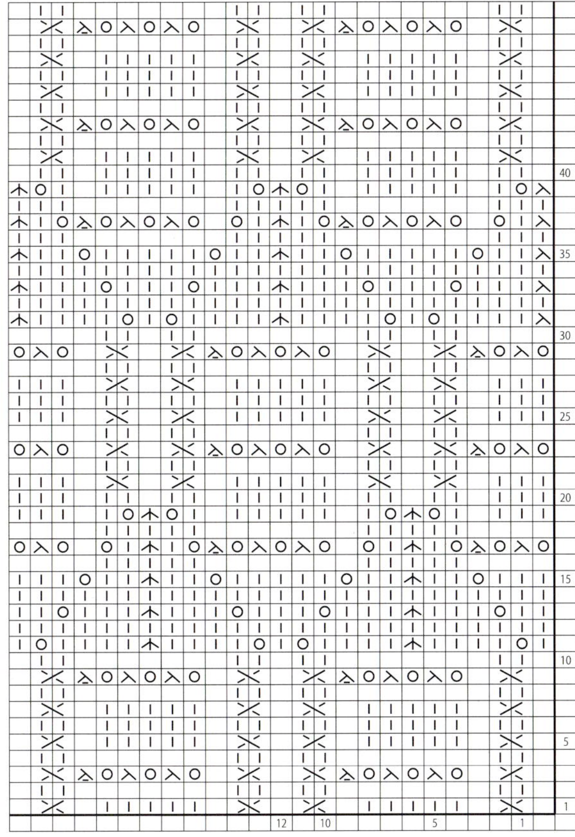

□ = ⊟ 안뜨기

12코 40단 1무늬

014

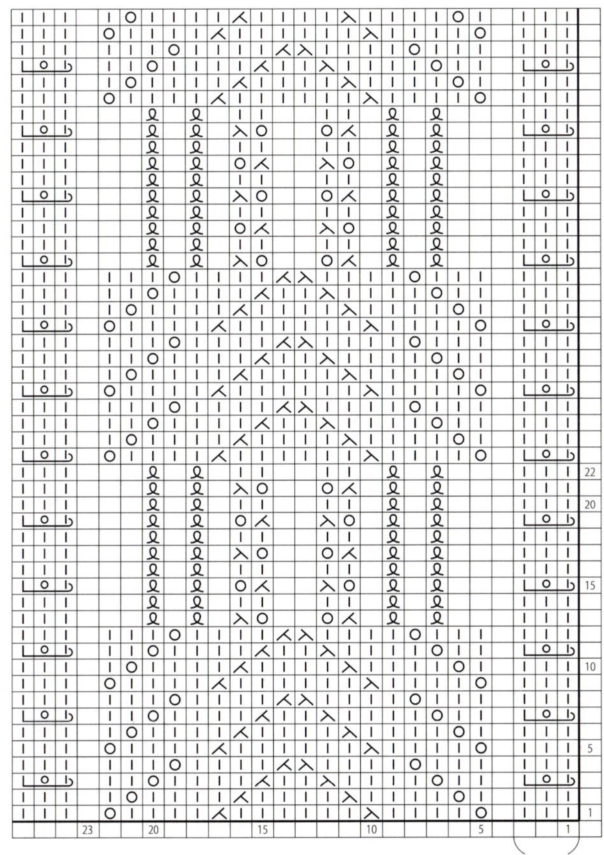

□ = ⊟ 안뜨기

4단 1무늬

23코 22단 1무늬

015

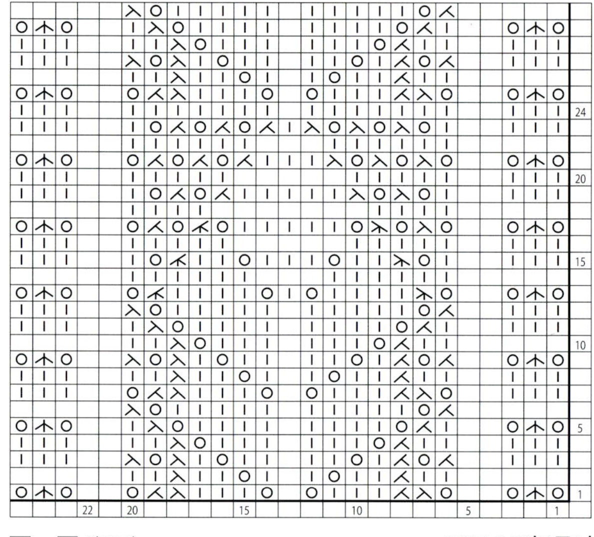

□ = ⊟ 안뜨기

22코 24단 1무늬

016

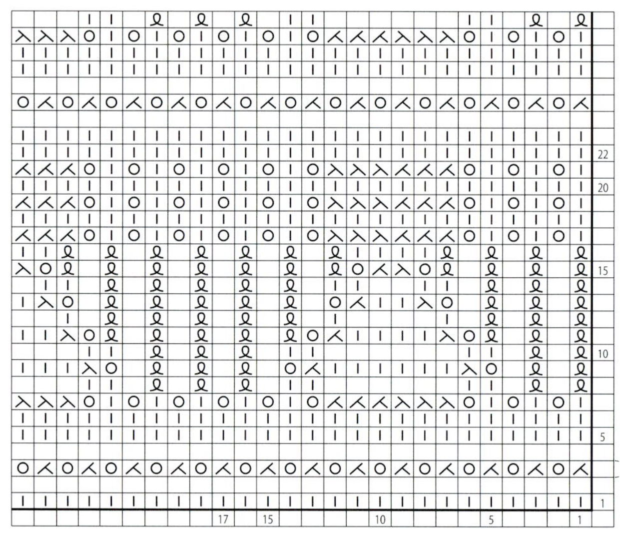

□ = ⊟ 안뜨기

17코 22단 1무늬

017

□ = ⊟ 안뜨기

16코 24단 1무늬

018

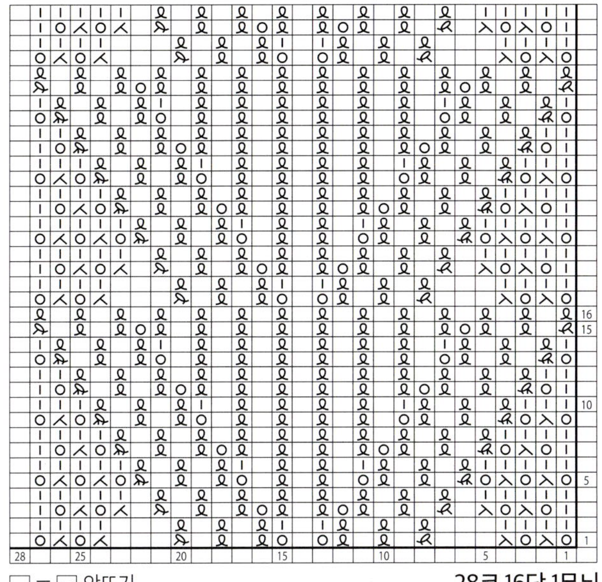

□ = ⊟ 안뜨기

28코 16단 1무늬

019

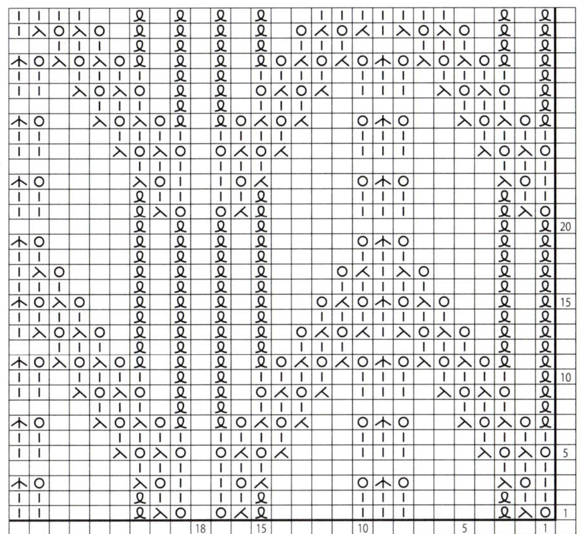

□ = ⊟ 안뜨기

18코 20단 1무늬

020

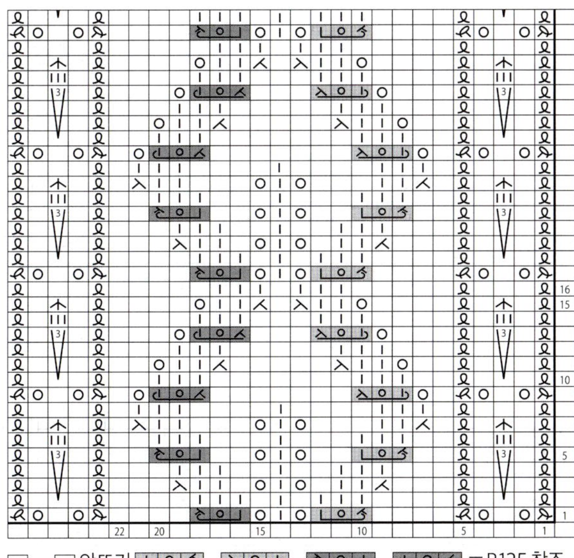

□ = ⊟ 안뜨기 · · · = P.125 참조

22코 16단 1무늬

021

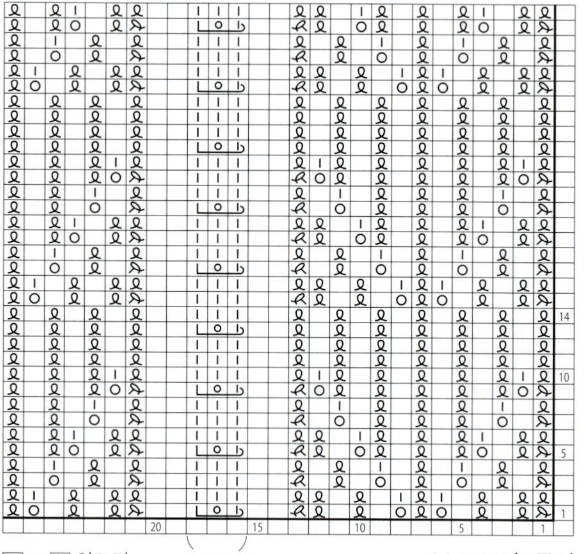

□ = ⊟ 안뜨기

20코 14단 1무늬

022

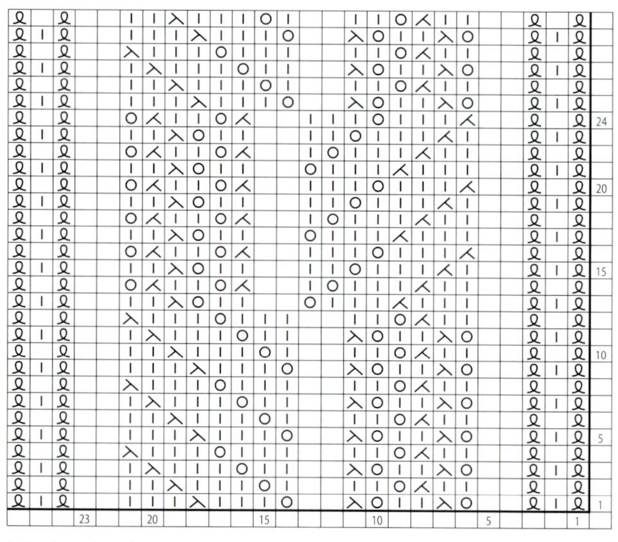

□ = ⊟ 안뜨기

23코 24단 1무늬

023

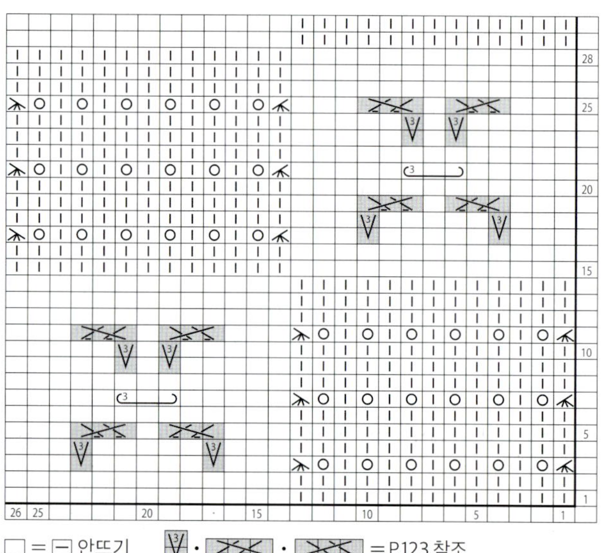

□ = ⊟ 안뜨기 · · = P.123 참조

26코 28단 1무늬

024

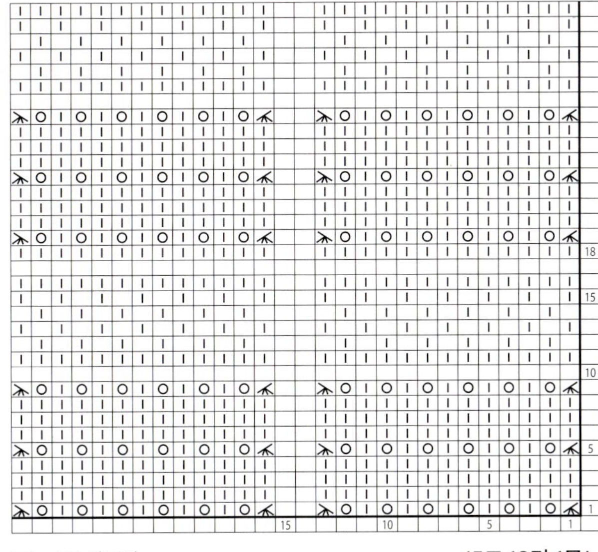

□ = ⊟ 안뜨기

15코 18단 1무늬

025

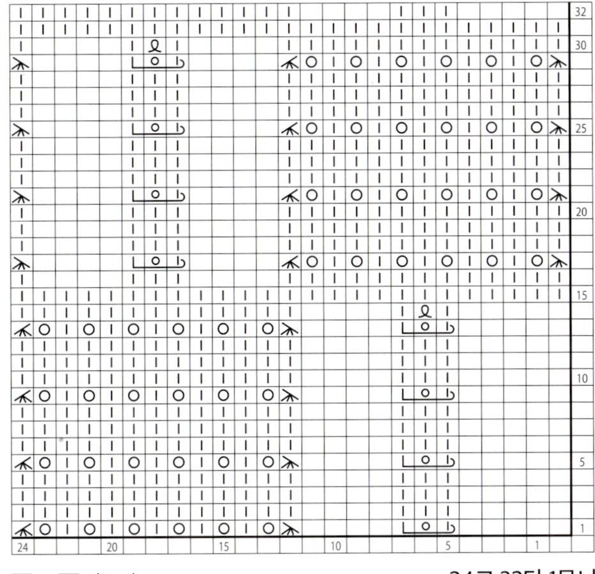

□ = ⊟ 안뜨기

24코 32단 1무늬

026

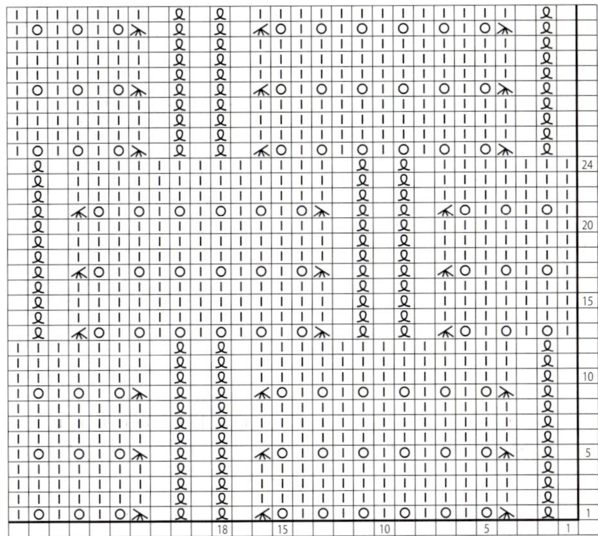

□ = ⊟ 안뜨기

18코 24단 1무늬

027

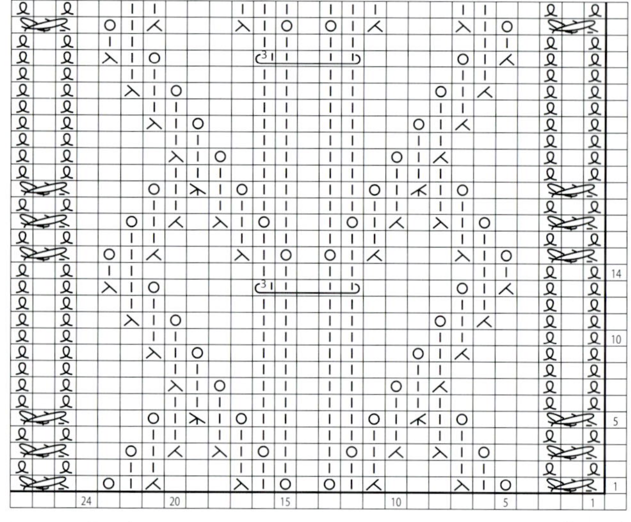

□ = ⊟ 안뜨기

24코 14단 1무늬

028

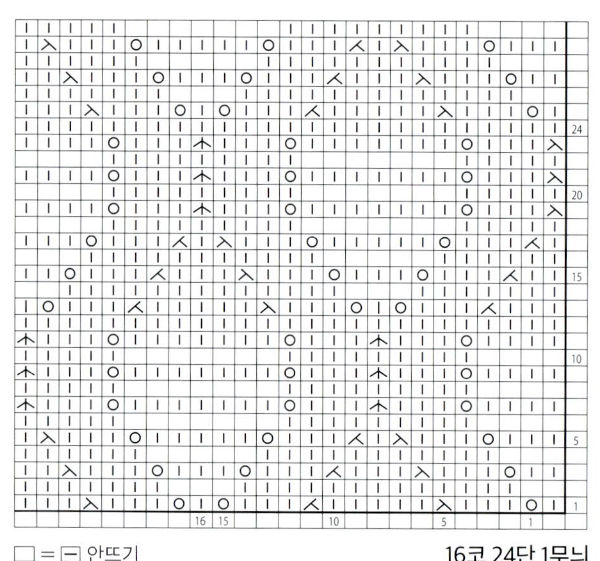

□ = ⊟ 안뜨기

16코 24단 1무늬

029

20코 12단 1무늬

030

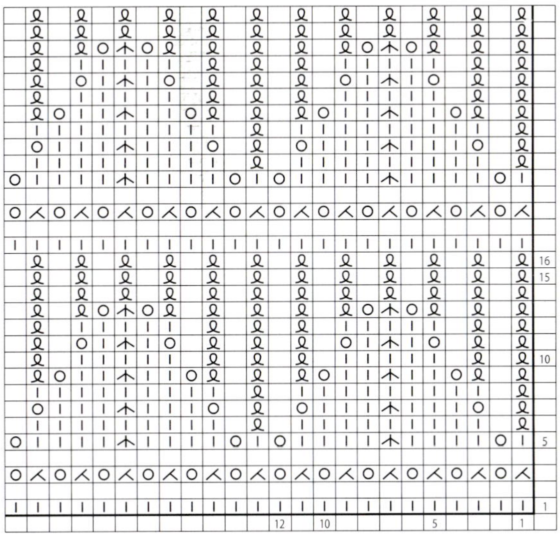

□ = ⊟ 안뜨기

12코 16단 1무늬

031

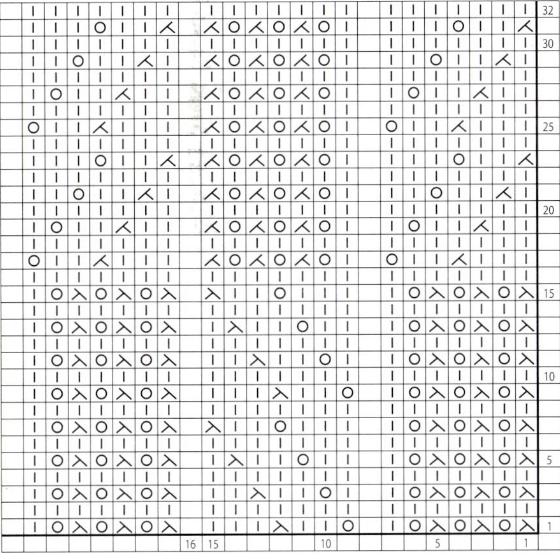

□ = ⊟ 안뜨기

16코 32단 1무늬

032

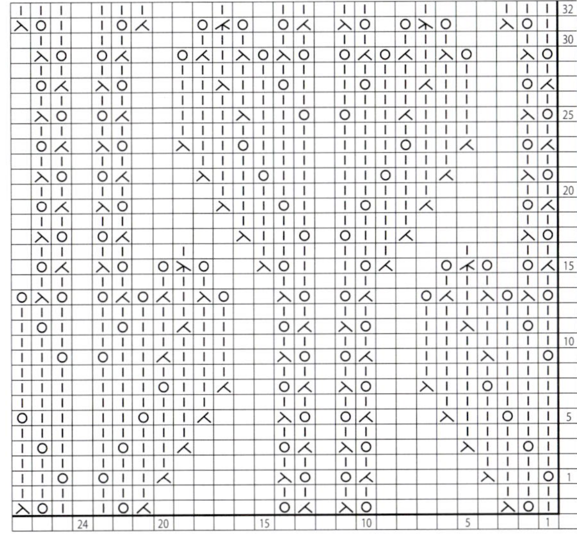

□ = ⊟ 안뜨기

24코 32단 1무늬

033

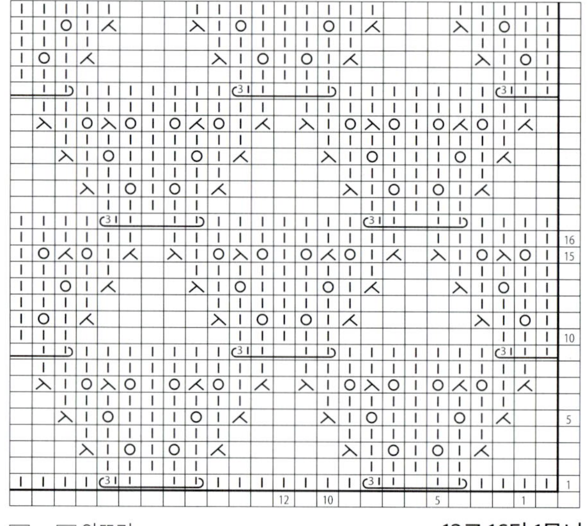

□ = ⊟ 안뜨기

12코 16단 1무늬

034

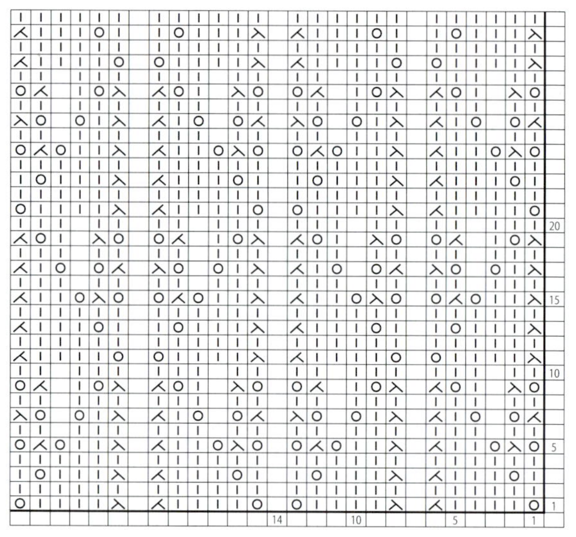

□ = ⊟ 안뜨기

14코 20단 1무늬

035

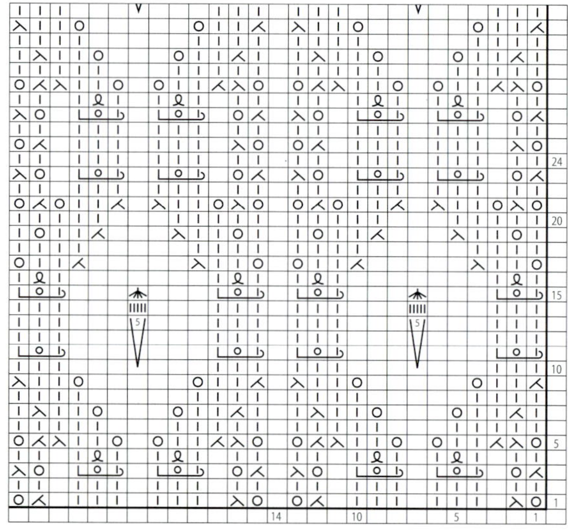

□ = ⊟ 안뜨기

14코 24단 1무늬

036

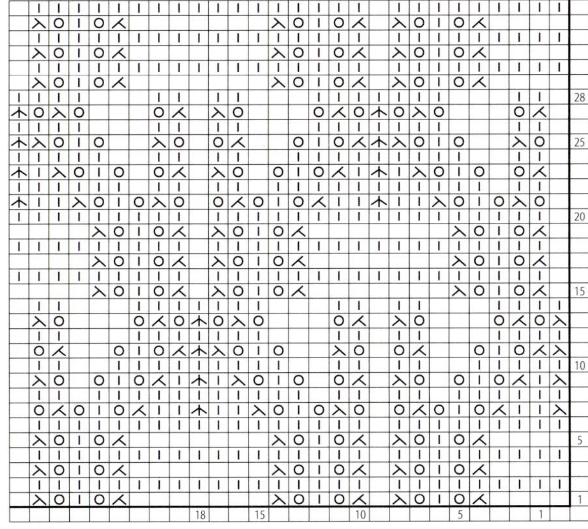

□ = ⊟ 안뜨기

18코 28단 1무늬

037

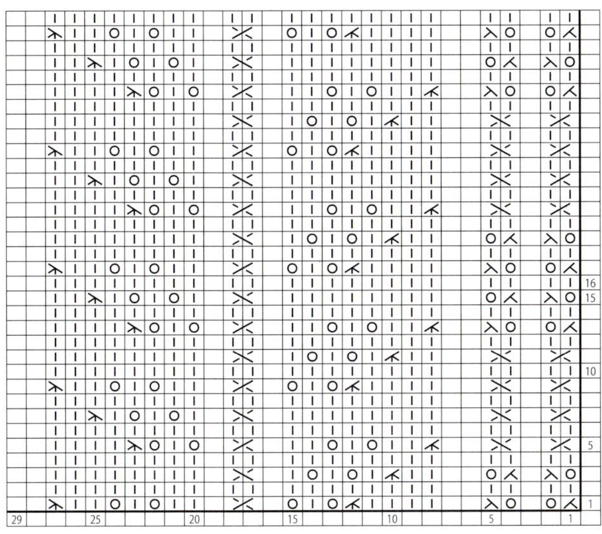

□ = ⊟ 안뜨기

29코 16단 1무늬

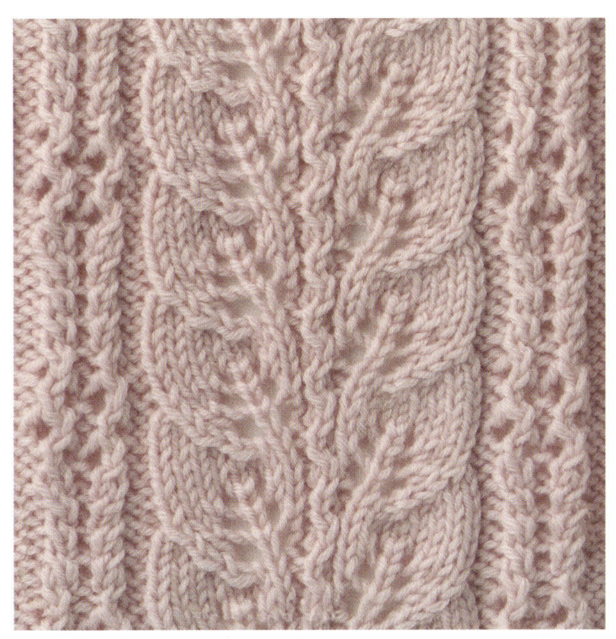

038

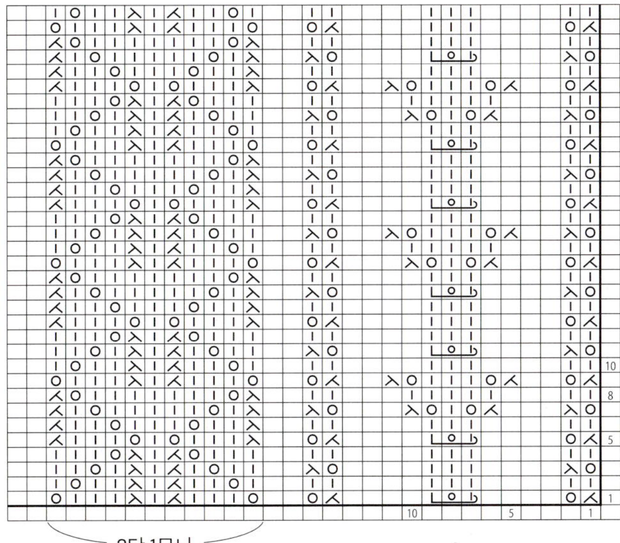

8단 1무늬

□ = ⊟ 안뜨기

30코 10단 1무늬

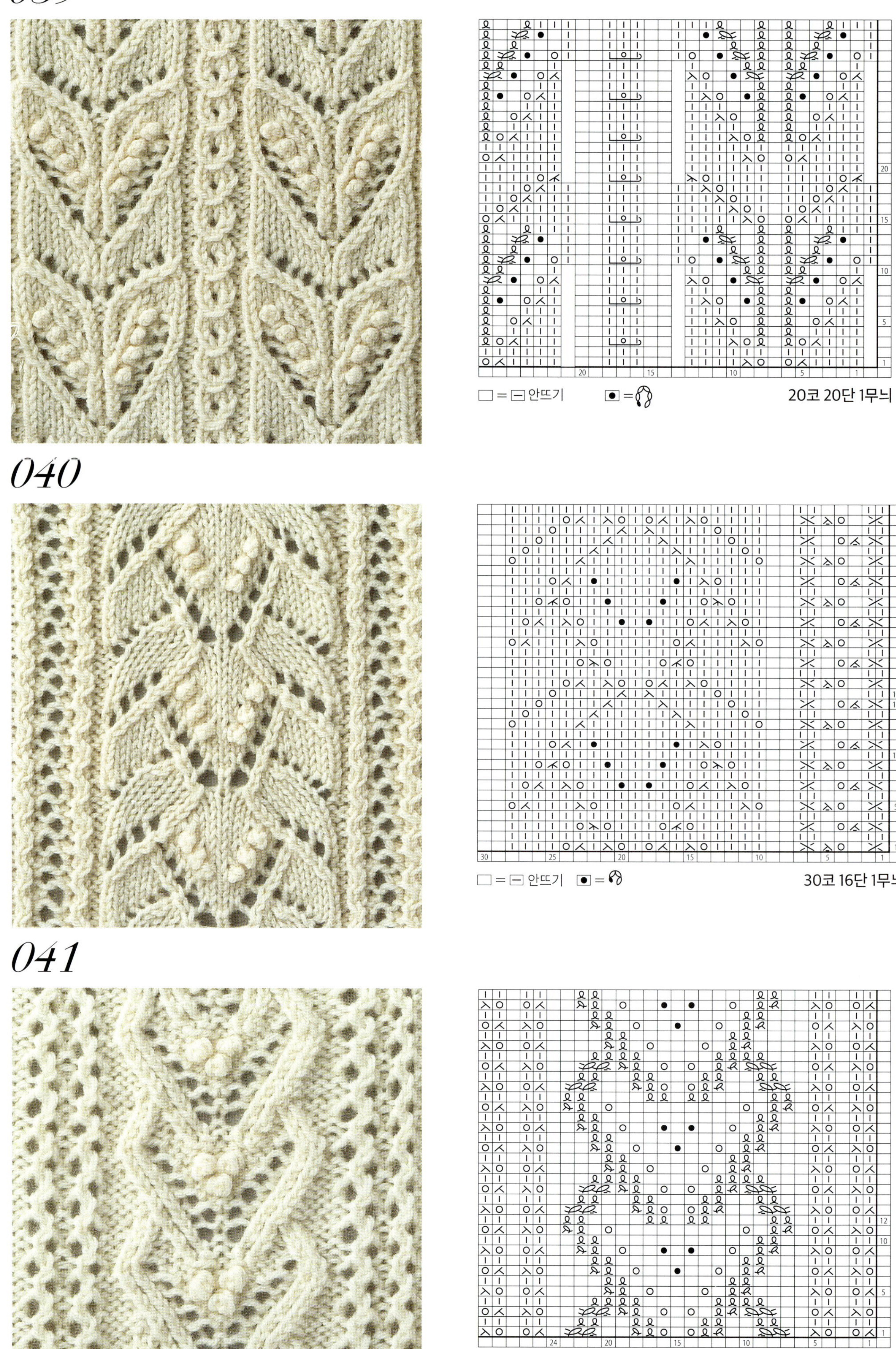
039
□ = ⊟ 안뜨기
20코 20단 1무늬
040
□ = ⊟ 안뜨기
30코 16단 1무늬
041
□ = ⊟ 안뜨기
24코 12단 1무늬

042

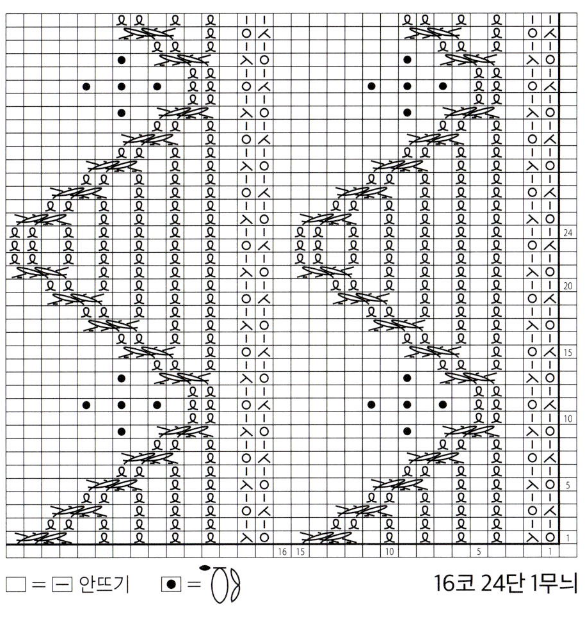

□ = ⊟ 안뜨기 ● =

16코 24단 1무늬

043

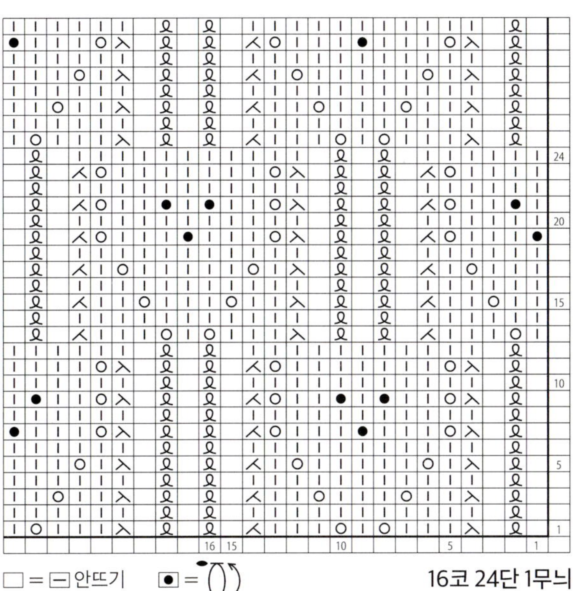

□ = ⊟ 안뜨기 ● =

16코 24단 1무늬

044

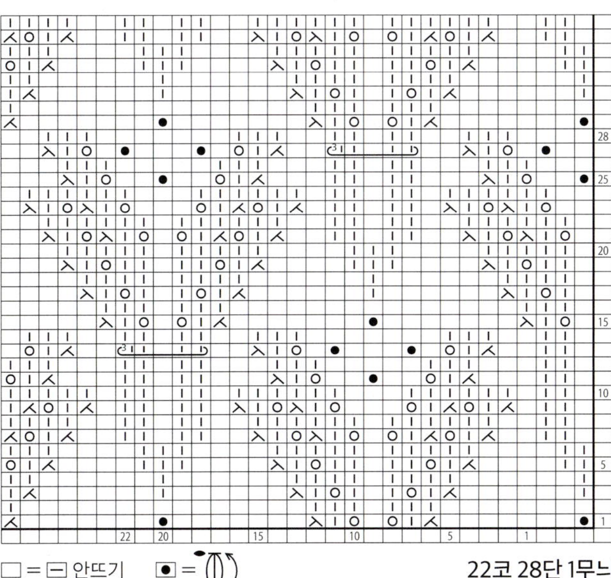

□ = ⊟ 안뜨기 ● =

22코 28단 1무늬

045

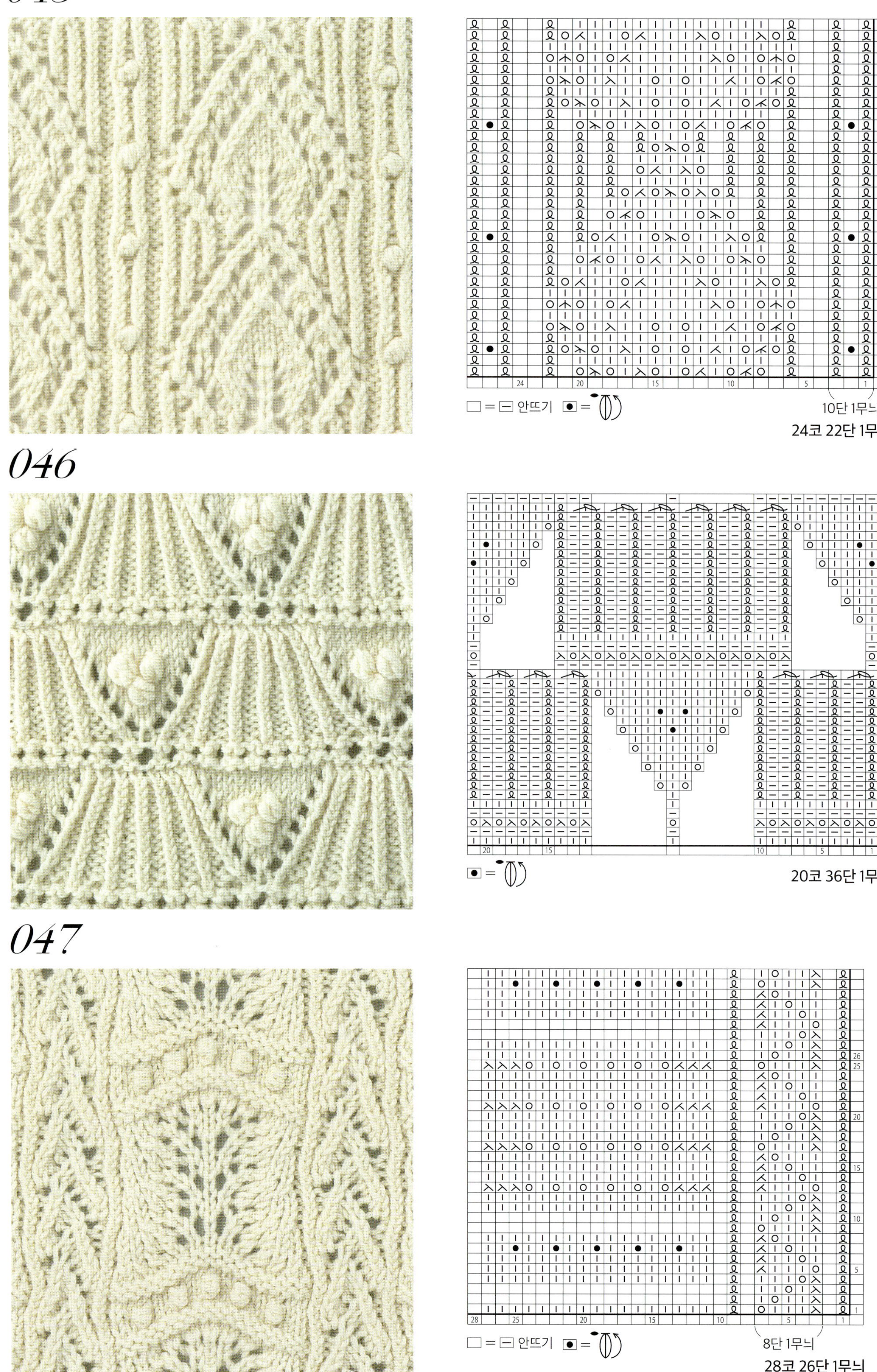

□ = ⊟ 안뜨기

10단 1무늬

24코 22단 1무늬

046

20코 36단 1무늬

047

□ = ⊟ 안뜨기

8단 1무늬

28코 26단 1무늬

048

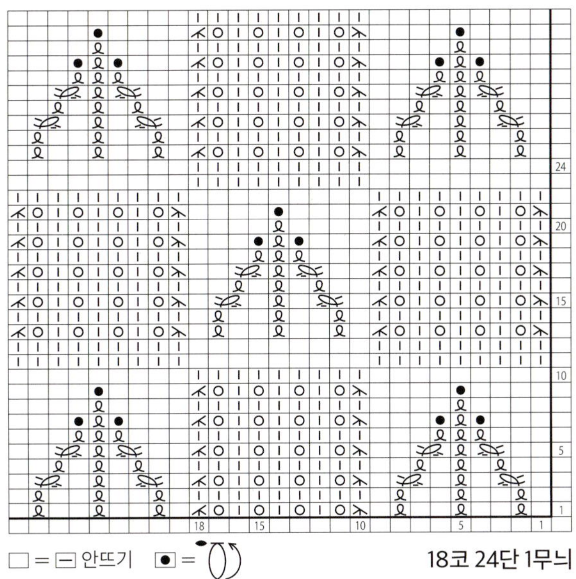

□ = ⊟ 안뜨기 ● =

18코 24단 1무늬

049

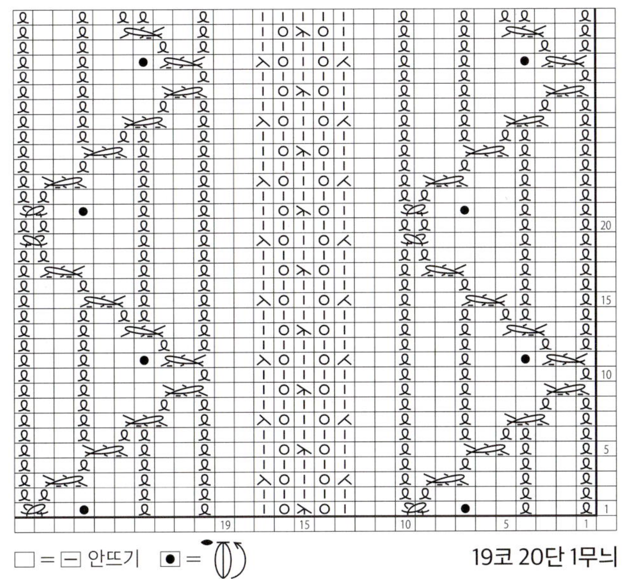

□ = ⊟ 안뜨기 ● =

19코 20단 1무늬

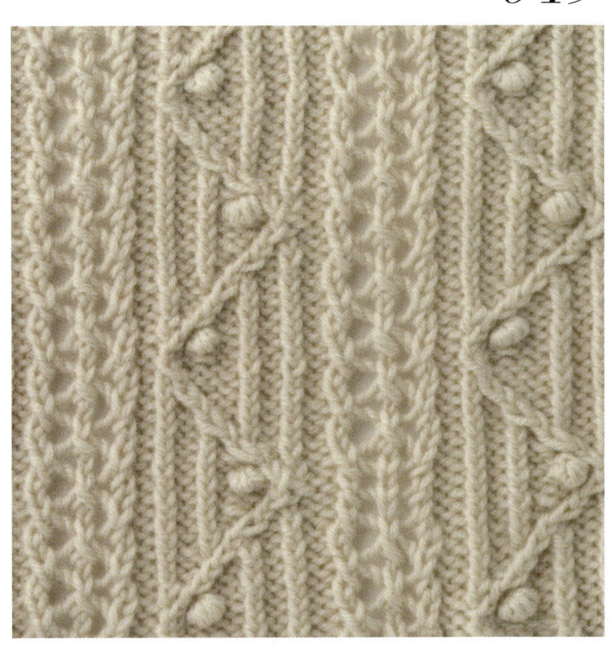

050

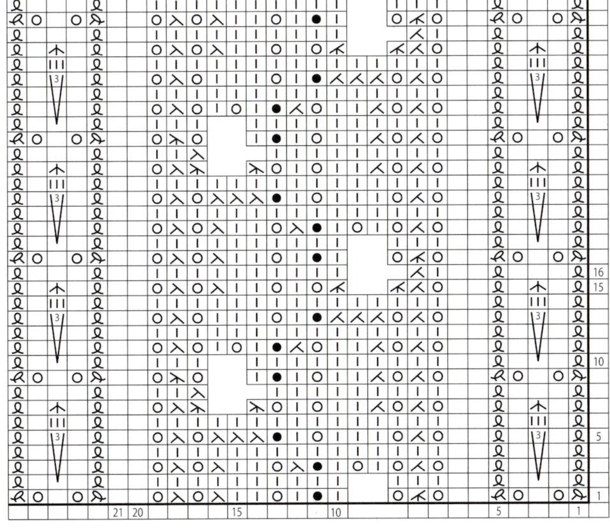

□ = ⊟ 안뜨기 ● =

21코 16단 1무늬

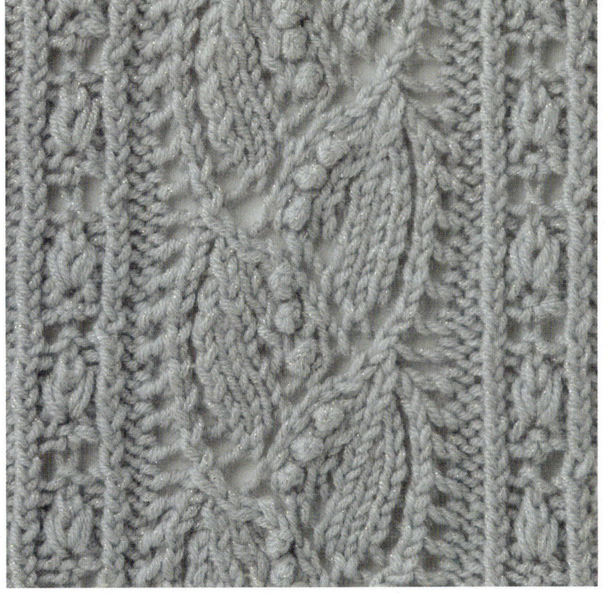

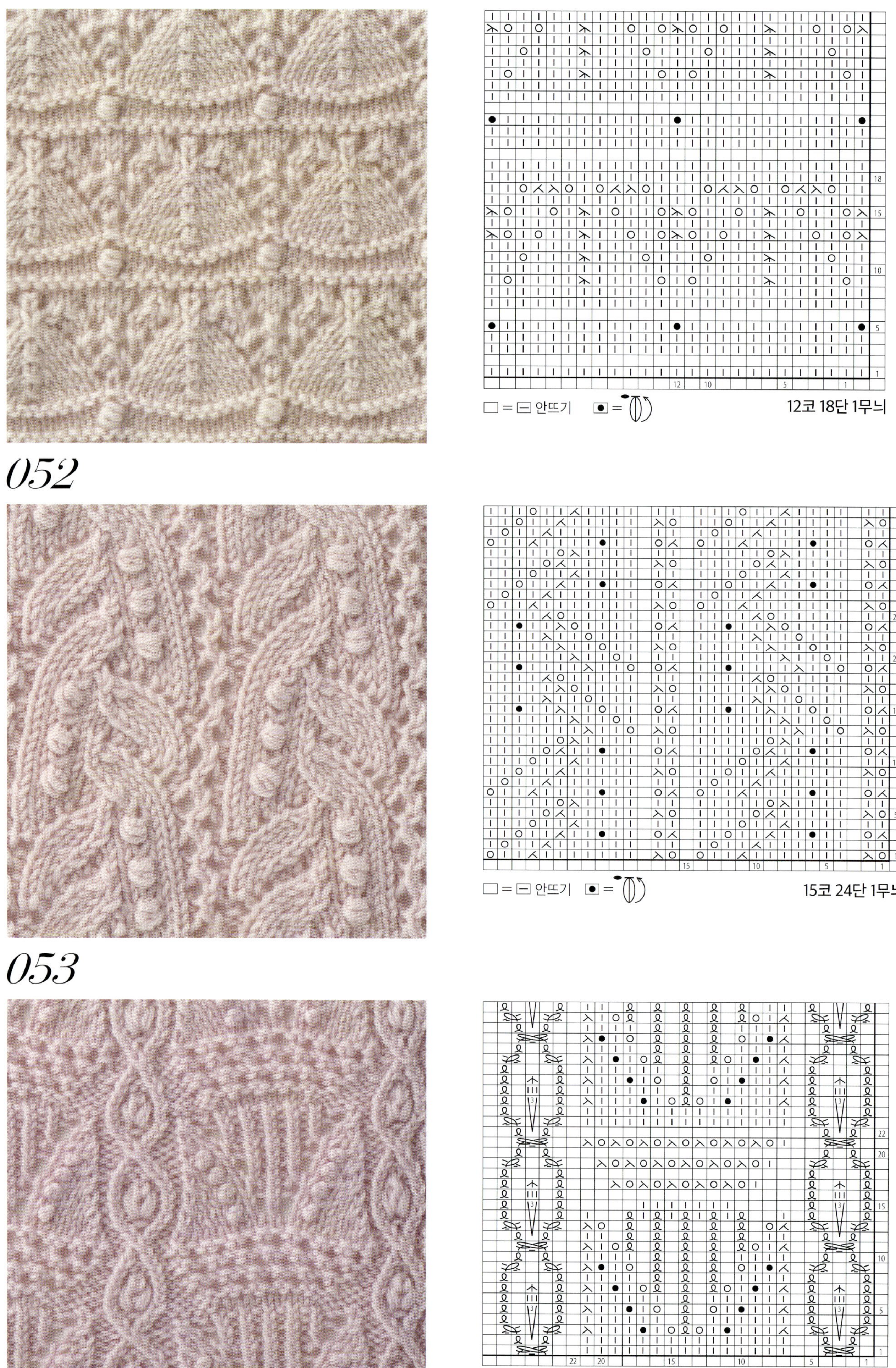
051
□ = ⊟ 안뜨기
12코 18단 1무늬
052
□ = ⊟ 안뜨기
15코 24단 1무늬
053
□ = ⊟ 안뜨기
10단 1무늬
22코 22단 1무늬

054

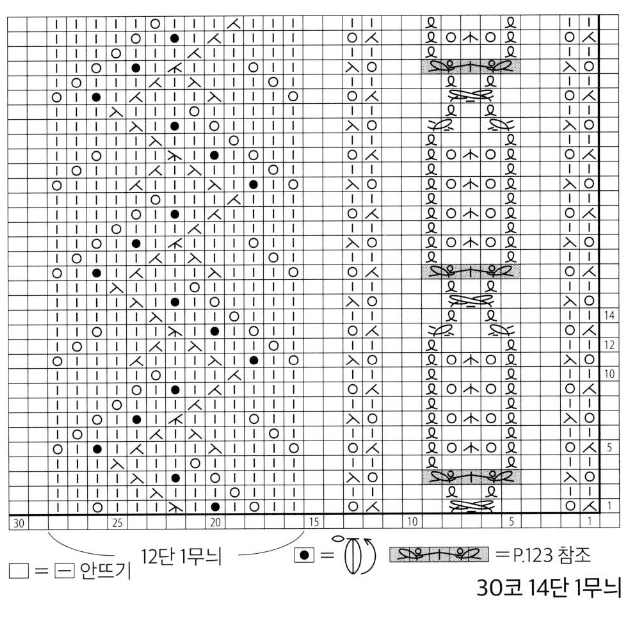

□ = ⊟ 안뜨기 12단 1무늬 ● = (symbol) (symbol) = P.123 참조

30코 14단 1무늬

055

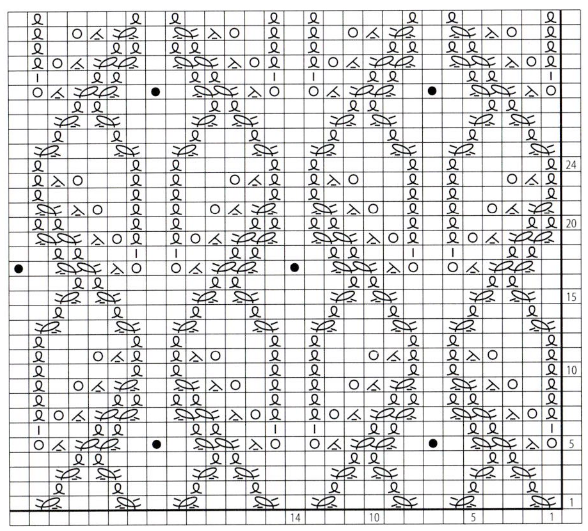

□ = ⊟ 안뜨기 ● = (symbol)

14코 24단 1무늬

056

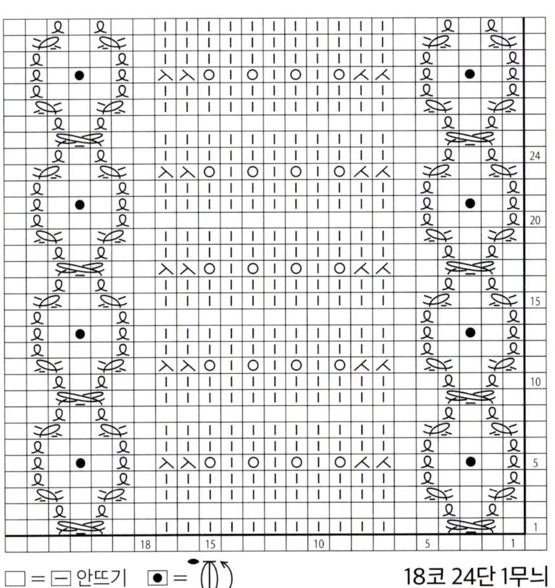

□ = ⊟ 안뜨기 ● = (symbol)

18코 24단 1무늬

057

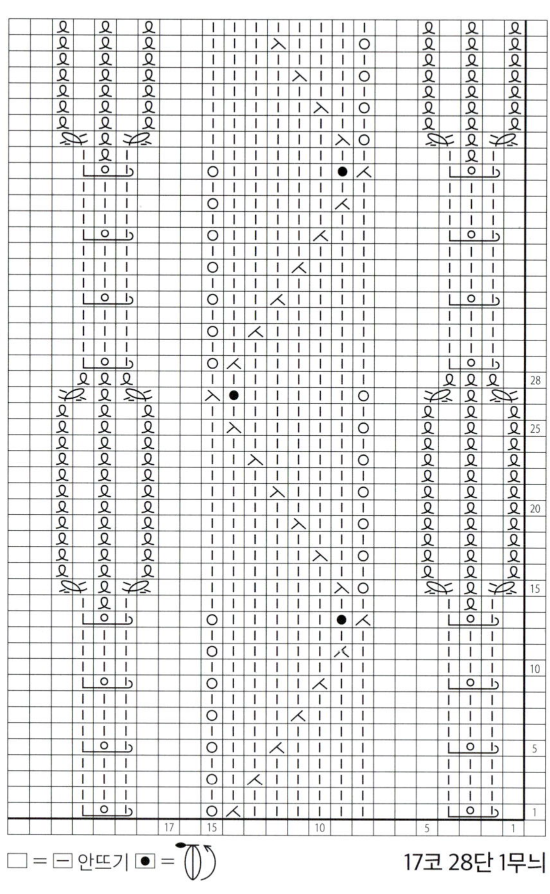

□ = ⊟ 안뜨기 ● =

17코 28단 1무늬

058

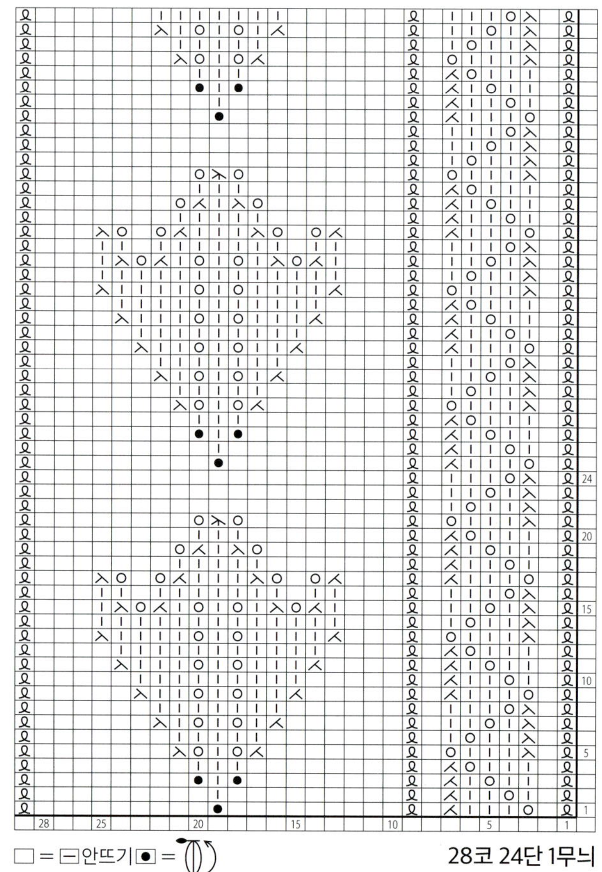

□ = ⊟ 안뜨기 ● =

28코 24단 1무늬

059

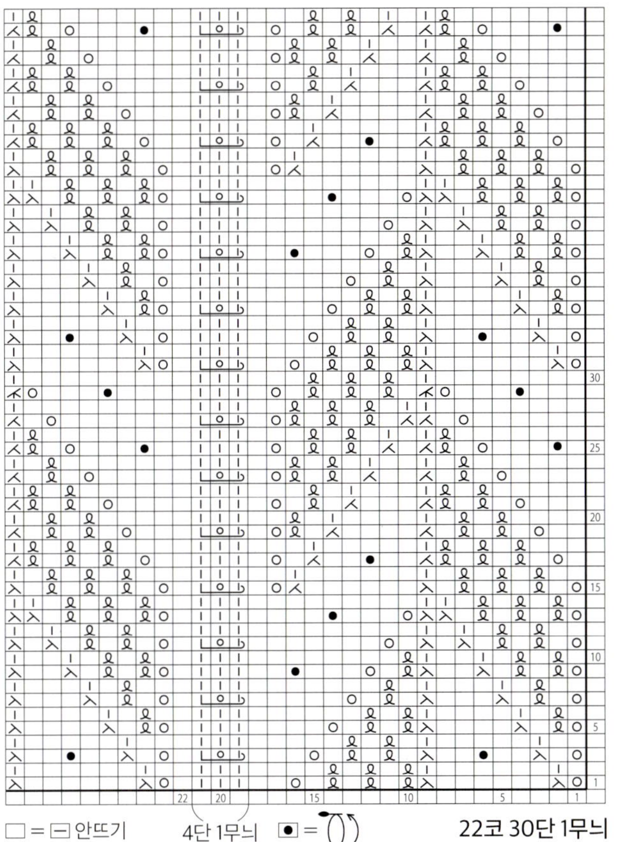

060

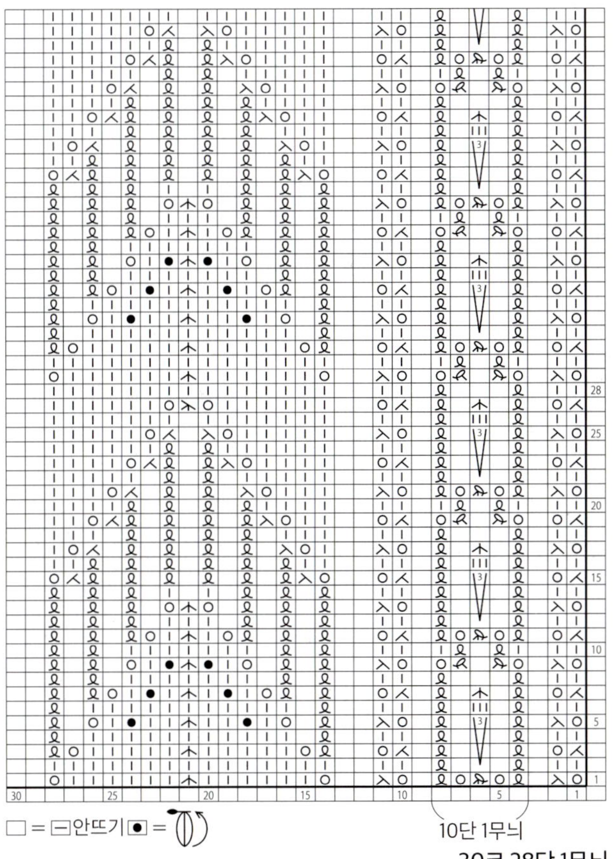

061

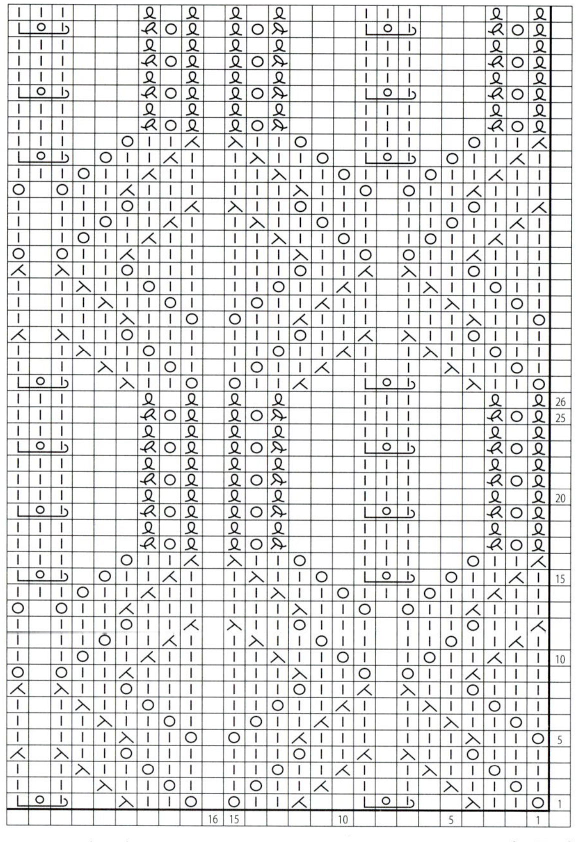

□ = ⊟ 안뜨기

16코 26단 1무늬

062

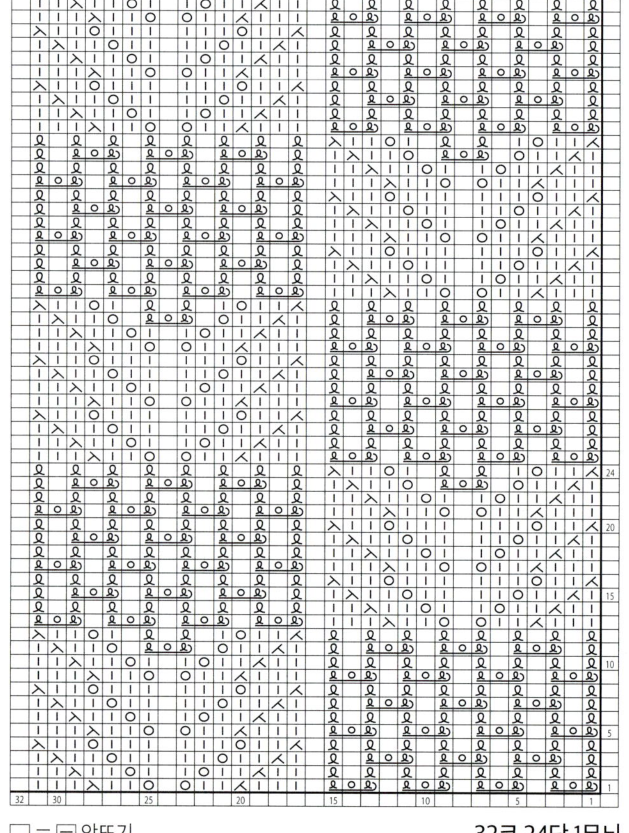

□ = ⊟ 안뜨기

32코 24단 1무늬

063

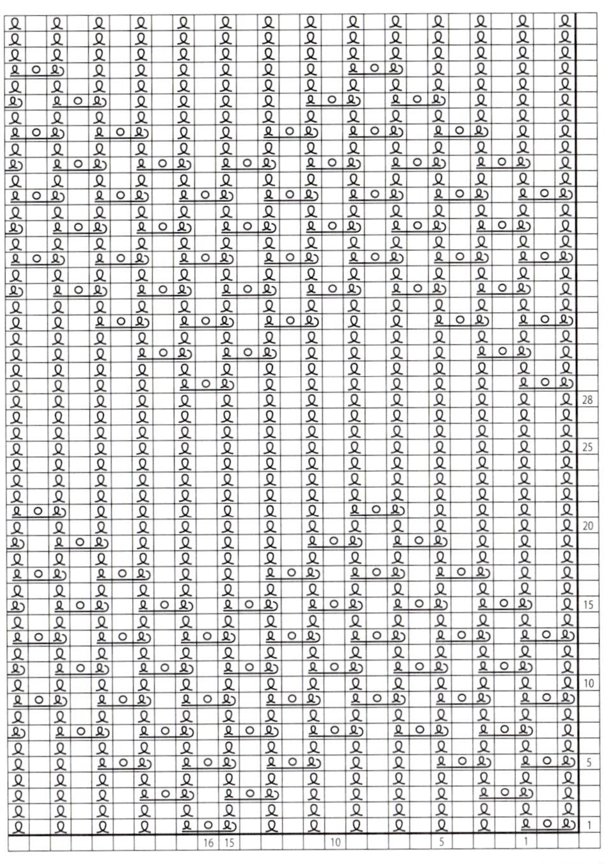

□ = ⊟ 안뜨기

16코 28단 1무늬

064

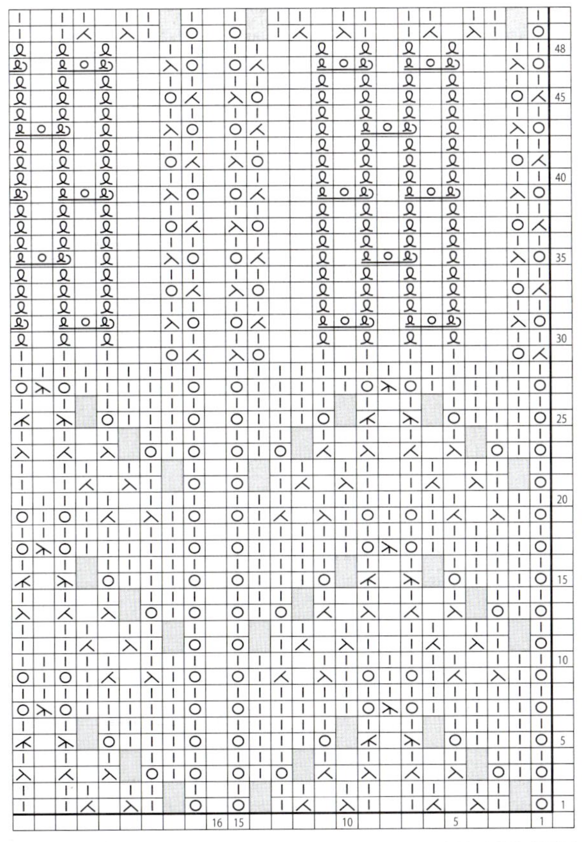

□ = ⊟ 안뜨기

16코 48단 1무늬

065

□ = ⊟ 안뜨기

18코 22단 1무늬

066

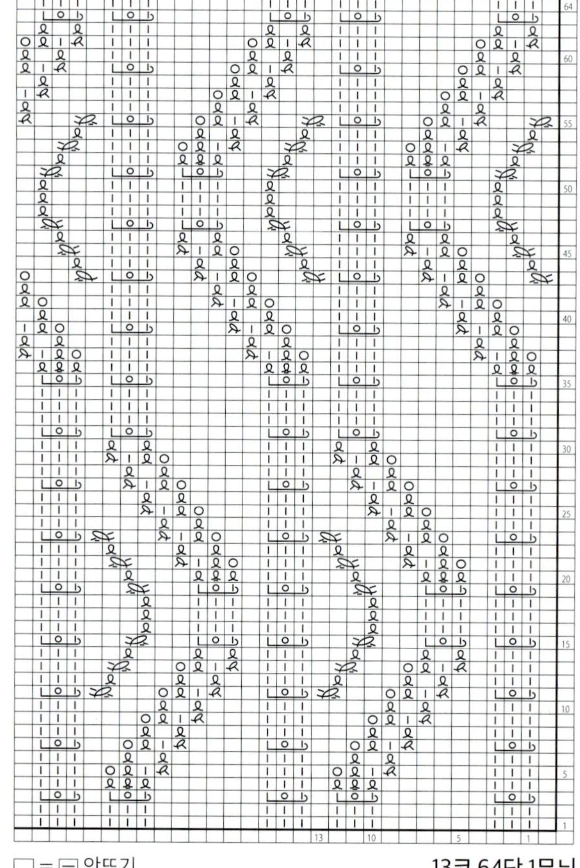

□ = ⊟ 안뜨기

13코 64단 1무늬

067

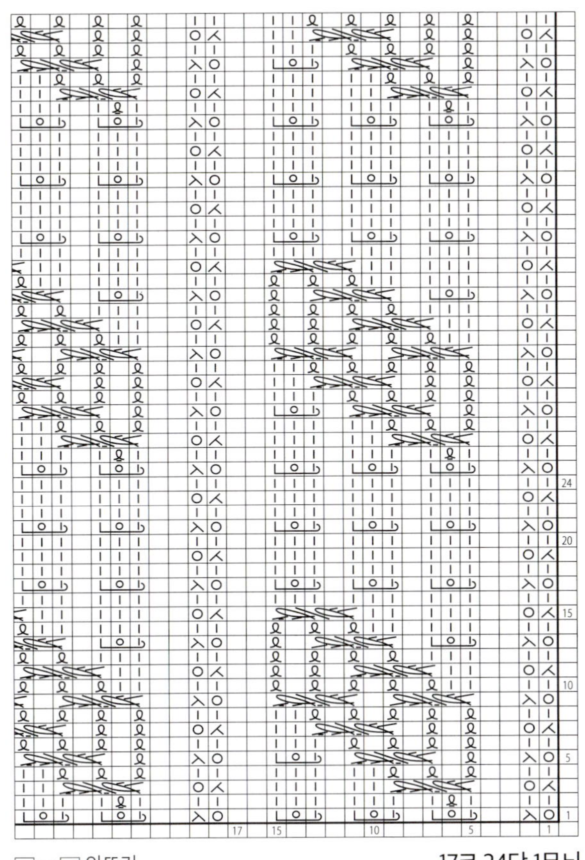

□ = ⊟ 안뜨기

17코 24단 1무늬

068

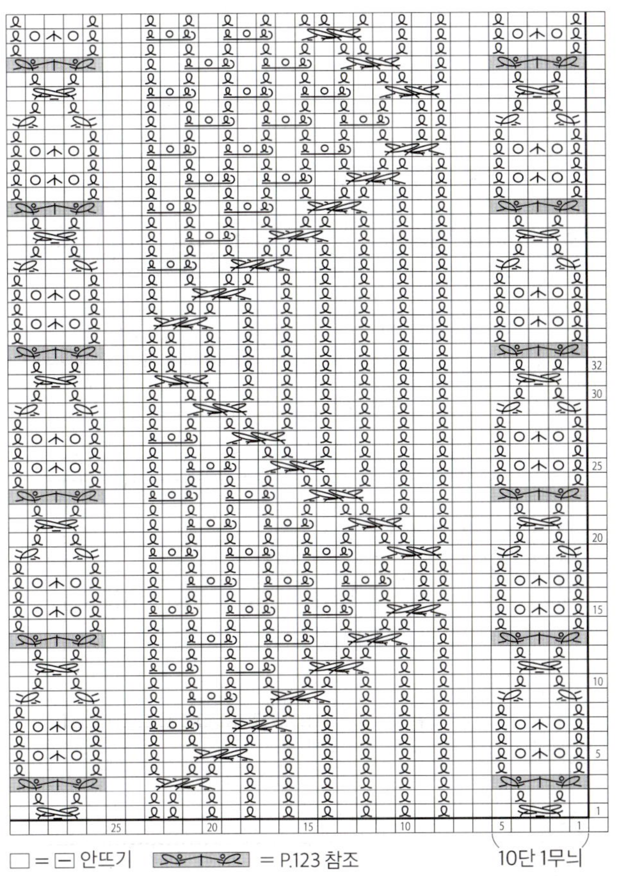

□ = ⊟ 안뜨기 = P.123 참조

10단 1무늬

25코 32단 1무늬

069

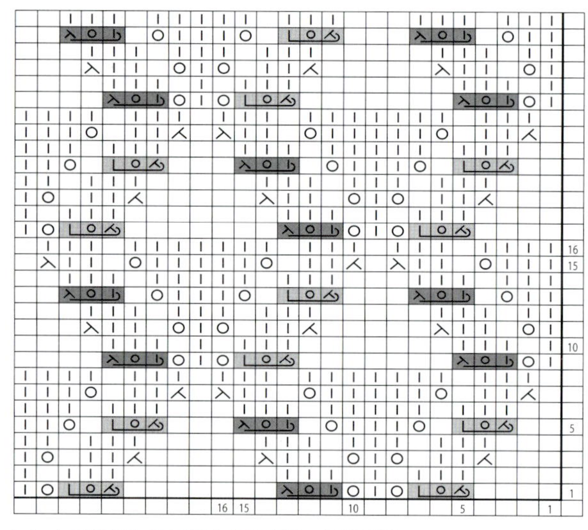

□ = ⊟ 안뜨기 · = P.125 참조

16코 16단 1무늬

070

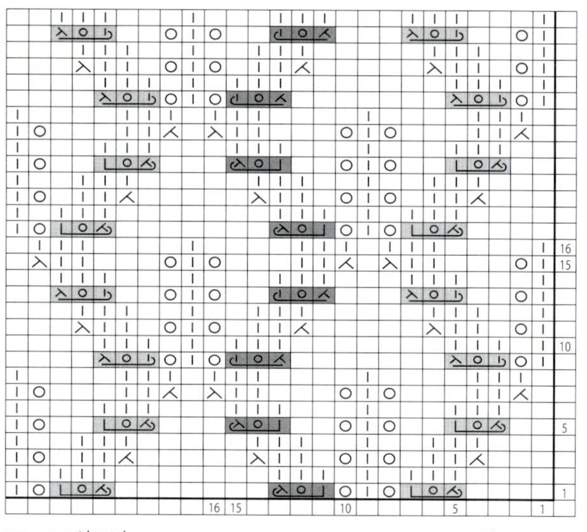

□ = ⊟ 안뜨기 · · · = P.125 참조

16코 16단 1무늬

071

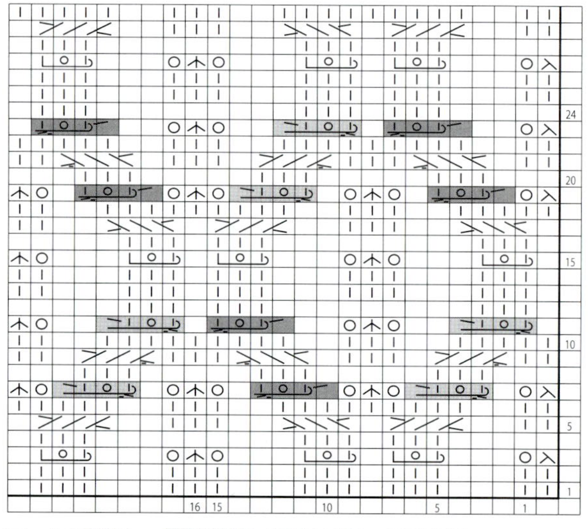

□ = ⊟ 안뜨기 · = P.123 참조

16코 24단 1무늬

072

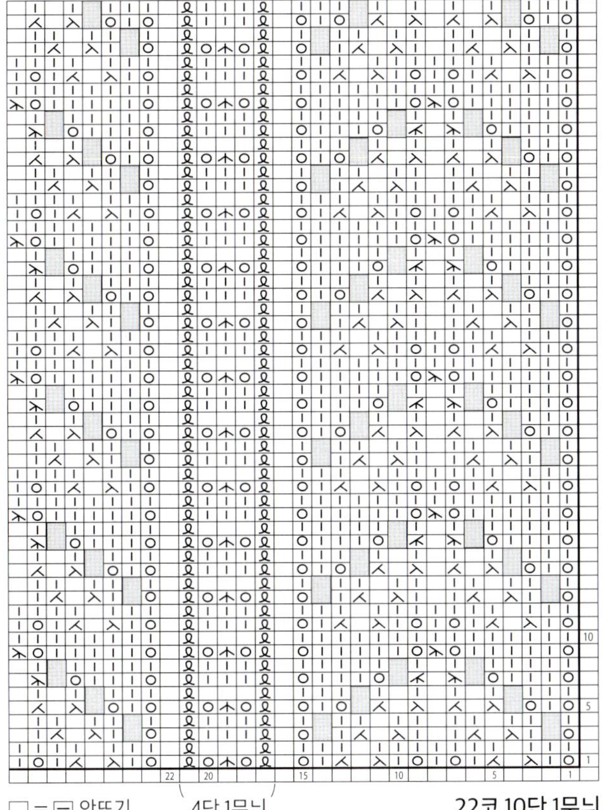

□ = ⊟ 안뜨기 4단 1무늬 22코 10단 1무늬

073

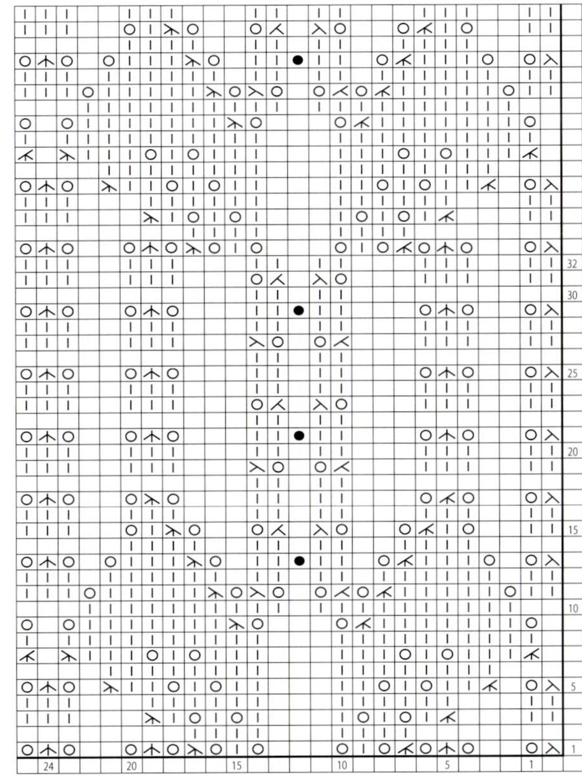

□ = ⊟ 안뜨기 ● =

24코 32단 1무늬

074

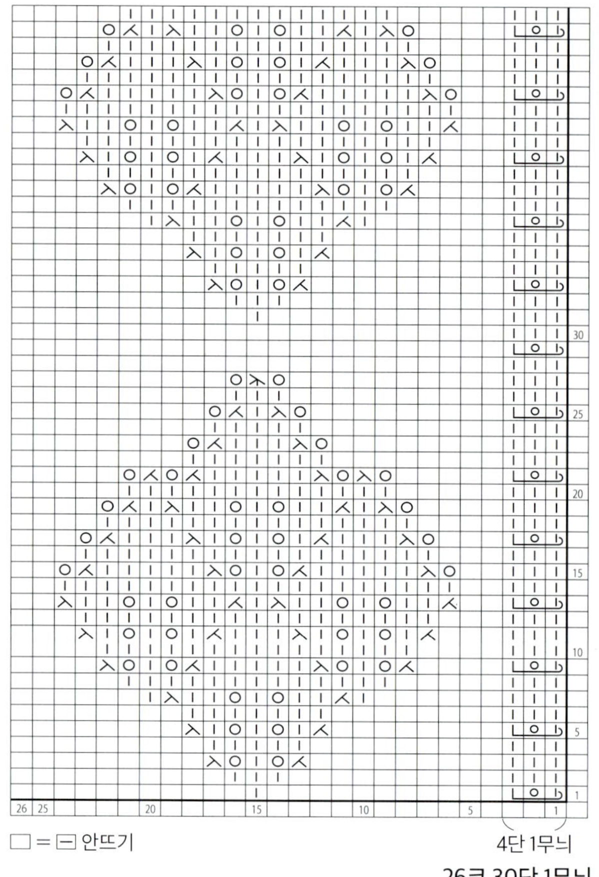

□ = ⊟ 안뜨기

4단 1무늬

26코 30단 1무늬

075

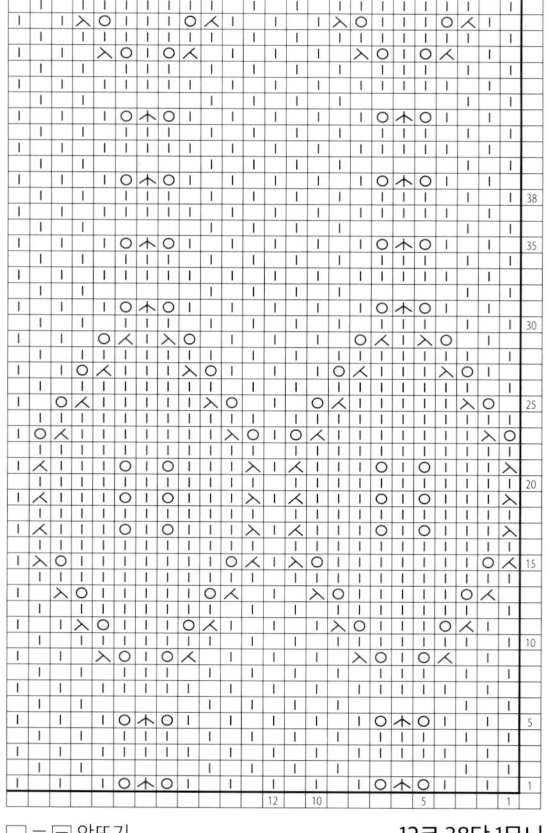

□ = ⊟ 안뜨기

12코 38단 1무늬

076

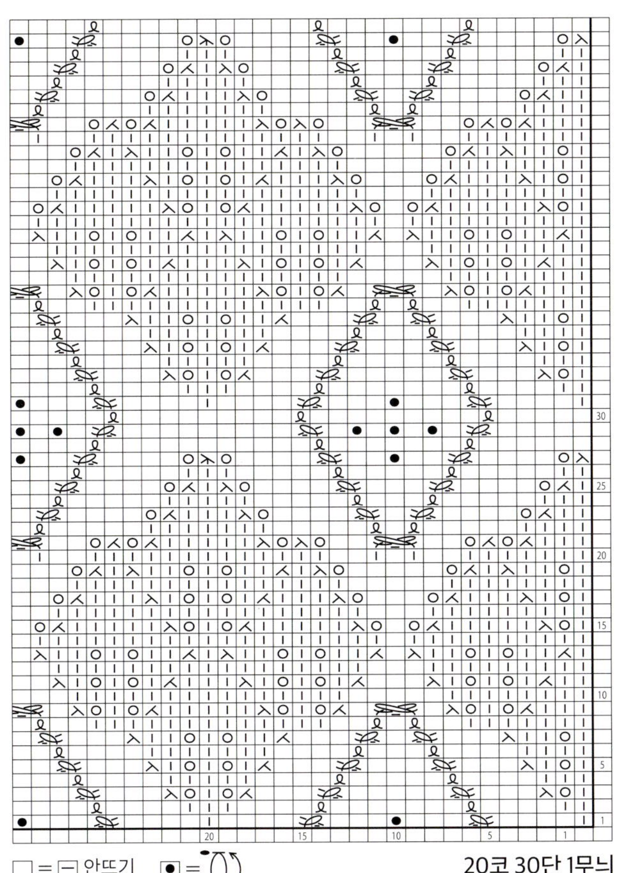

□ = ⊟ 안뜨기 (●) =

20코 30단 1무늬

077

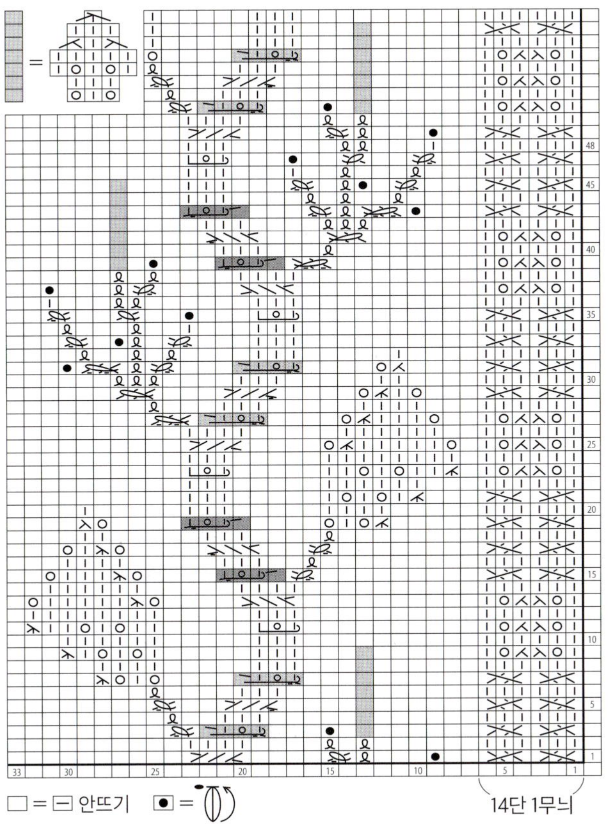

□ = ⊟ 안뜨기 (●) =

14단 1무늬

[shaded cell] · [shaded cell] =P.123 참조

33코 48단 1무늬

078

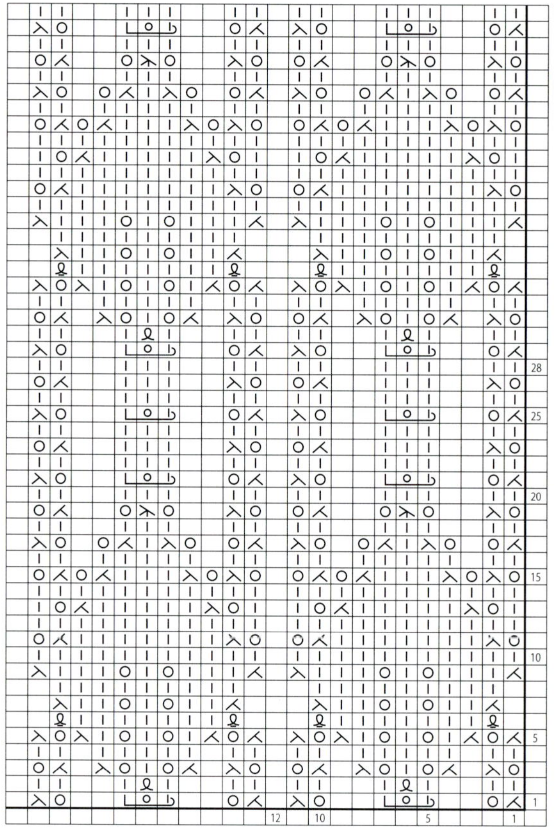

□ = ⊟ 안뜨기

12코 28단 1무늬

079

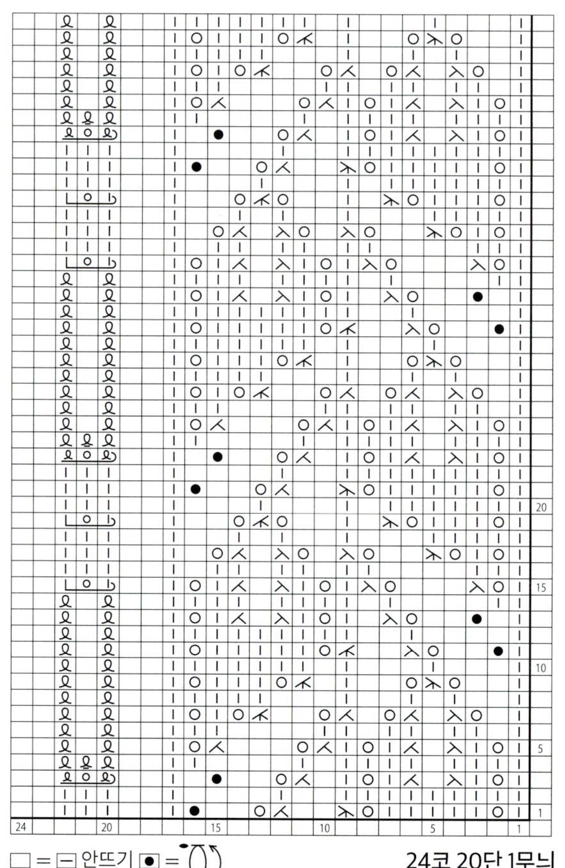

□ = ⊟ 안뜨기 ● =

24코 20단 1무늬

080

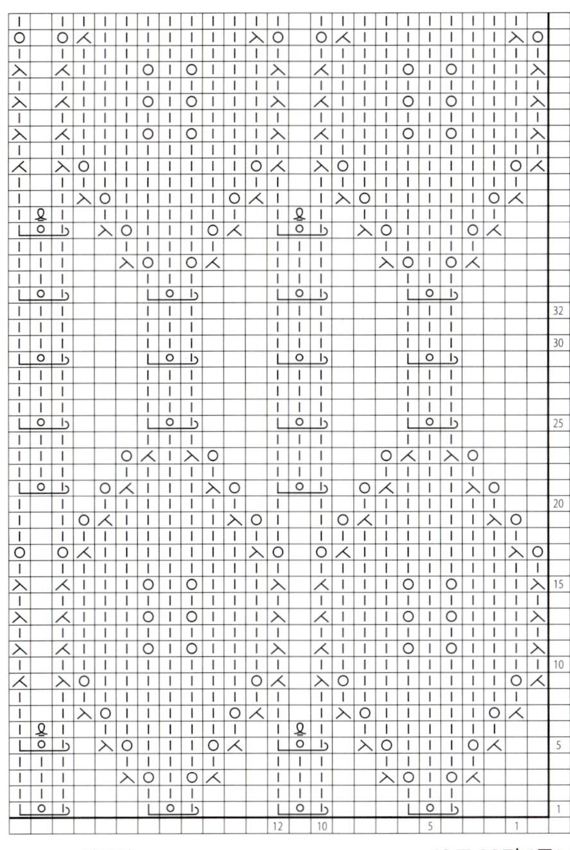

□ = ⊟ 안뜨기

12코 32단 1무늬

081

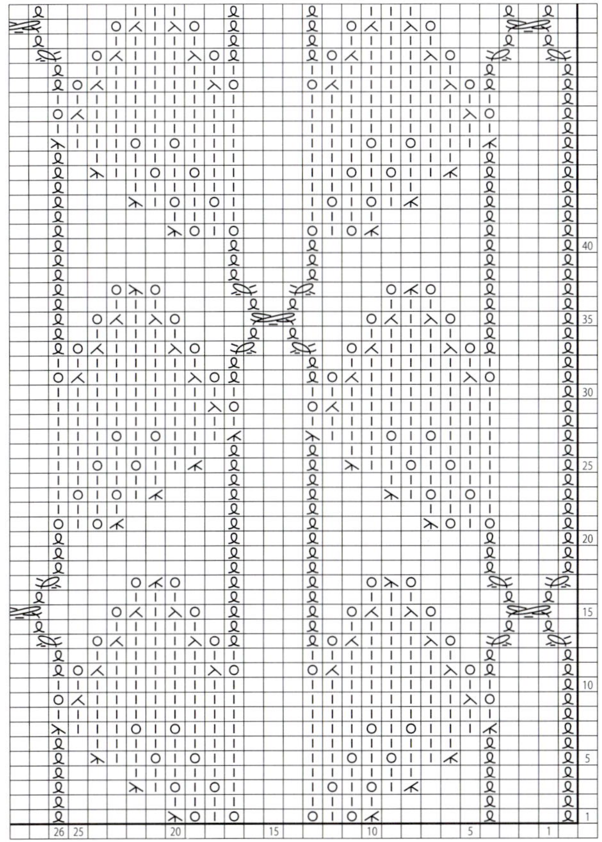

□ = ⊟ 안뜨기

26코 40단 1무늬

082

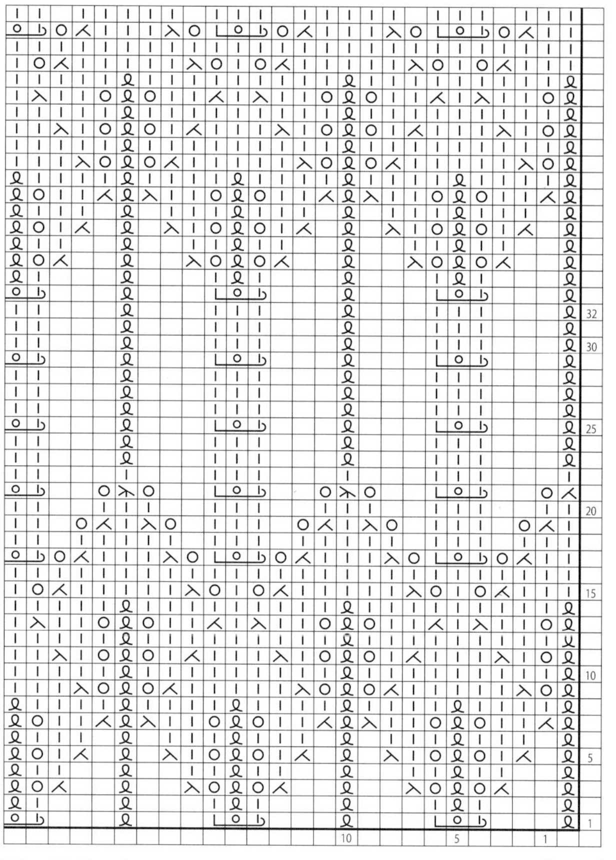

□ = ⊟ 안뜨기

10코 32단 1무늬

083

□ = ⊟ 안뜨기

20코 18단 1무늬

088

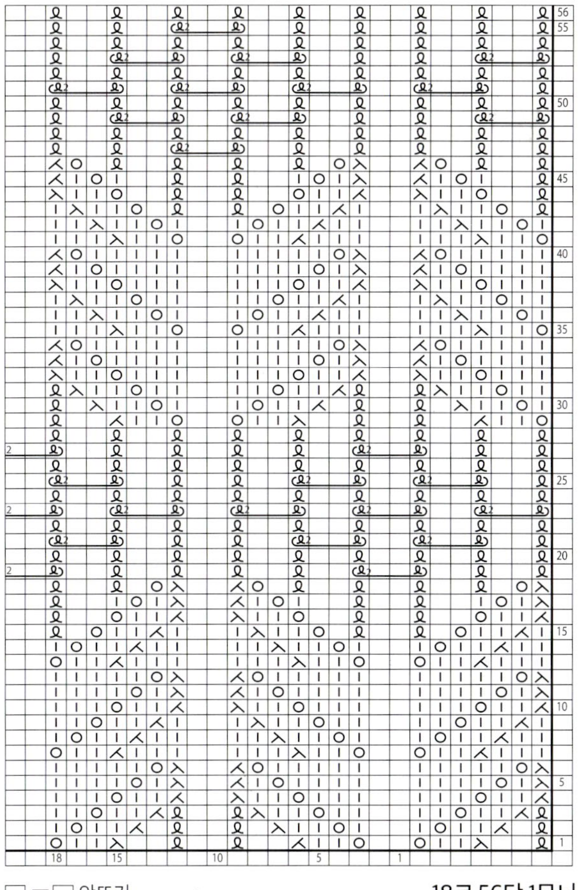

□ = ⊟ 안뜨기

18코 56단 1무늬

089

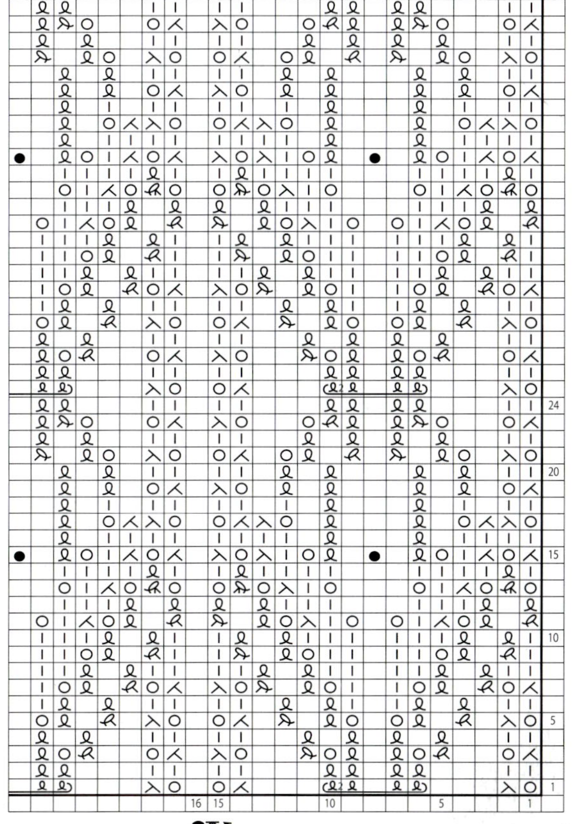

□ = ⊟ 안뜨기

16코 24단 1무늬

090

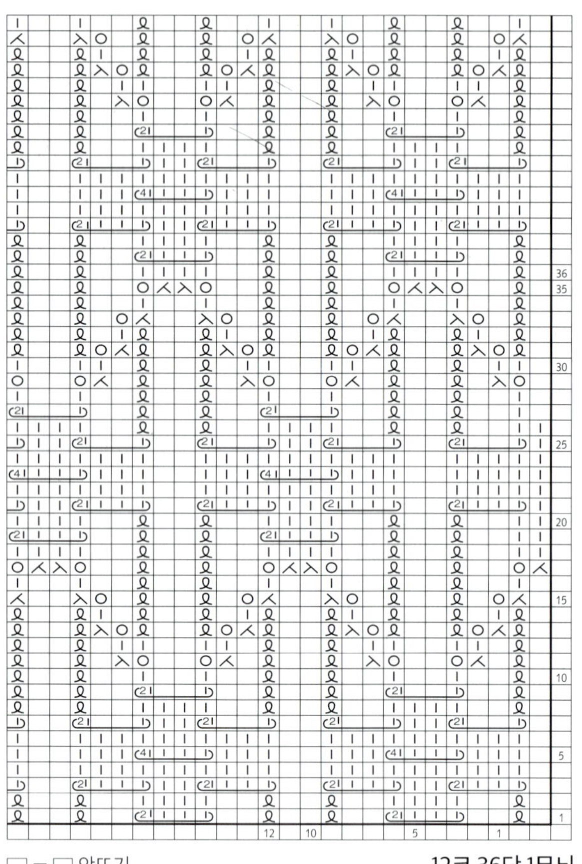

□ = ㅡ 안뜨기

12코 36단 1무늬

091

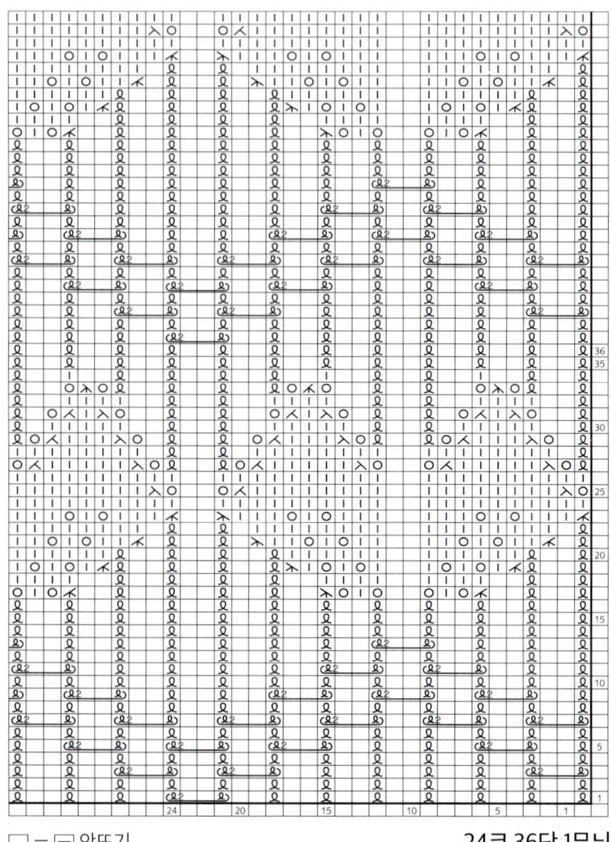

□ = ㅡ 안뜨기

24코 36단 1무늬

092

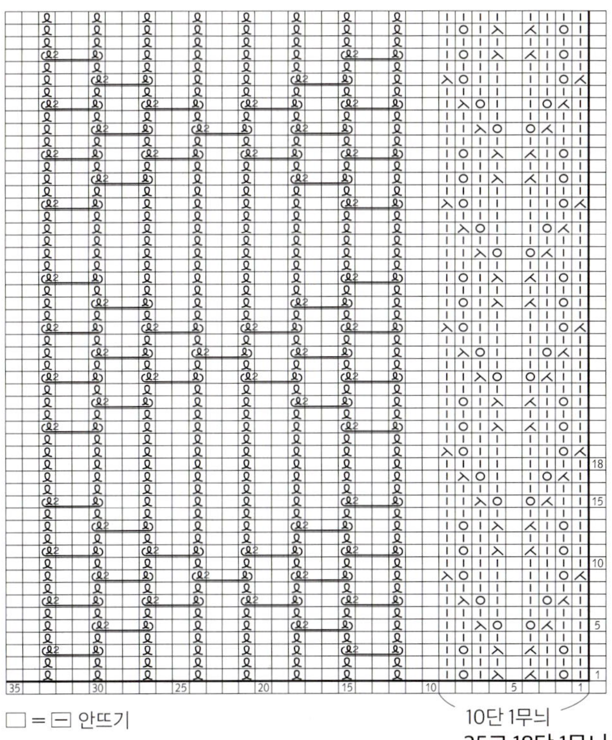

□ = ⊟ 안뜨기

10단 1무늬

35코 18단 1무늬

093

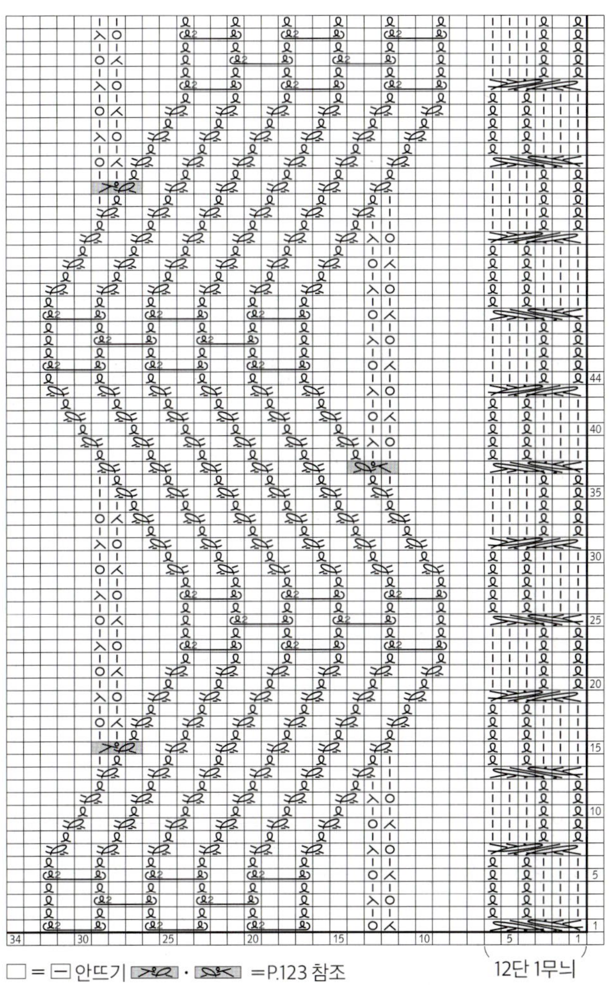

□ = ⊟ 안뜨기 · =P.123 참조

12단 1무늬

34코 44단 1무늬

094

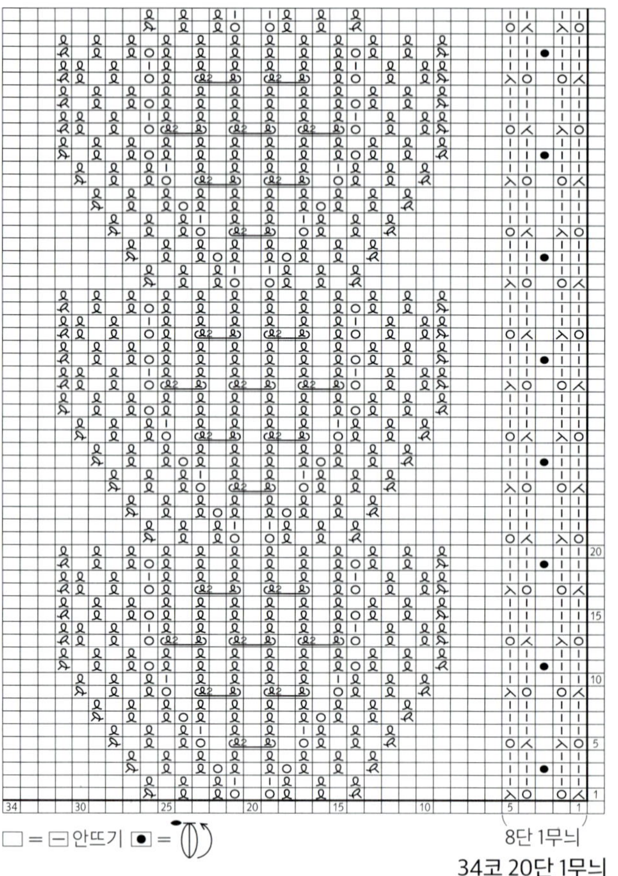

□ = ⊟ 안뜨기 ● =

8단 1무늬

34코 20단 1무늬

095

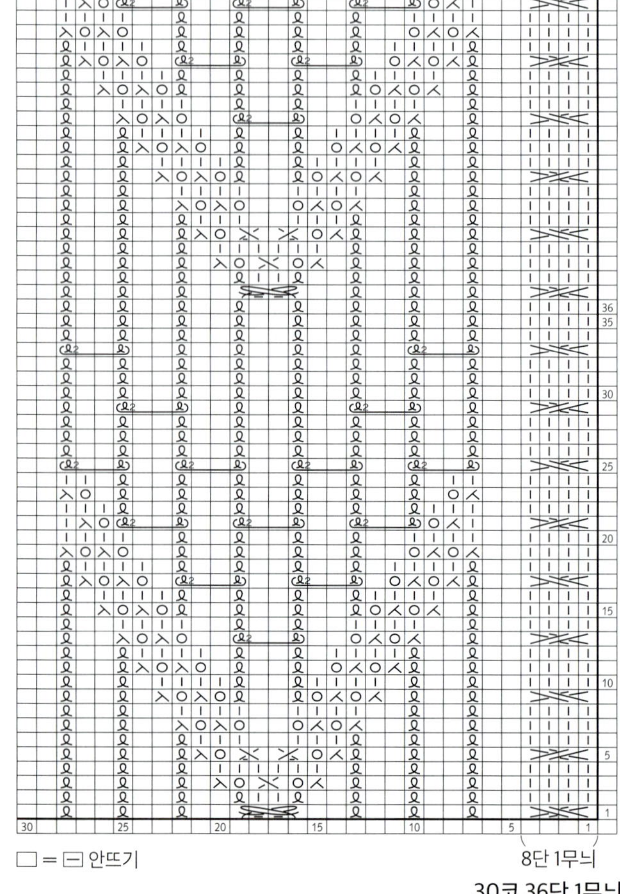

□ = ⊟ 안뜨기

8단 1무늬

30코 36단 1무늬

096

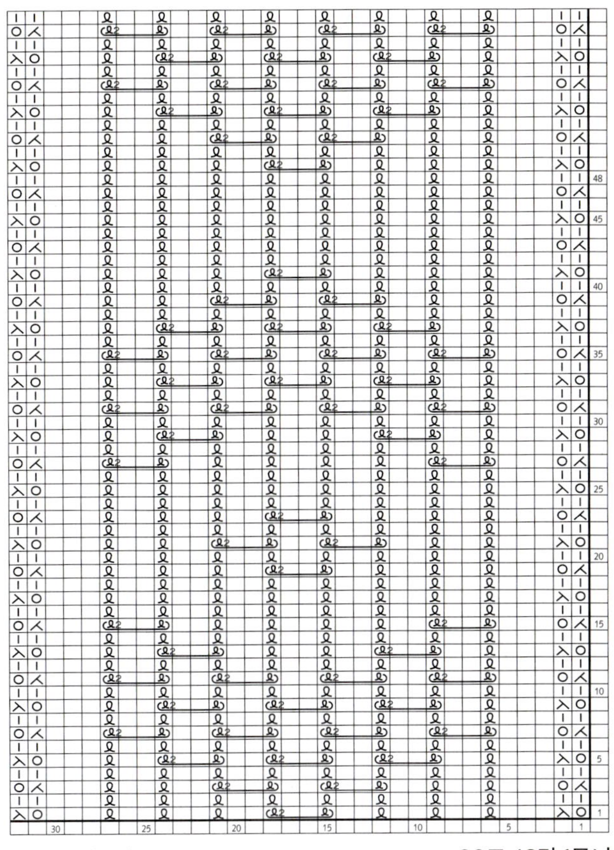

□ = ⊟ 안뜨기

30코 48단 1무늬

097

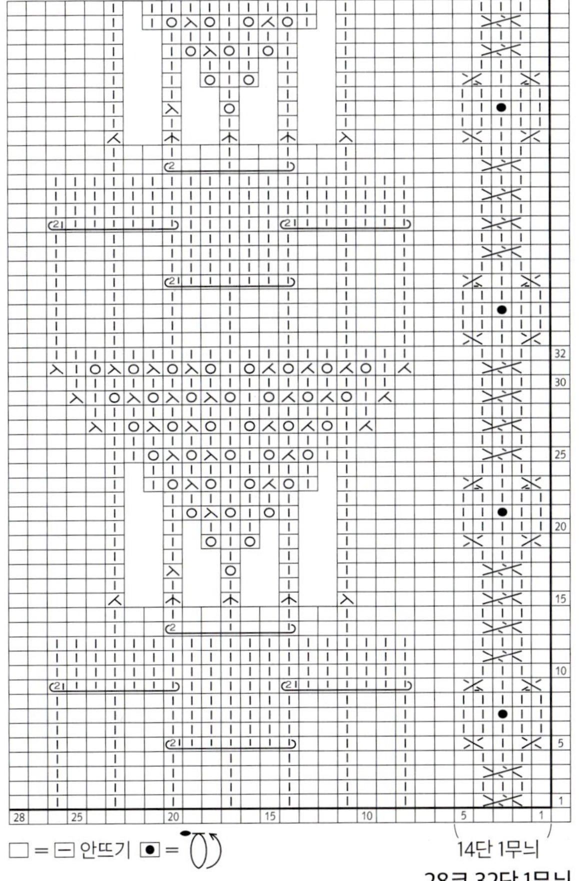

□ = ⊟ 안뜨기 ● =

14단 1무늬

28코 32단 1무늬

바탕무늬

무늬 이름도 모른 채 처음 매듭뜨기를 봤을 때, 작고 귀여운 꽈배기처럼 보여서 마음에 쏙 들었습니다.
매듭뜨기가 메인인 직선뜨기 조끼는 몸판의 아래쪽과 위쪽의 분위기가 다르답니다.
아래쪽은 매듭뜨기를 교대로 어긋나게 배치했고 위쪽은 옆으로 늘어서게 배치했습니다.
테두리의 돌려뜨기로 한 고무뜨기 사이에도 매듭뜨기가 들어가 있지요.

129 무늬 사용　제작/ 구사카와 스미코　사용 실/ 다이아 태즈메이니안 메리노<트위드>　뜨는 방법/ P.131

098

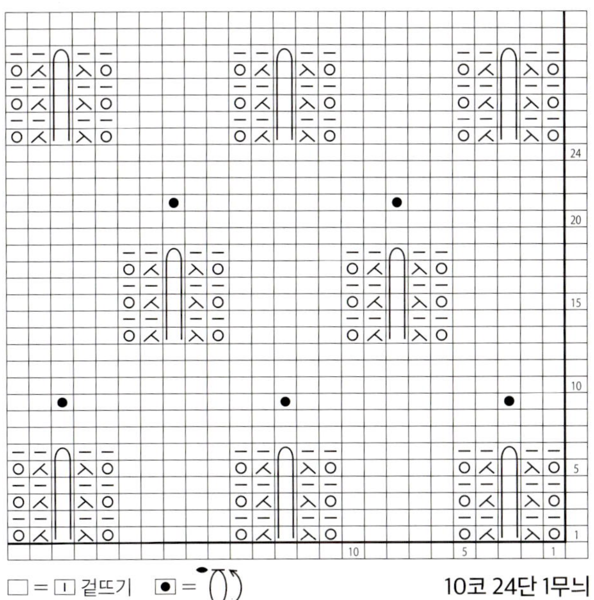

□ = [I] 겉뜨기 [●] =

10코 24단 1무늬

099

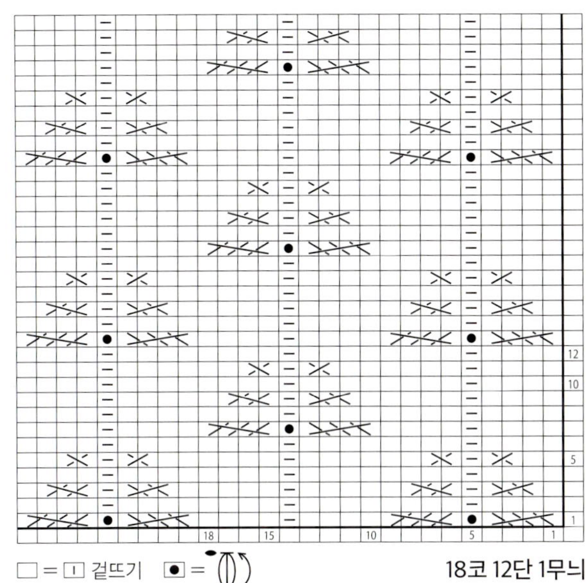

□ = [I] 겉뜨기 [●] =

18코 12단 1무늬

100

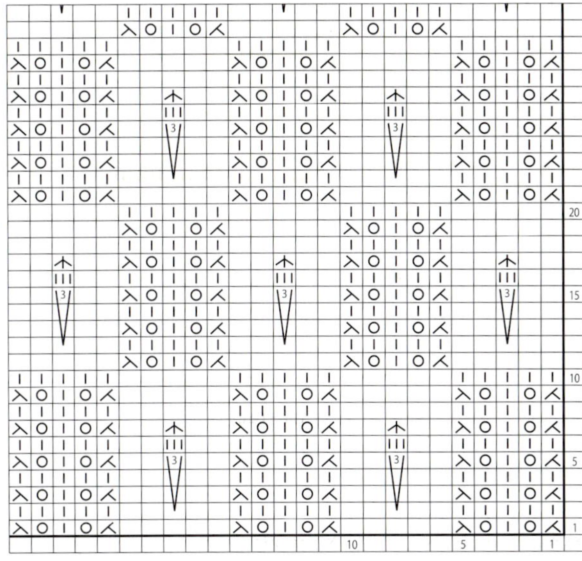

□ = [–] 안뜨기

10코 20단 1무늬

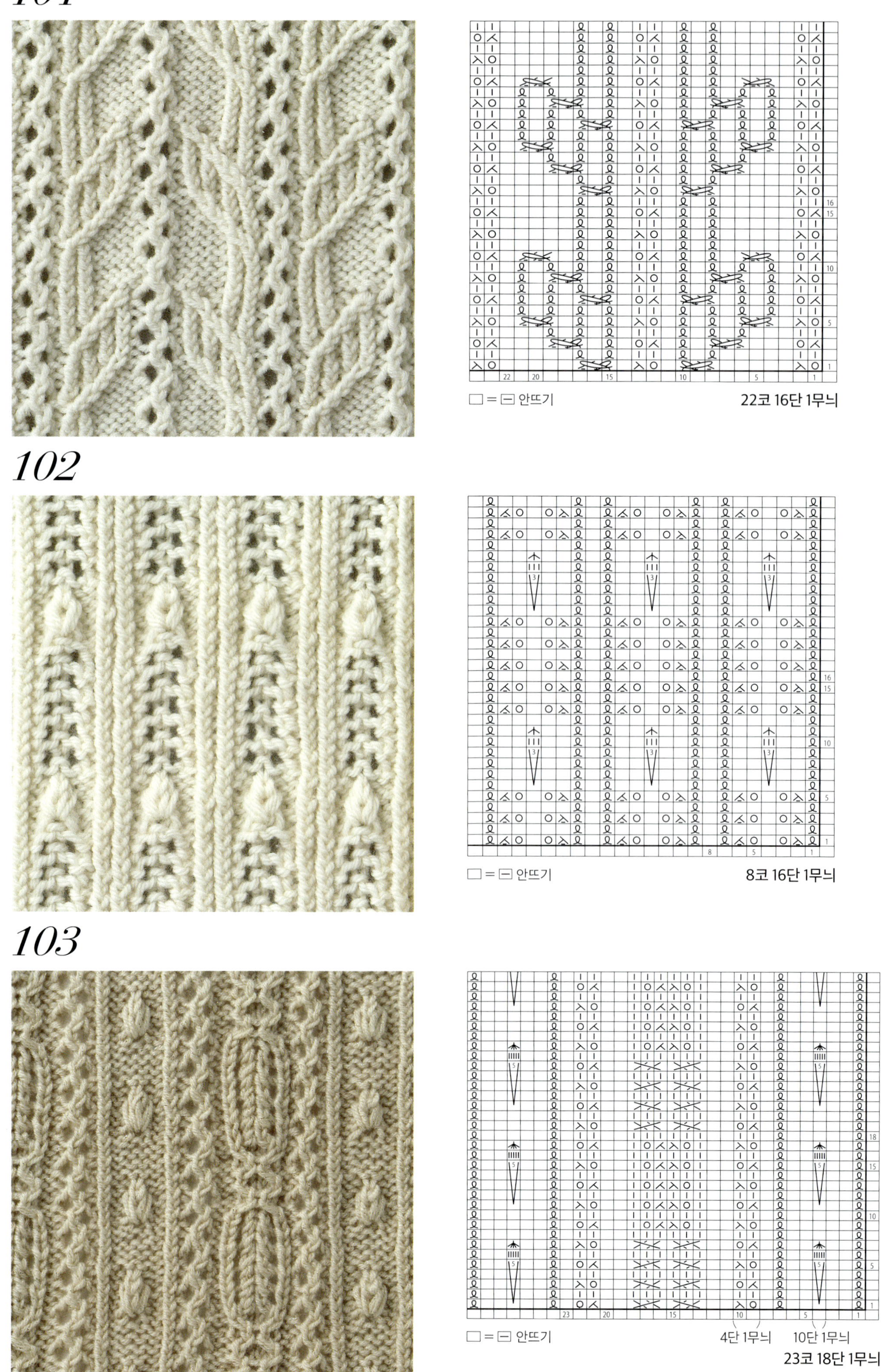
101
□ = ⊟ 안뜨기
22코 16단 1무늬
102
□ = ⊟ 안뜨기
8코 16단 1무늬
103
□ = ⊟ 안뜨기
4단 1무늬
10단 1무늬
23코 18단 1무늬

104

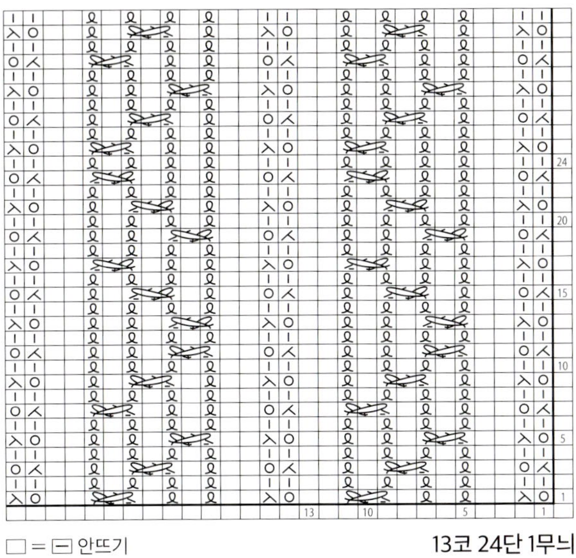

□ = ⊟ 안뜨기

13코 24단 1무늬

105

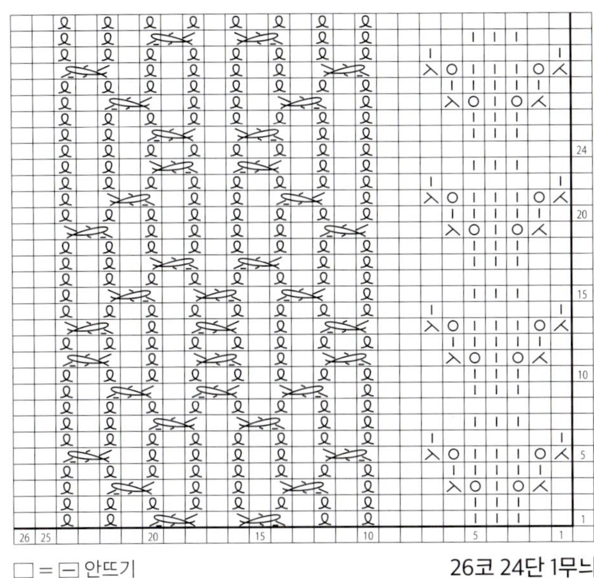

□ = ⊟ 안뜨기

26코 24단 1무늬

106

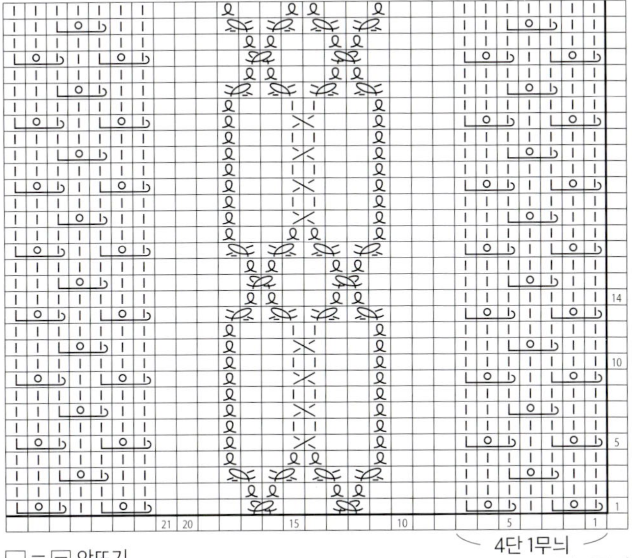

4단 1무늬

□ = ⊟ 안뜨기

21코 14단 1무늬

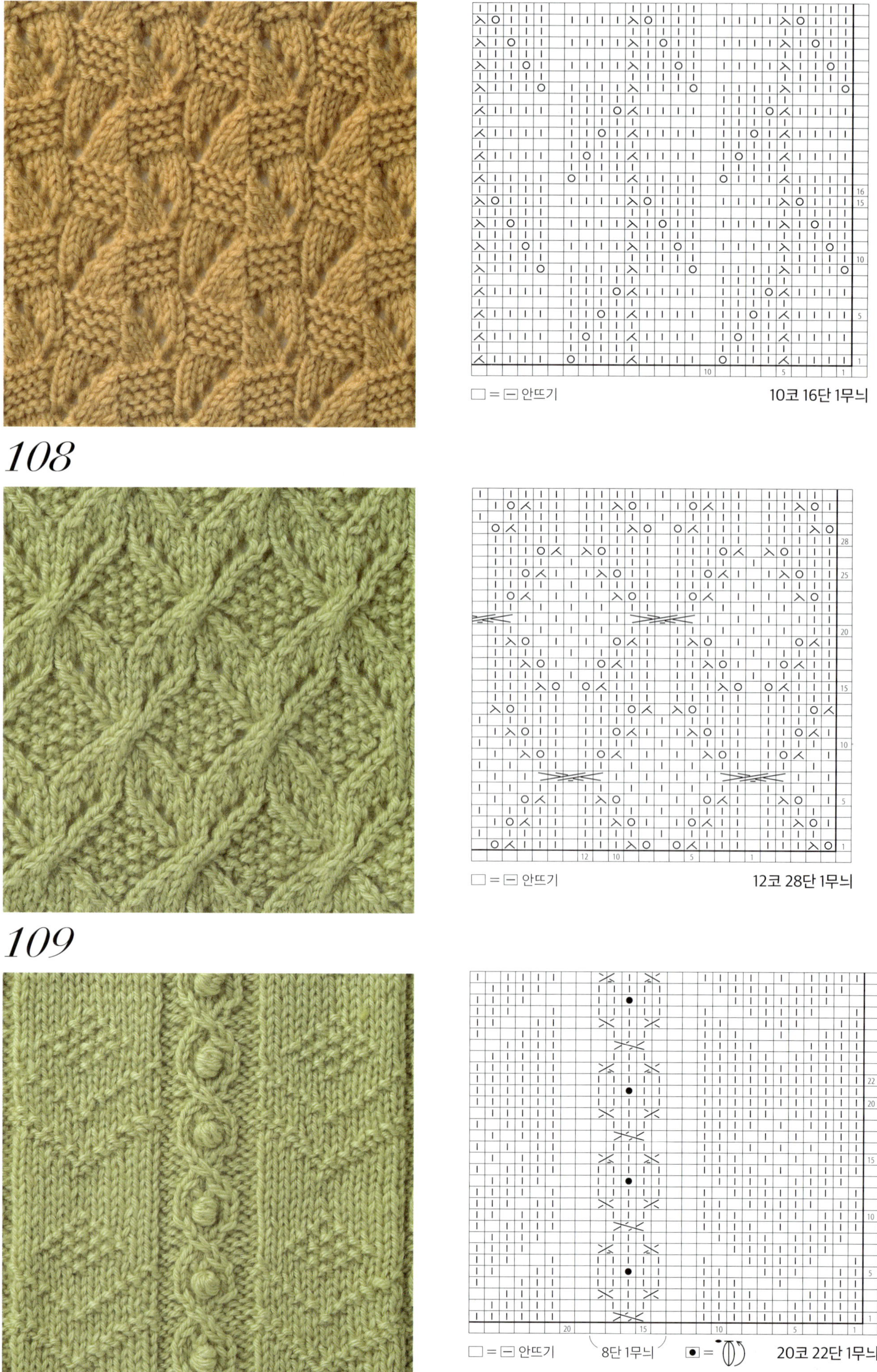
107
□ = ⊟ 안뜨기
10코 16단 1무늬
108
□ = ⊟ 안뜨기
12코 28단 1무늬
109
□ = ⊟ 안뜨기
8단 1무늬
20코 22단 1무늬

110

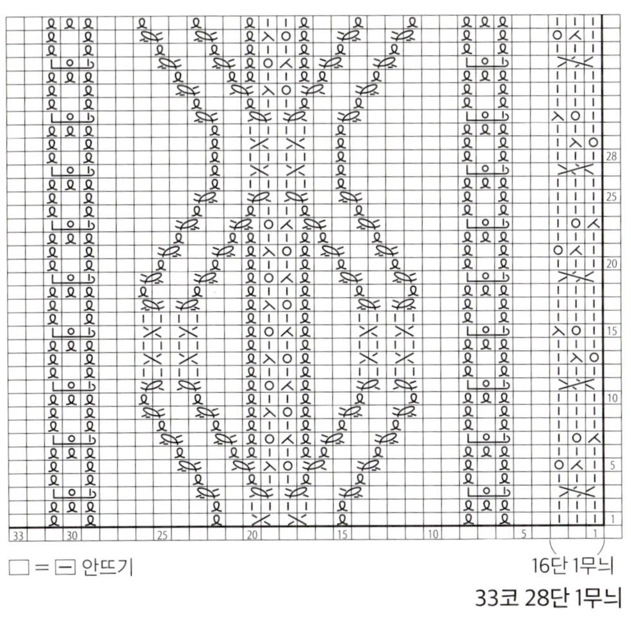

□ = ⊟ 안뜨기

16단 1무늬

33코 28단 1무늬

111

□ = ⊟ 안뜨기

18코 20단 1무늬

112

□ = ⊟ 안뜨기

8코 20단 1무늬

113

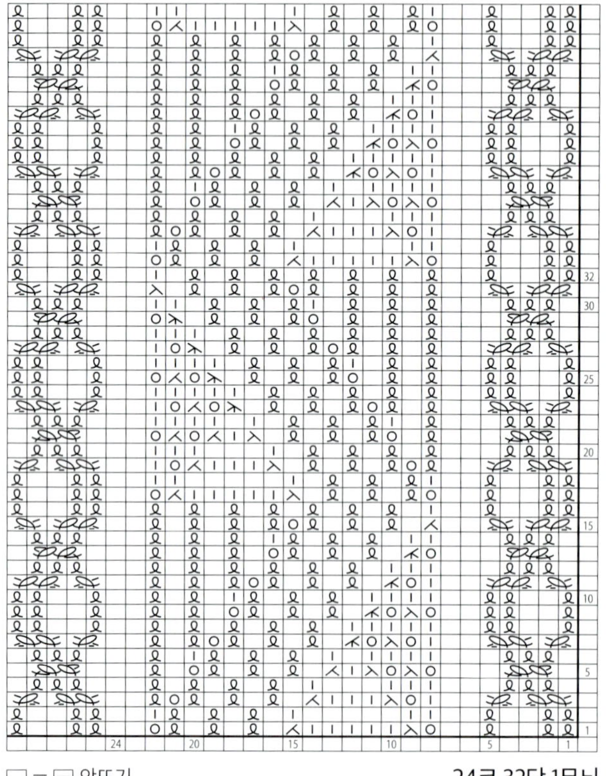

□ = ⊟ 안뜨기

24코 32단 1무늬

114

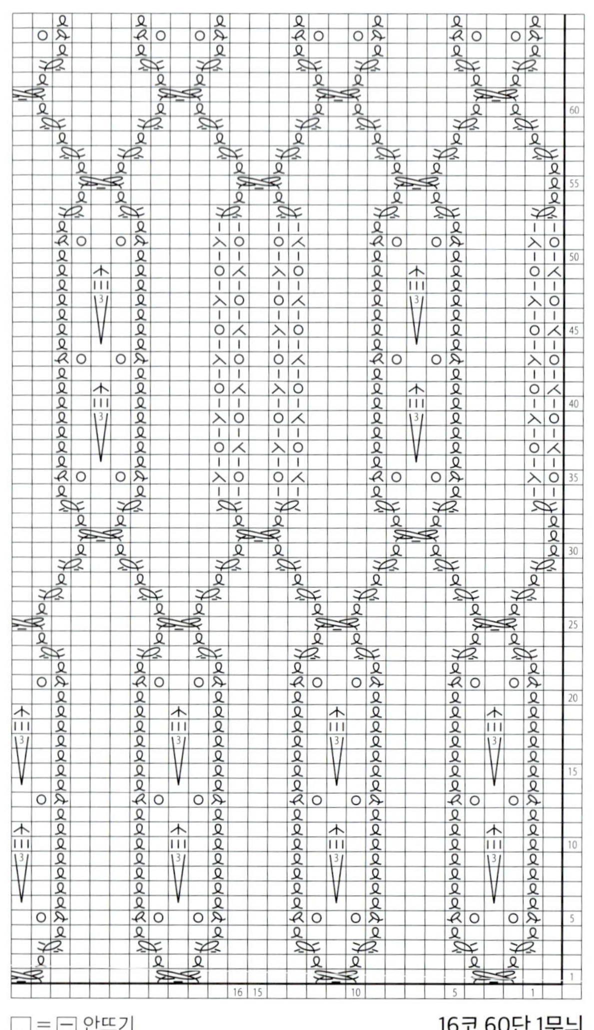

□ = ⊟ 안뜨기

16코 60단 1무늬

115

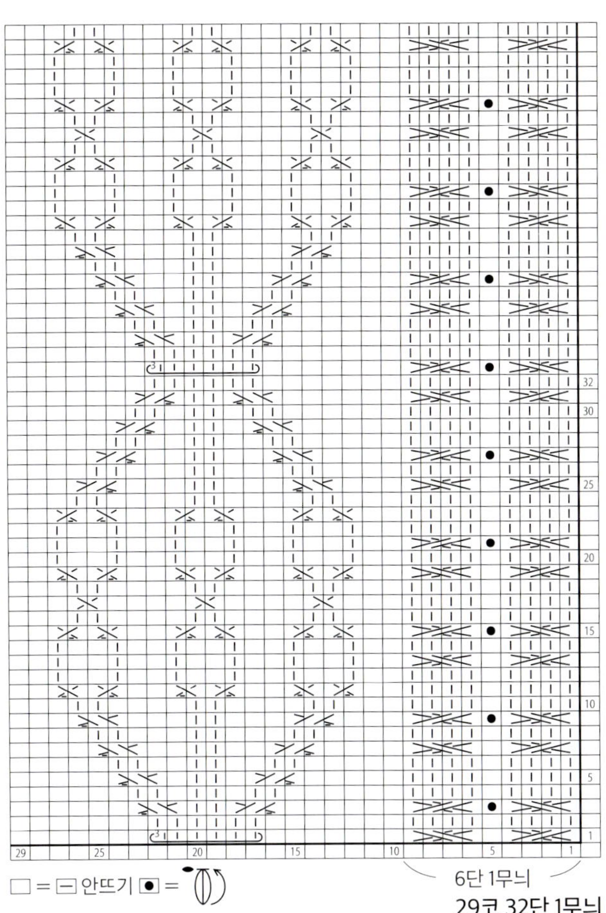

116

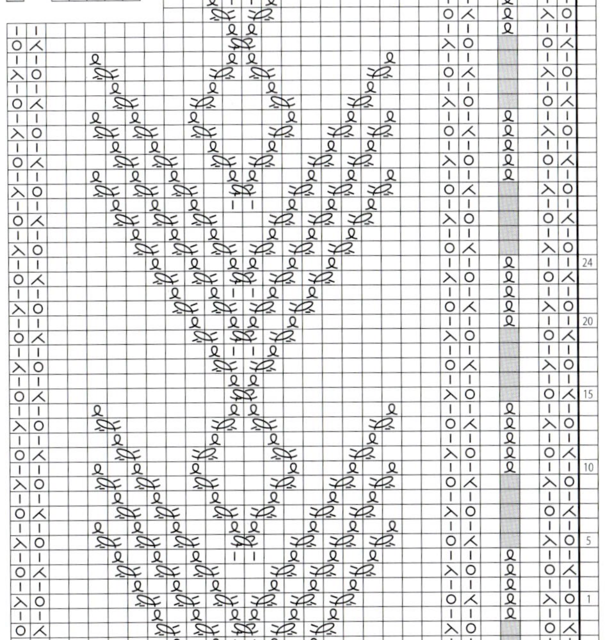

□ = ⊟ 안뜨기

10단 1무늬

27코 24단 1무늬

117

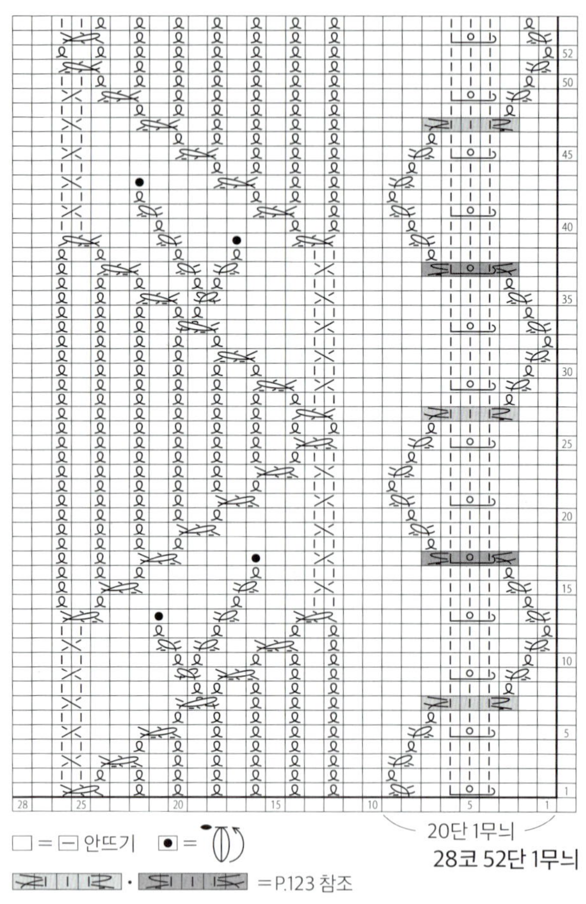

□ = ⊟ 안뜨기 ● =

= P.123 참조

20단 1무늬

28코 52단 1무늬

118

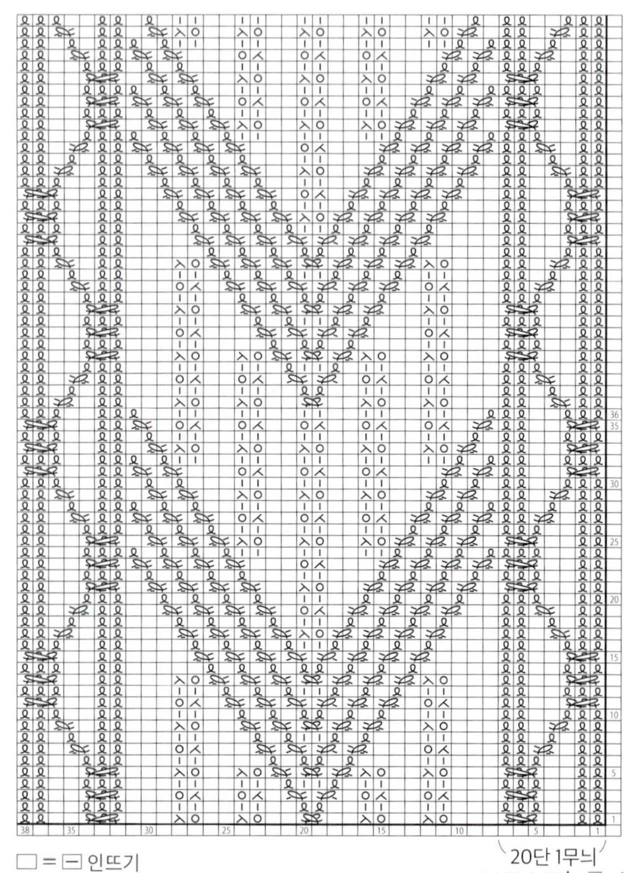

□ = ⊟ 인뜨기

20단 1무늬

38코 36단 1무늬

119

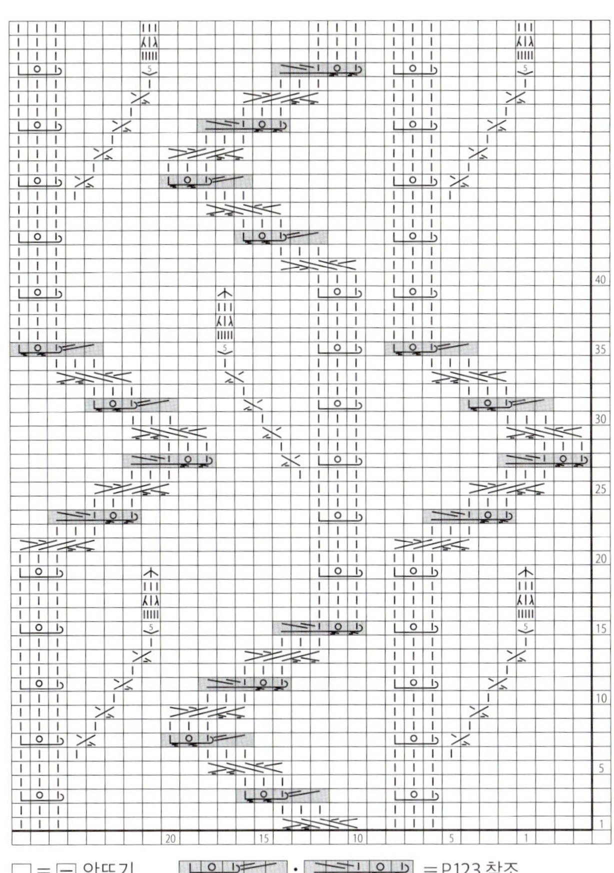

□ = ⊟ 안뜨기 · = P.123 참조

20코 40단 1무늬

120

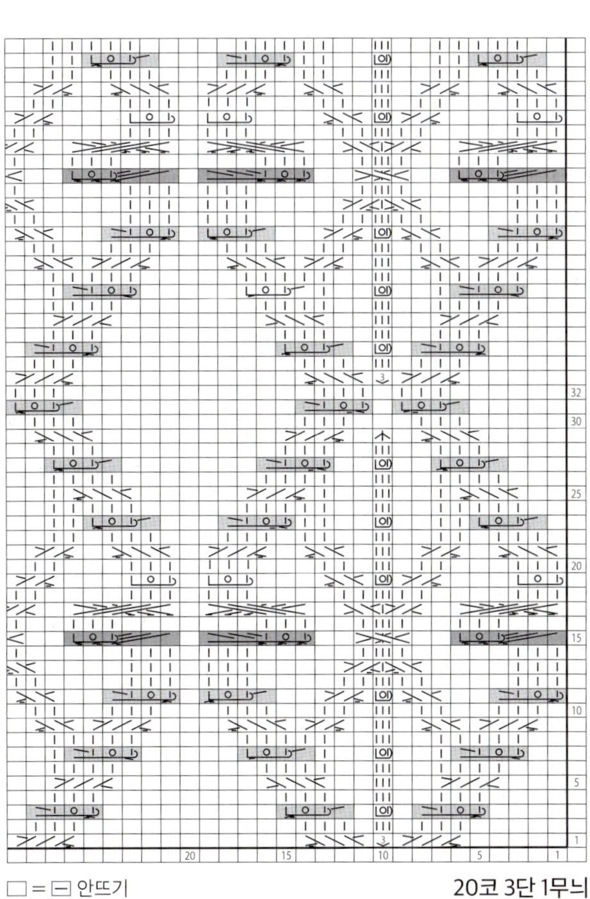

□ = ⊟ 안뜨기

20코 3단 1무늬

· = 매듭뜨기 교차 P.123 참조

121

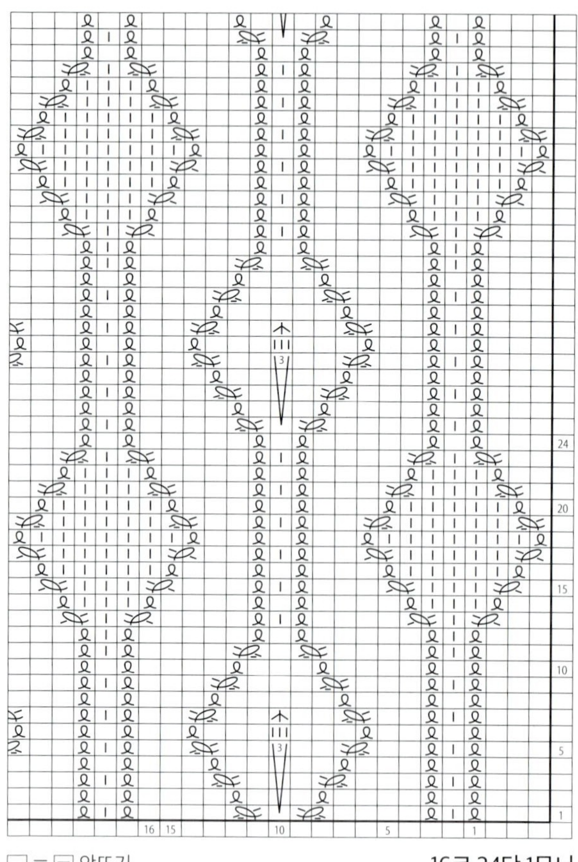

□ = ⊟ 안뜨기

16코 24단 1무늬

122

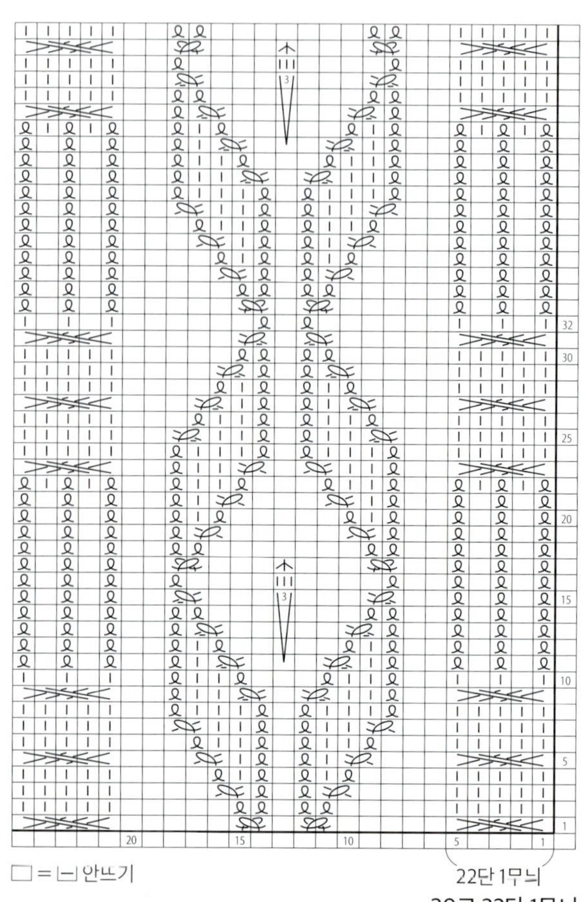

□ = ⊟ 안뜨기

22단 1무늬

20코 32단 1무늬

123

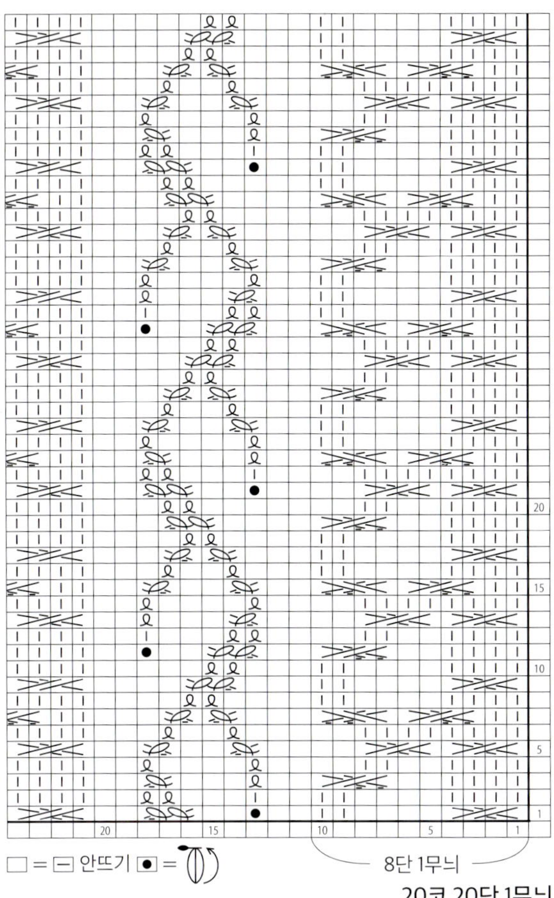

20코 20단 1무늬

124

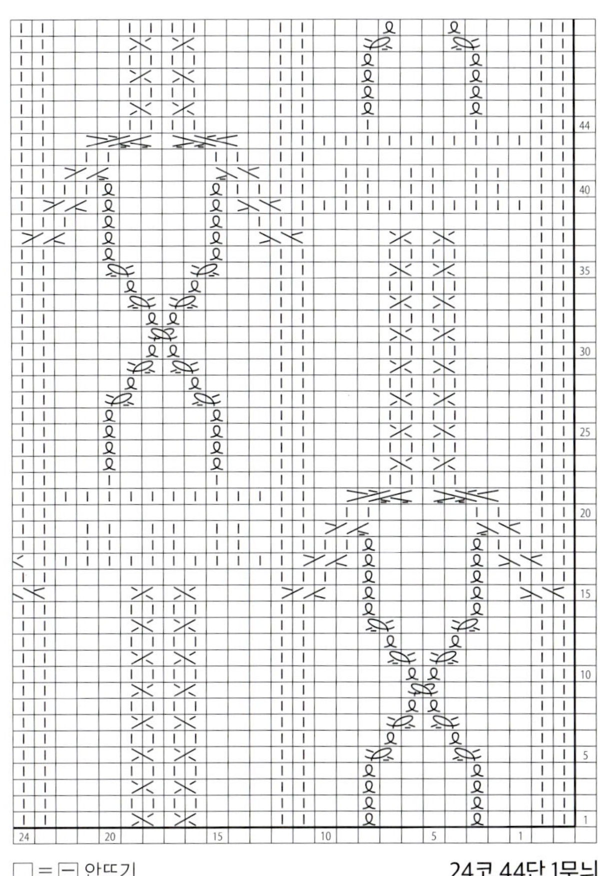

24코 44단 1무늬

125

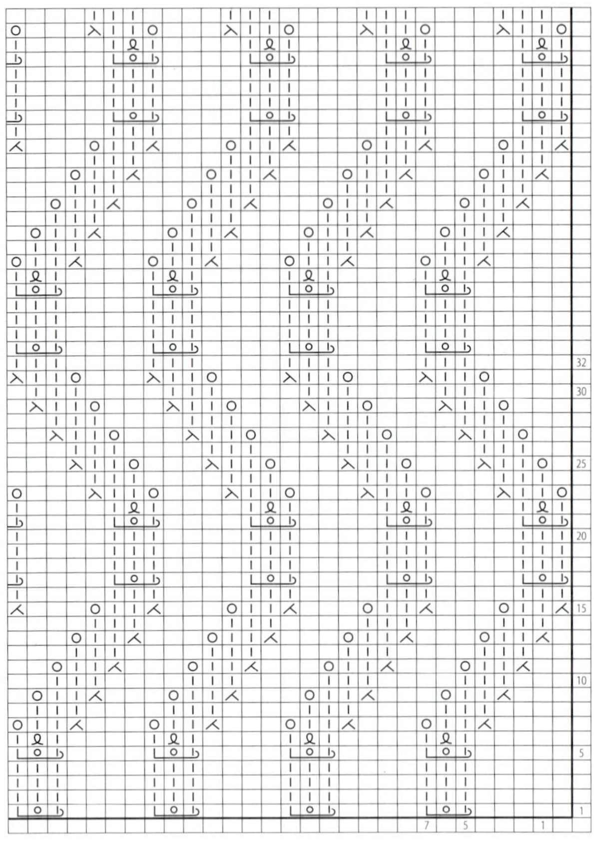

□ = ⊟ 안뜨기

7코 32단 1무늬

126

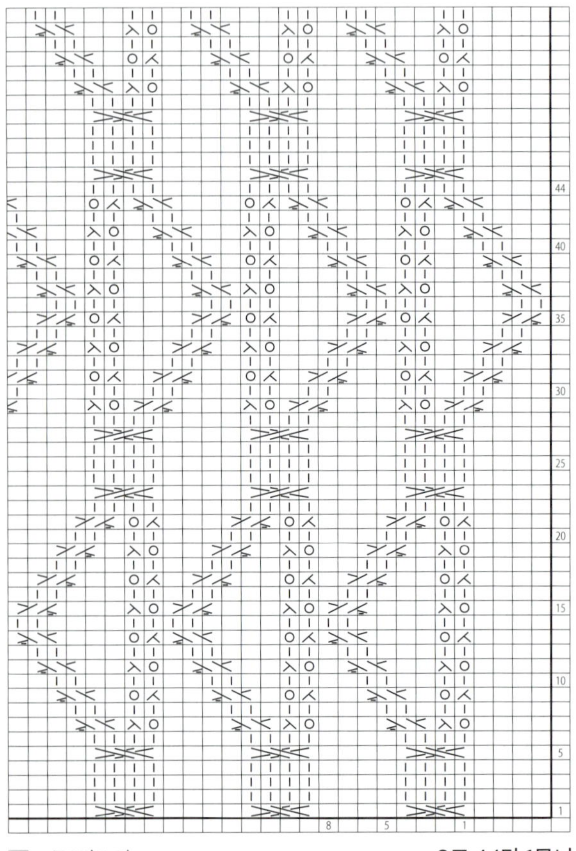

□ = ⊟ 안뜨기

8코 44단 1무늬

127

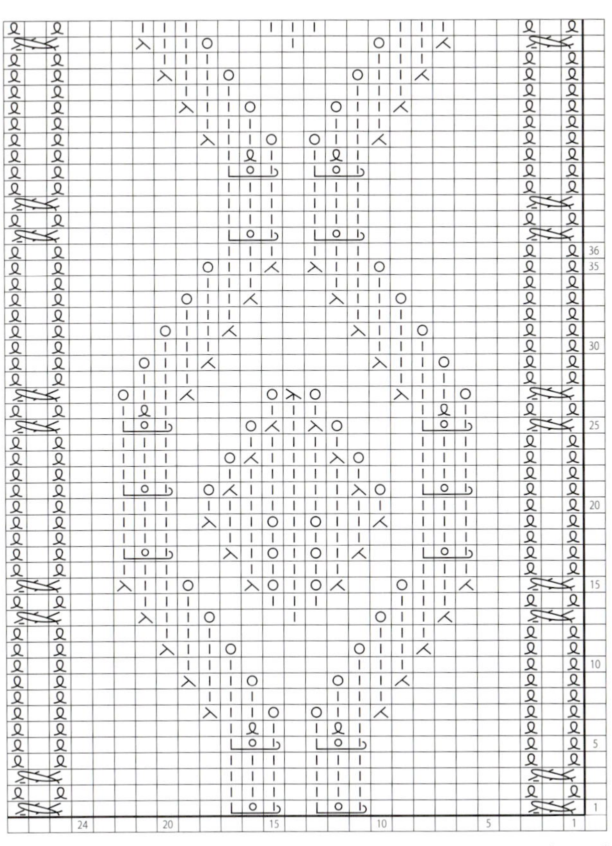

□ = ⊟ 안뜨기

24코 36단 1무늬

128

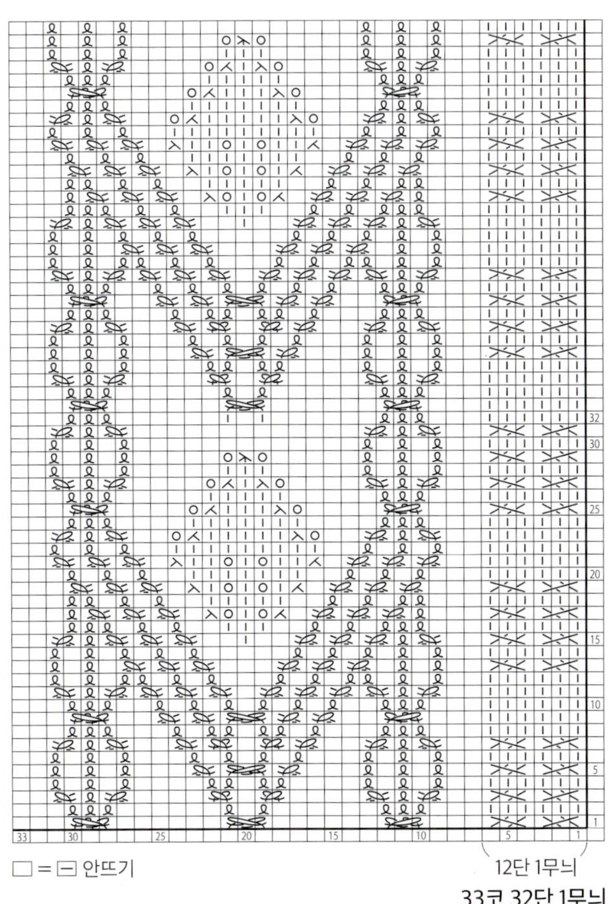

□ = ⊟ 안뜨기

12단 1무늬

33코 32단 1무늬

129

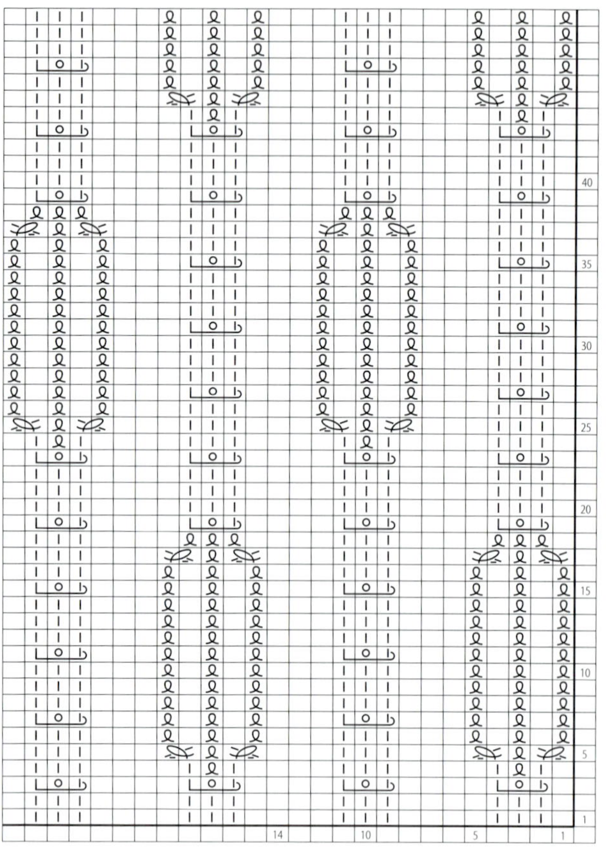

□ = ⊟ 안뜨기

14코 40단 1무늬

130

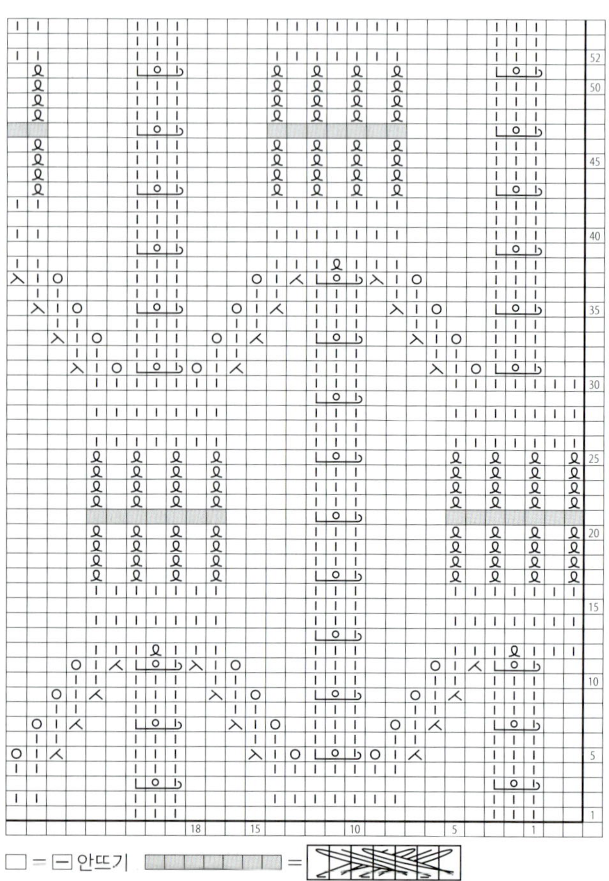

□ = ⊟ 안뜨기

18코 52단 1무늬

131

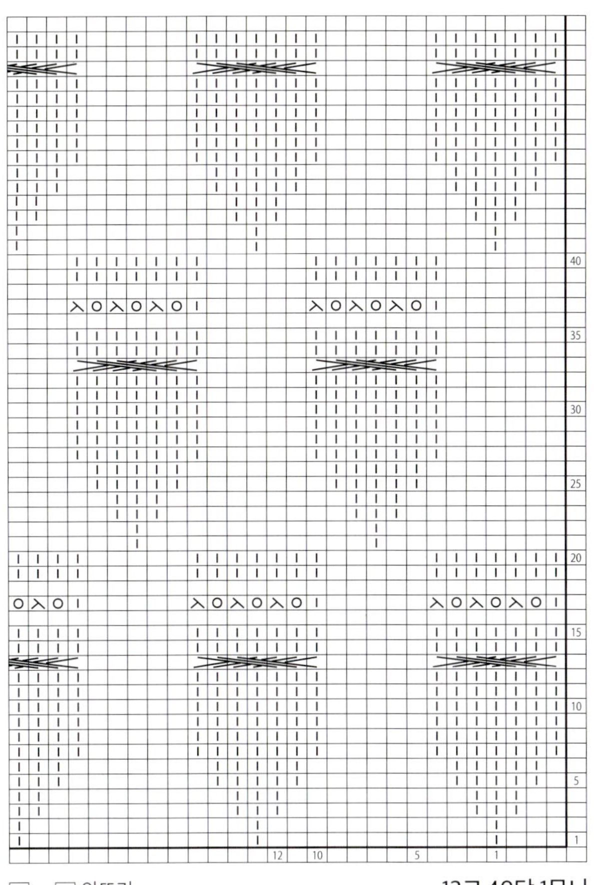

□ = ⊟ 안뜨기

12코 40단 1무늬

바탕무늬

132

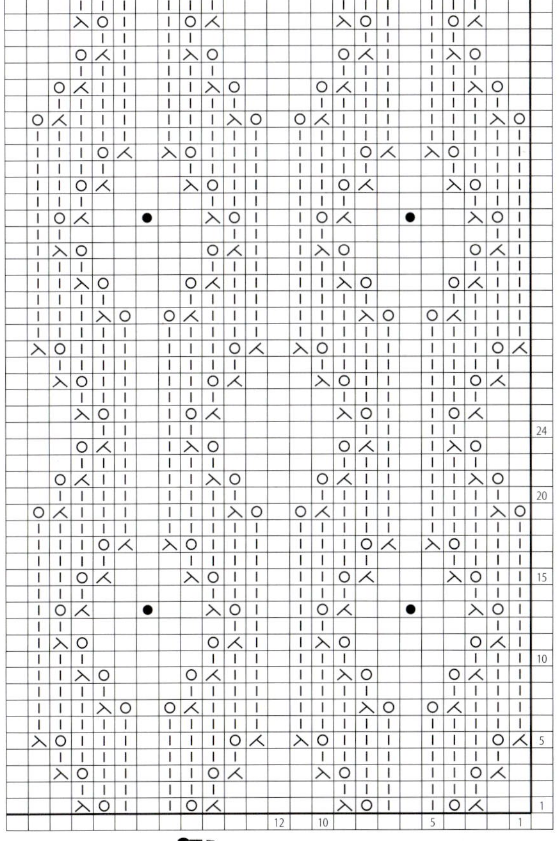

□ = ⊟ 안뜨기 ● =

12코 24단 1무늬

Knitting Patterns Book 250

무늬 변형하기

같은 무늬가 옆으로 나란히 늘어서도록 반복하여 뜹니다.
그러면 그 무늬 사이에 새로운 공간이 생깁니다. 그 공간을 어떻게 채울지 즐겁게 고민합니다.
여기에서는 무늬 사이의 공간에 끌어올려 뜨는 구슬뜨기를 넣고 짧은 소매를 단 풀오버를 떴습니다.
소매와 밑단의 스캘럽에는 레이스 피콧으로 화려함을 더해 주었습니다.
무늬를 변형한 볼레로 카디건은 풀오버의 무늬를 반씩 어긋나게 하여 1무늬를 잘라내고,
레이스를 넣은 교차무늬를 더해서 세로 이미지로 만들었습니다.
테두리는 가터뜨기와 레이스무늬로 큼직한 지그재그를 떠서 헴라인에 변화를 주었습니다.

133, 134 무늬 사용　제작/ 시마무라 다카코　사용 실/ 다이아 클로에　뜨는 방법/ P.133

133

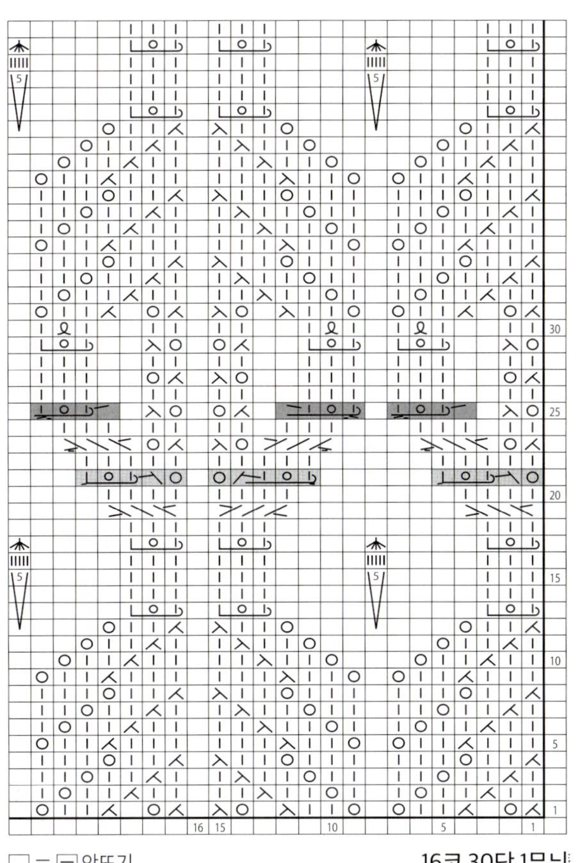

□ = ⊟ 안뜨기

16코 30단 1무늬

P.123 참조

134

□ = ⊟ 안뜨기

12단 1무늬

25코 30단 1무늬

무늬 변형하기

135

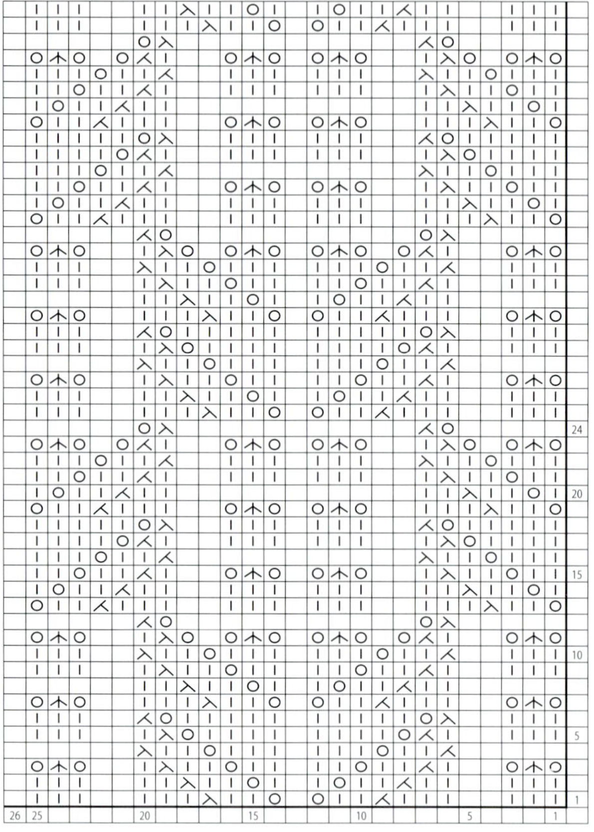

□ = ⊟ 안뜨기

26코 24단 1무늬

136

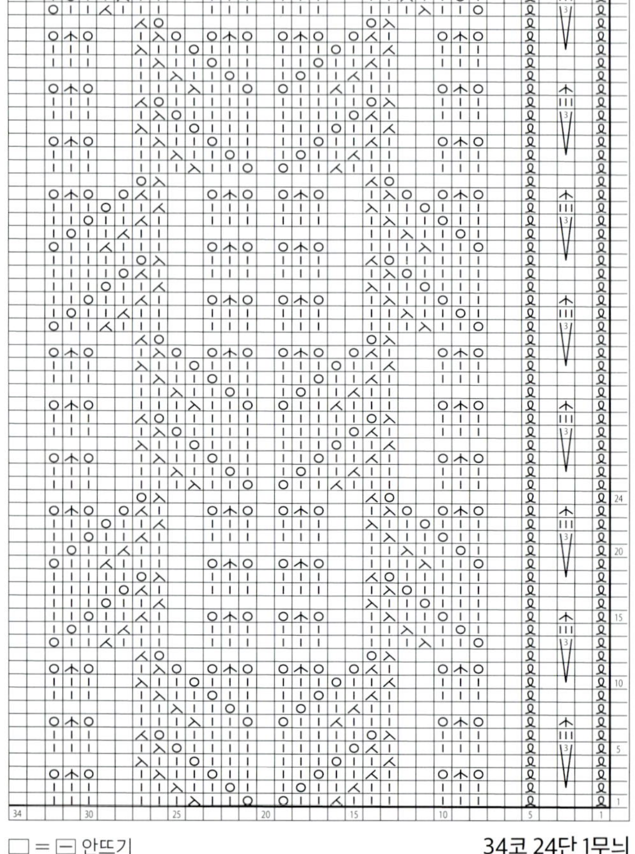

□ = ⊟ 안뜨기

34코 24단 1무늬

137

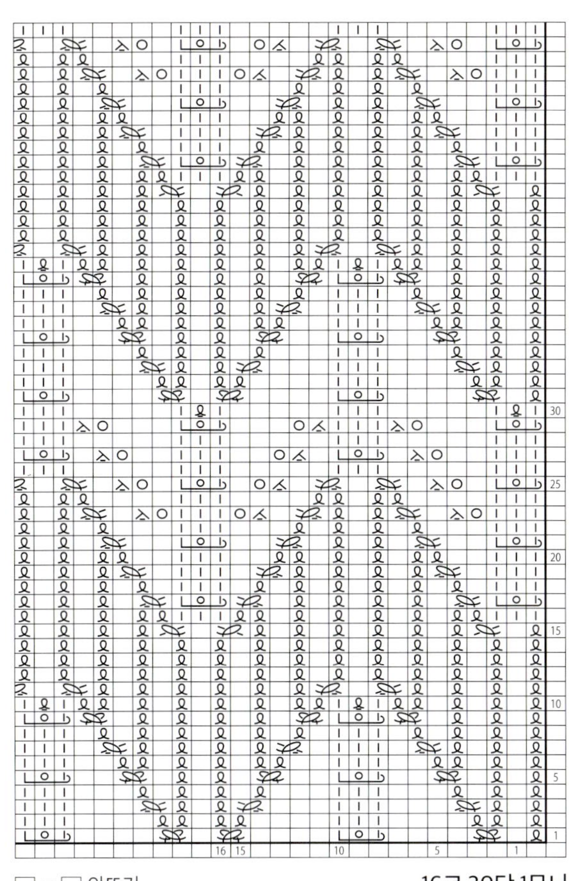

□ = ⊟ 안뜨기

16코 30단 1무늬

무늬 변형하기

138

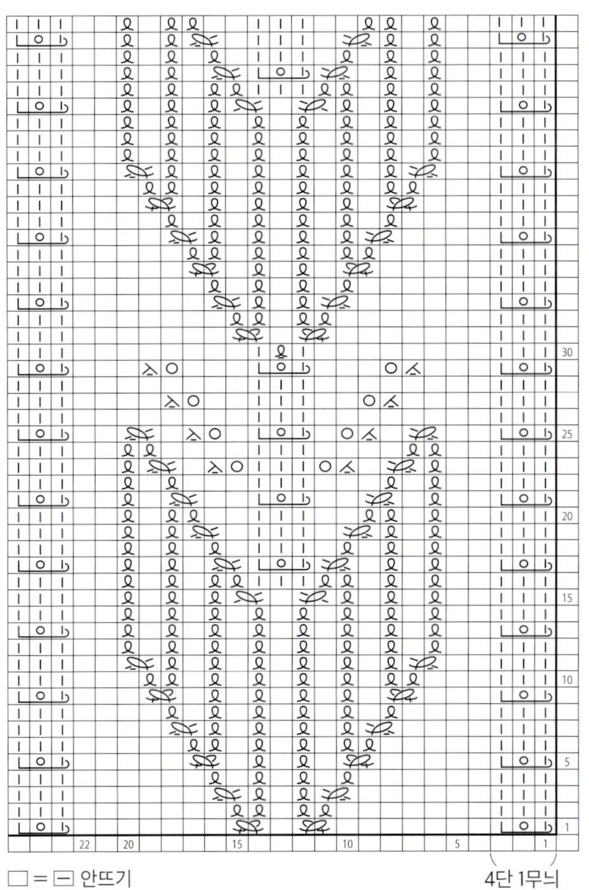

□ = ⊟ 안뜨기

4단 1무늬

22코 30단 1무늬

139

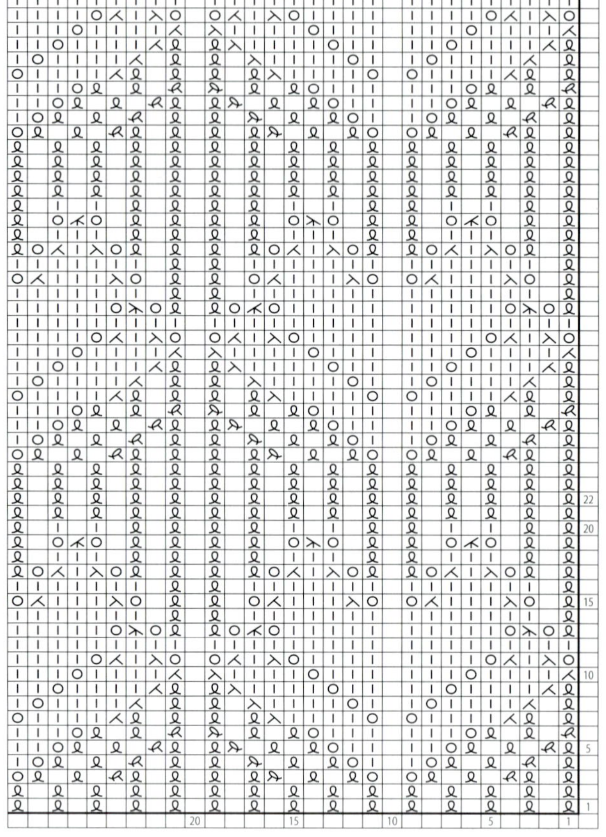

□ = ⊟ 안뜨기

20코 22단 1무늬

140

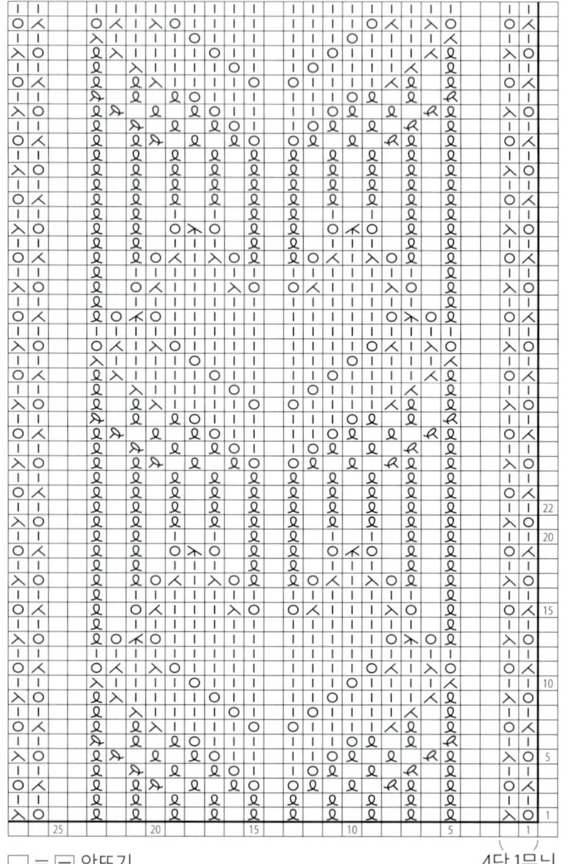

□ = ⊟ 안뜨기

4단 1무늬

25코 22단 1무늬

141

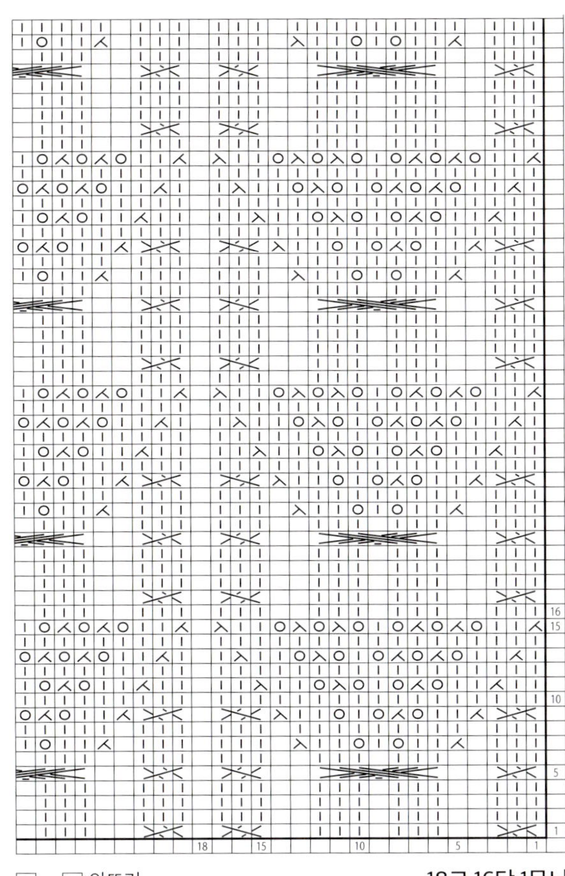

□ = ⊟ 안뜨기

18코 16단 1무늬

무늬 변형하기

142

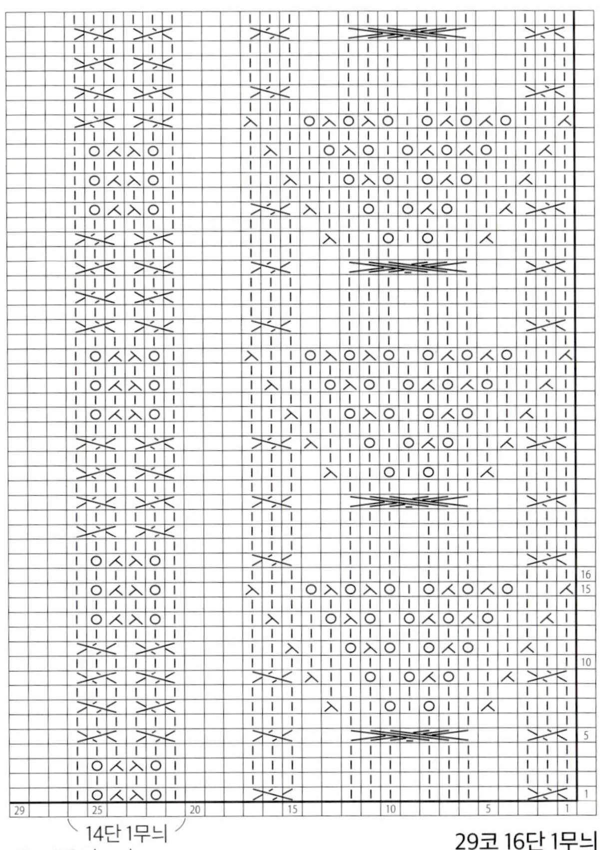

14단 1무늬

□ = ⊟ 안뜨기

29코 16단 1무늬

143

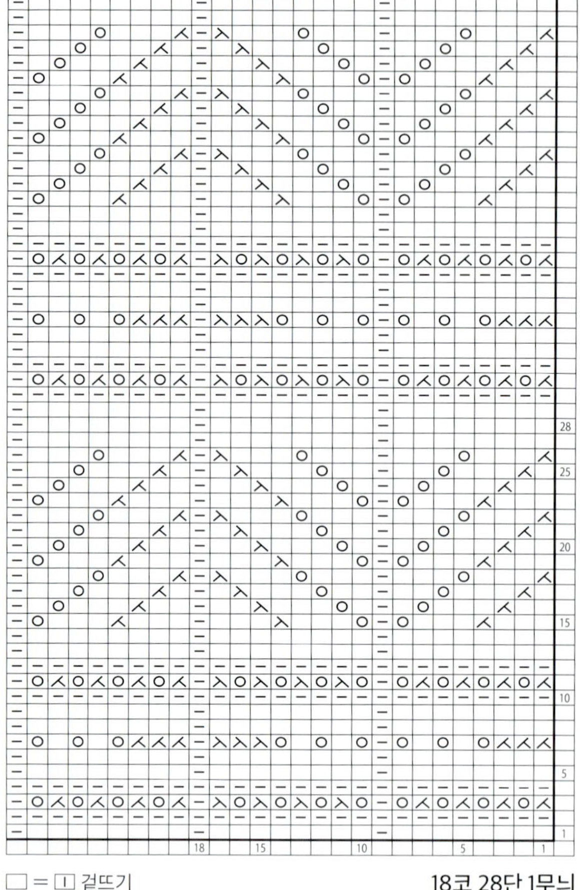

□ = ⊡ 겉뜨기

18코 28단 1무늬

144

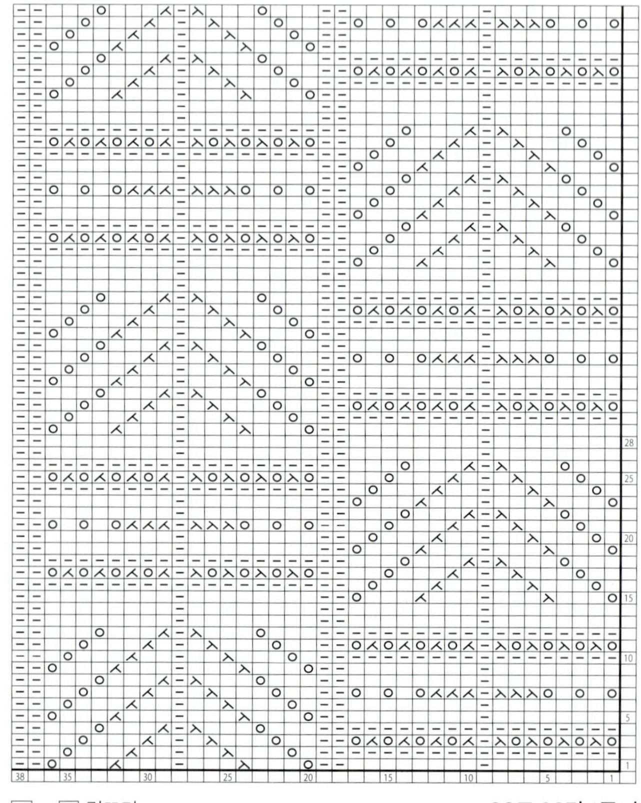

□ = ⊡ 겉뜨기

38코 28단 1무늬

145

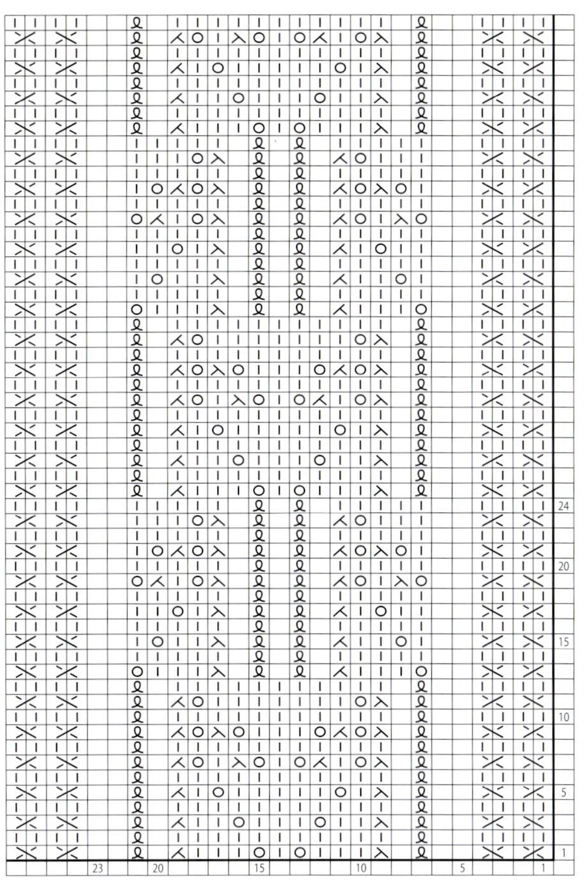

□ = ⊟ 안뜨기

23코 24단 1무늬

무늬 변형하기

146

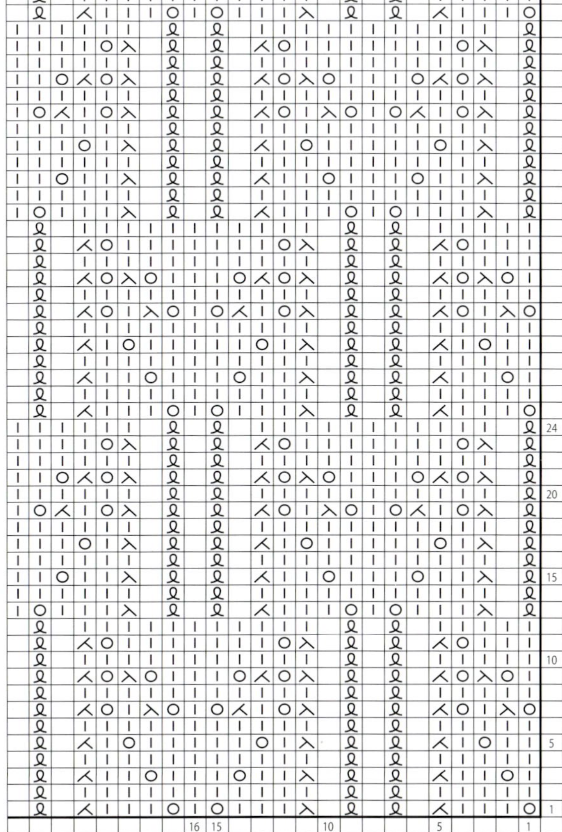

□ = ⊟ 안뜨기

16코 24단 1무늬

147

□ = ⊟ 안뜨기 ● =

22코 16단 1무늬

148

□ = ⊟ 안뜨기

28코 16단 1무늬

149

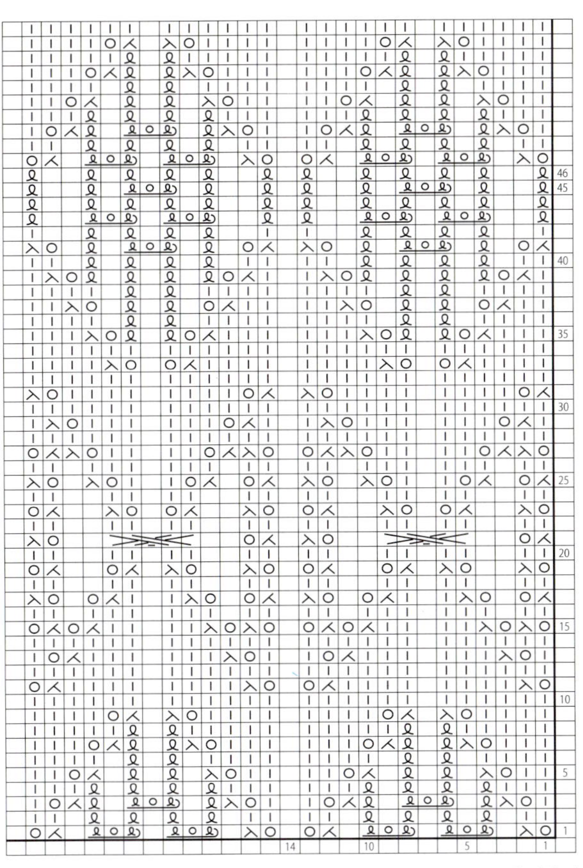

□ = ⊟ 안뜨기

14코 46단 1무늬

150

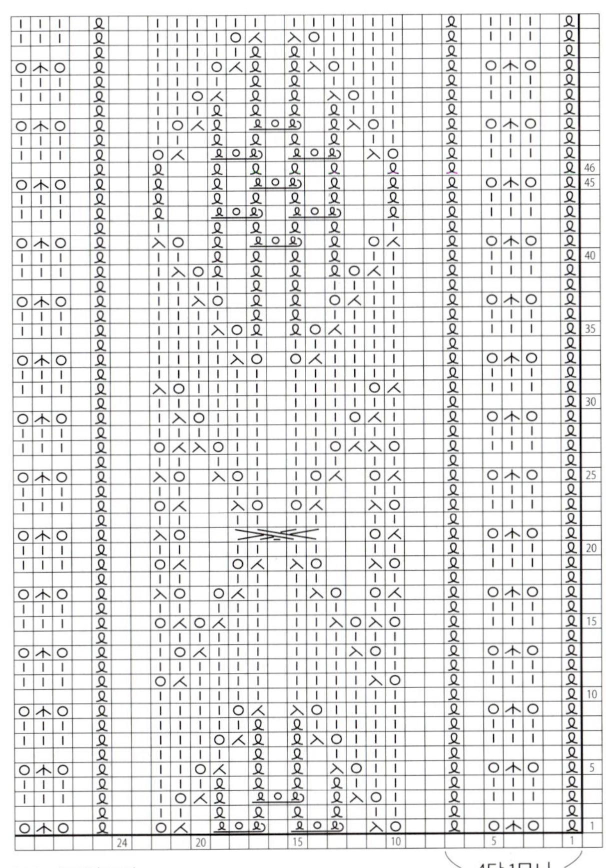

□ = ⊟ 안뜨기

4단 1무늬

24코 46단 1무늬

무늬 변형하기

151

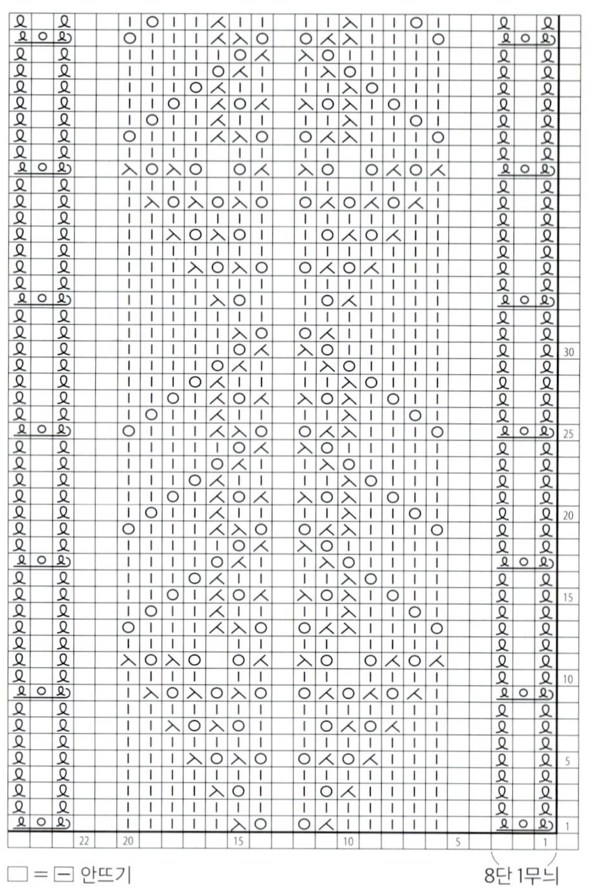

152

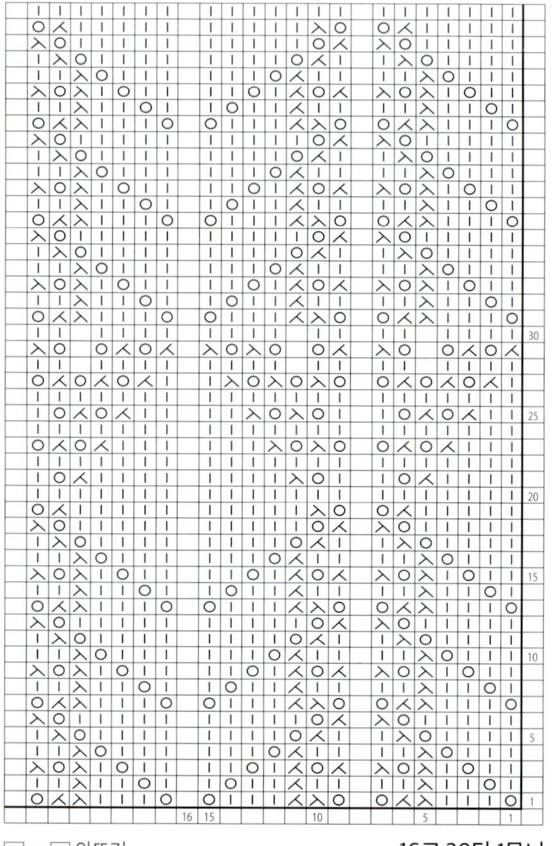

153

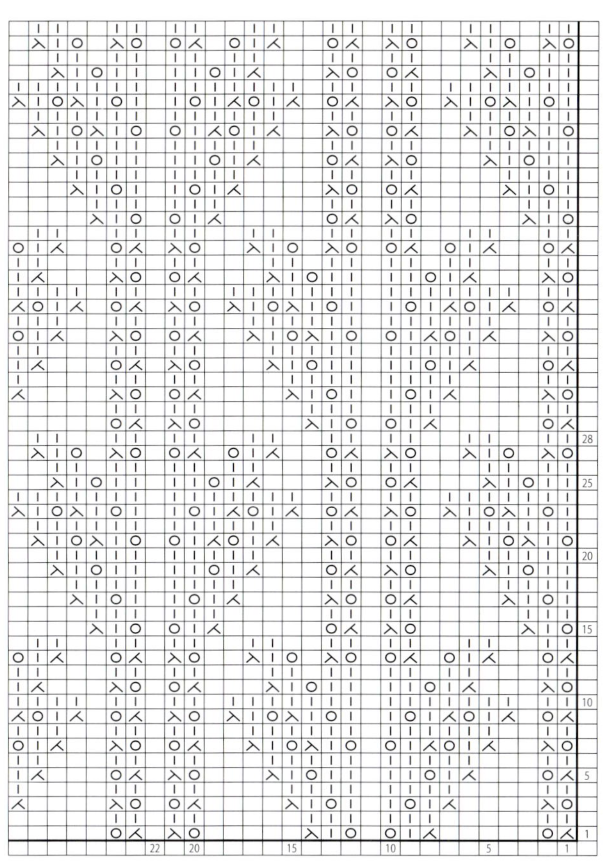

□ = ⊟ 안뜨기

22코 28단 1무늬

154

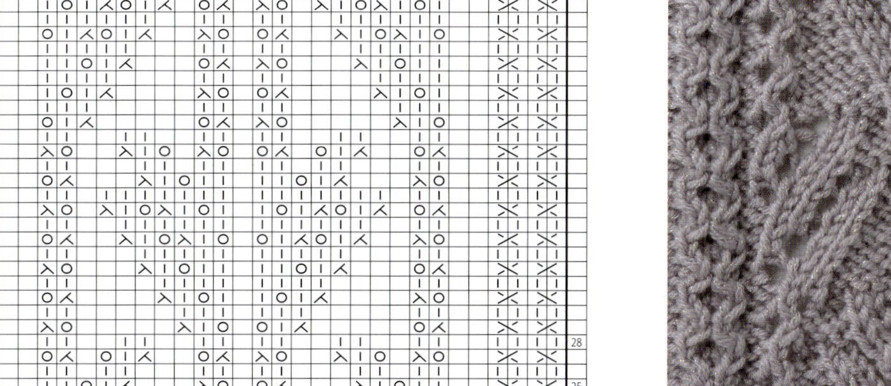

□ = ⊟ 안뜨기

29코 28단 1무늬

155

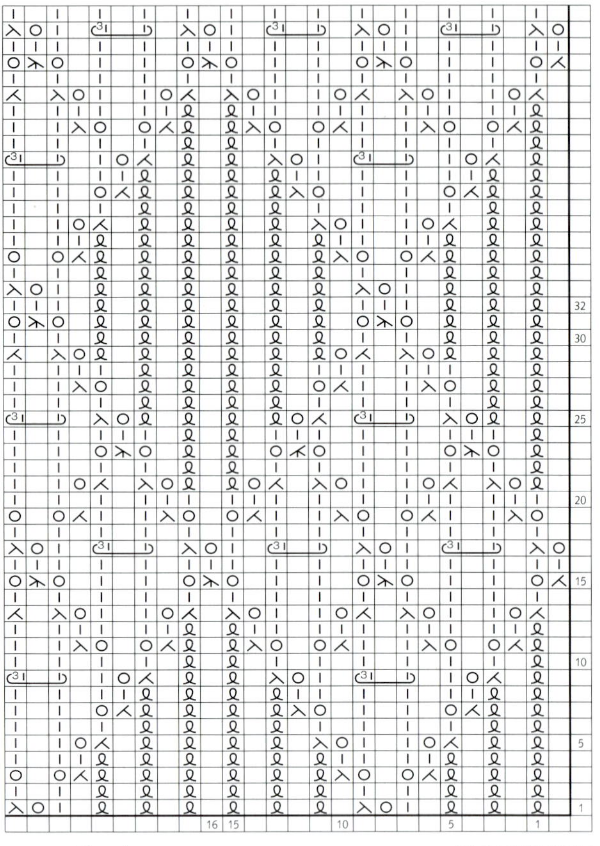

□ = ⊟ 안뜨기

16코 32단 1무늬

156

□ = ⊟ 안뜨기

8코 16단 1무늬

157

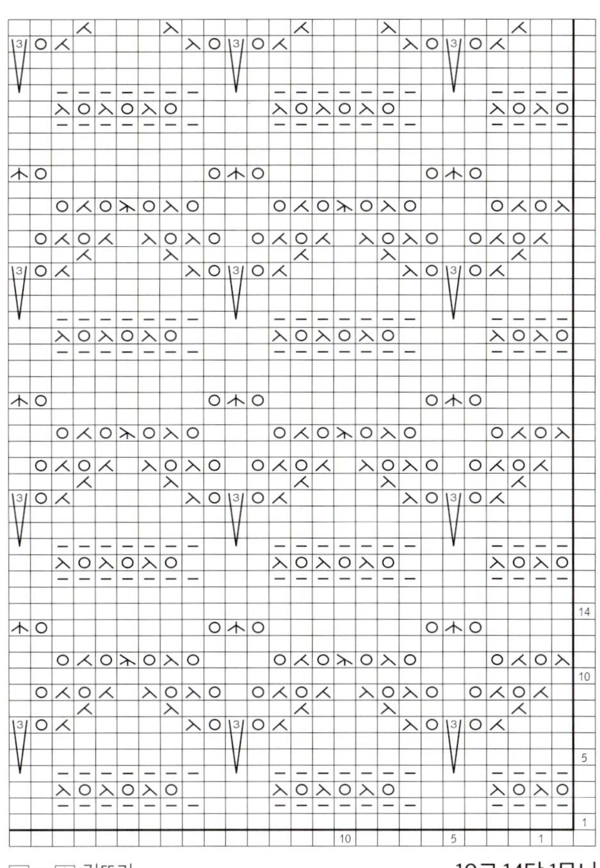

□ = Ⅰ 겉뜨기

10코 14단 1무늬

158

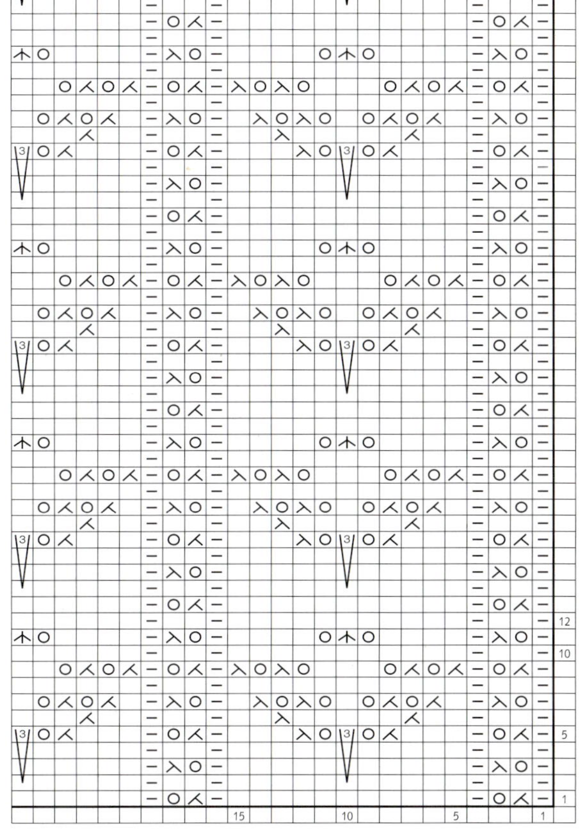

□ = Ⅰ 겉뜨기

15코 12단 1무늬

무늬 변형하기

교차무늬

교차무늬를 옷 전체에 넣은 가디건. 중심이 되는 무늬는 매듭뜨기 교차로,
그 사이에 둥그스름한 돌려뜨기로 하는 교차를 넣었습니다. 제가 좋아하는 무늬 중의 하나랍니다.
무늬 두 종류를 추가하고, 어깨에 메인 무늬가 남도록 배치했습니다. 테두리뜨기에도 몸판과 같은 교차무늬를 넣었습니다.

164 무늬 사용　제작/ 이마이 야스코　사용 실/ 다이아 도미나〈놈〉　뜨는 방법/ P.137

159

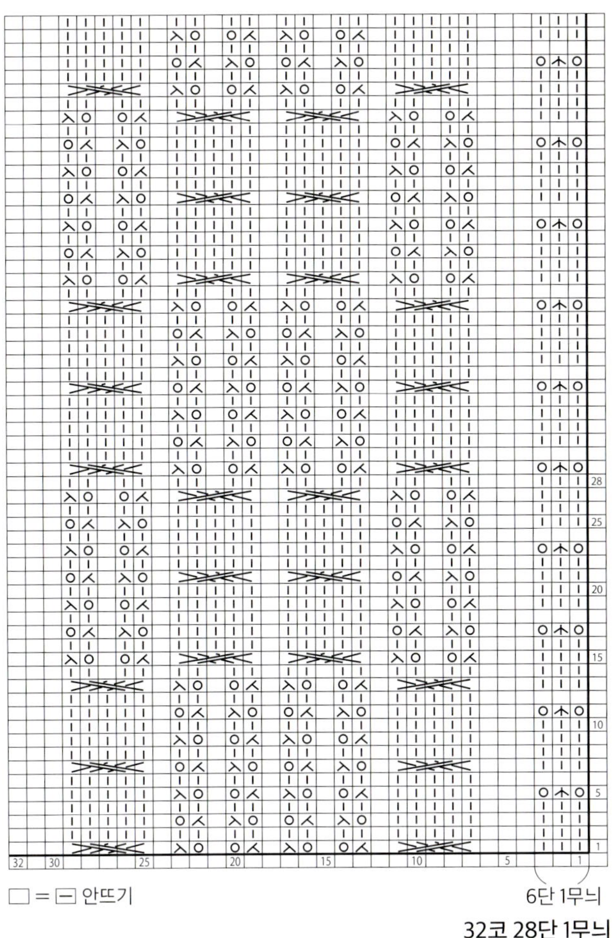

□ = ⊟ 안뜨기

6단 1무늬

32코 28단 1무늬

교차무늬

160

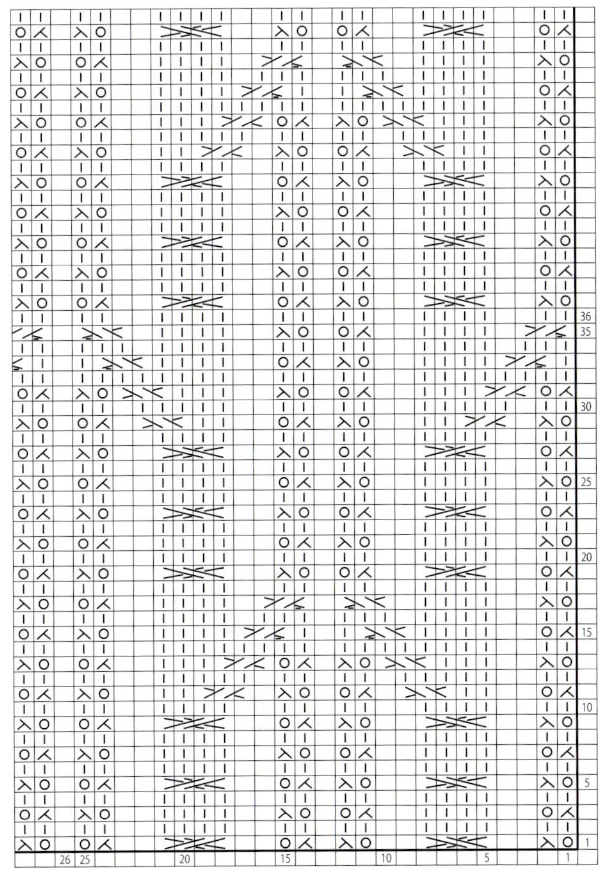

□ = ⊟ 안뜨기

26코 36단 1무늬

161

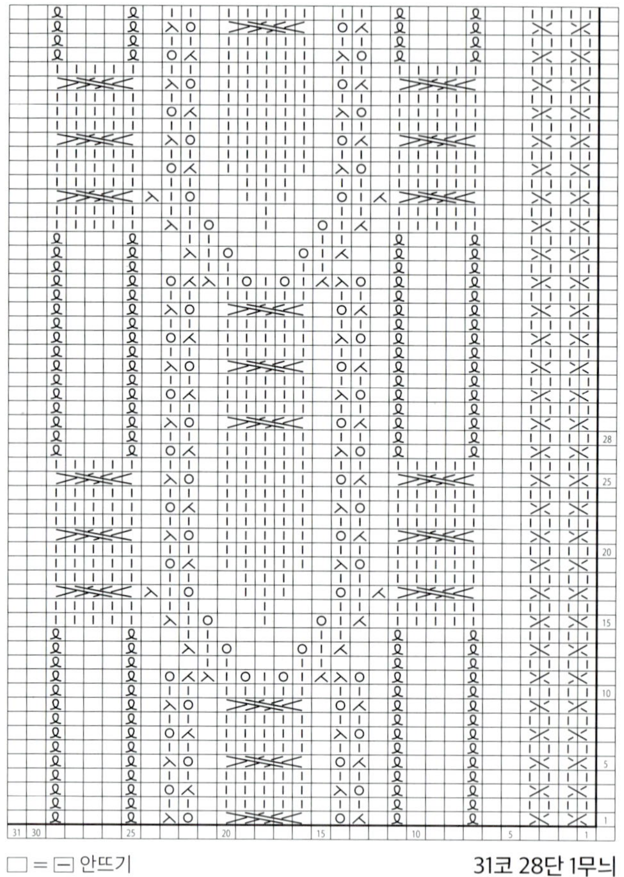

□ = ⊟ 안뜨기

31코 28단 1무늬

162

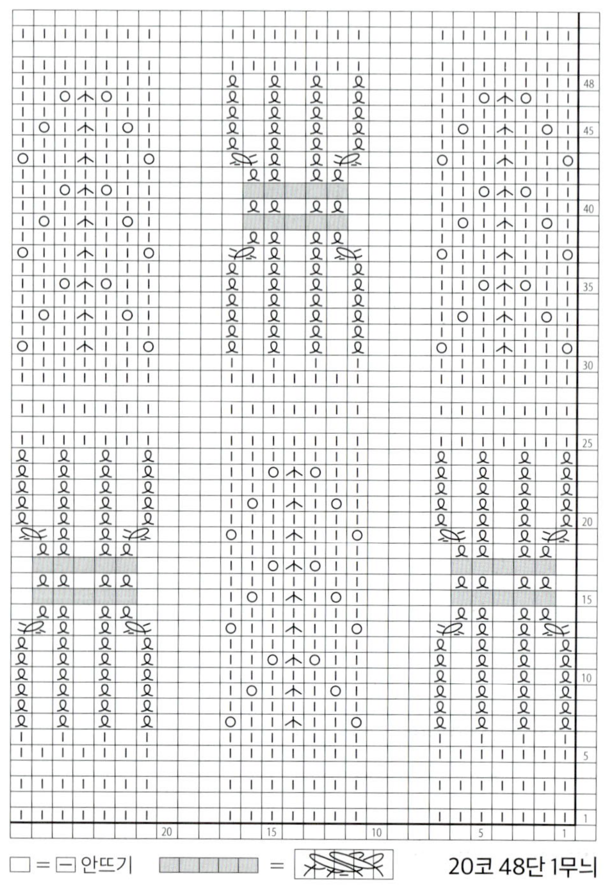

□ = ⊟ 안뜨기

20코 48단 1무늬

163

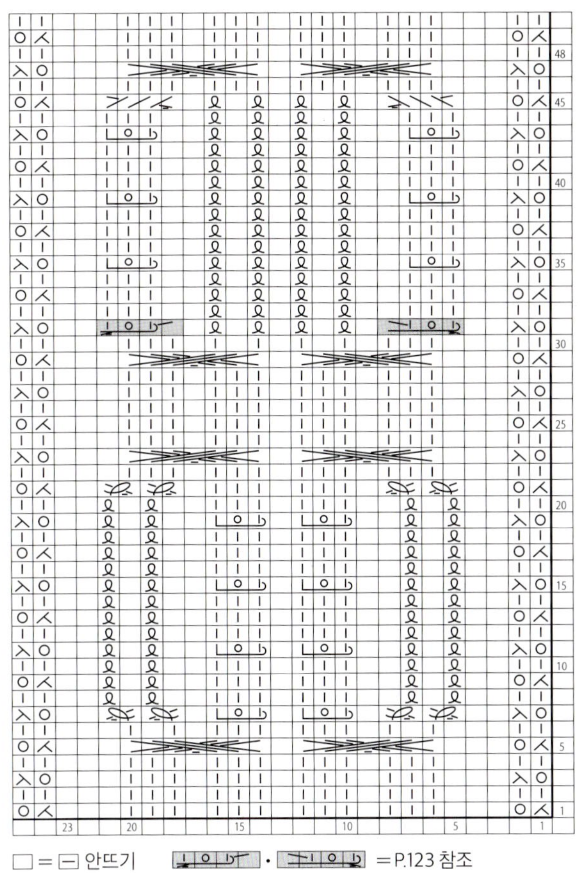

□ = ⊟ 안뜨기　　[기호]·[기호] = P.123 참조

23코 48단 1무늬

교차무늬

164

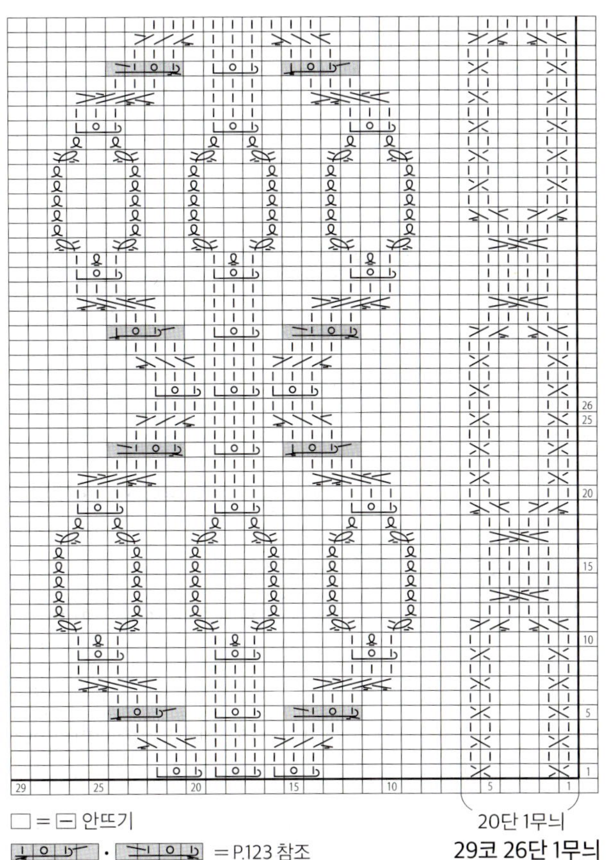

□ = ⊟ 안뜨기

[기호]·[기호] = P.123 참조

20단 1무늬

29코 26단 1무늬

165

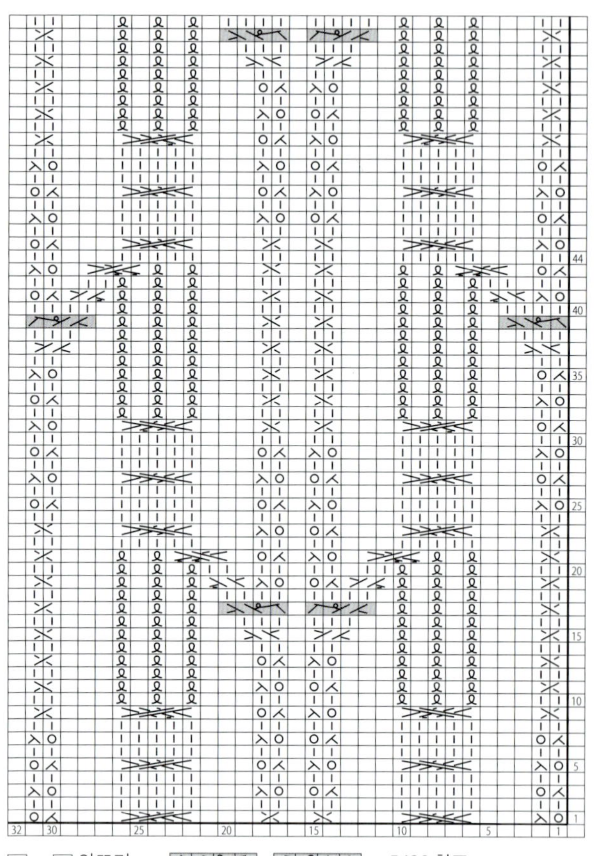

□ = ⊟ 안뜨기 · = P.123 참조

32코 44단 1무늬

166

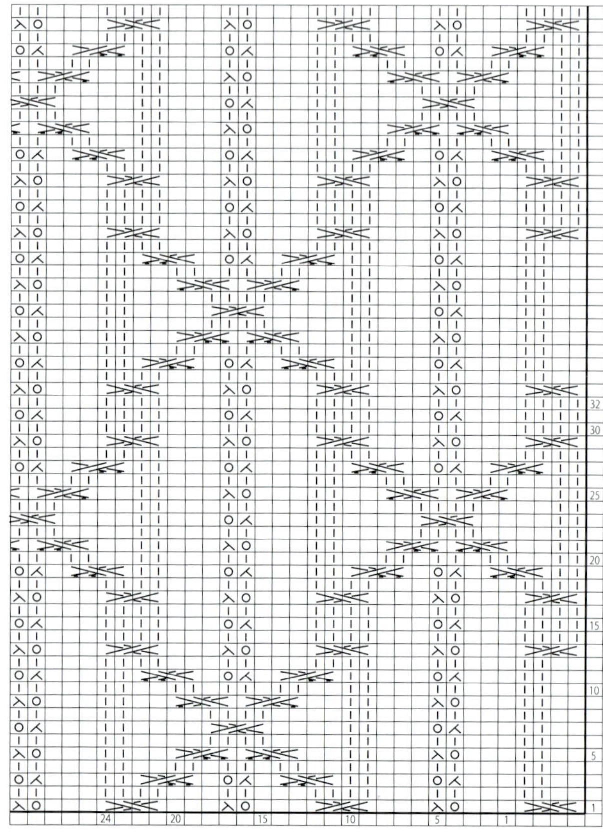

□ = ⊟ 안뜨기

24코 32단 1무늬

167

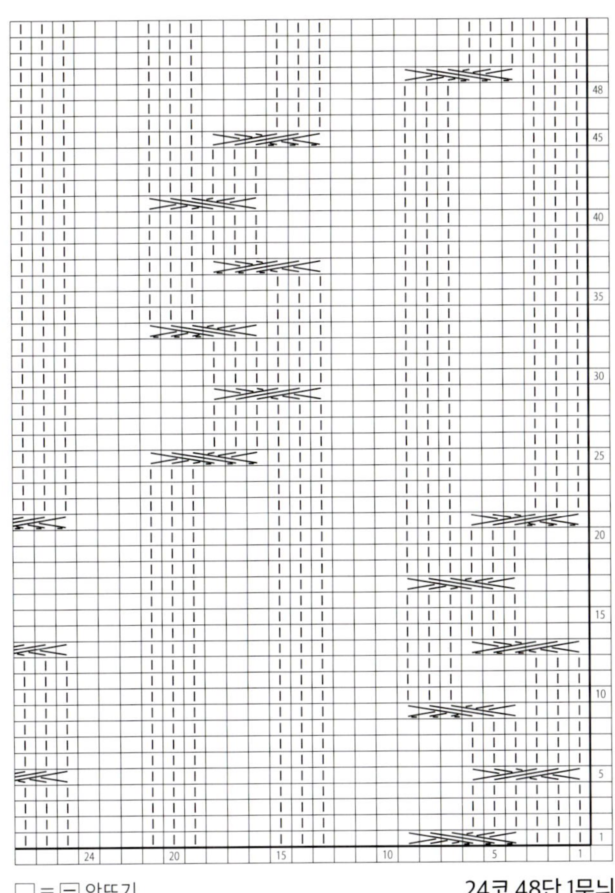

□ = ⊟ 안뜨기

24코 48단 1무늬

교차무늬

168

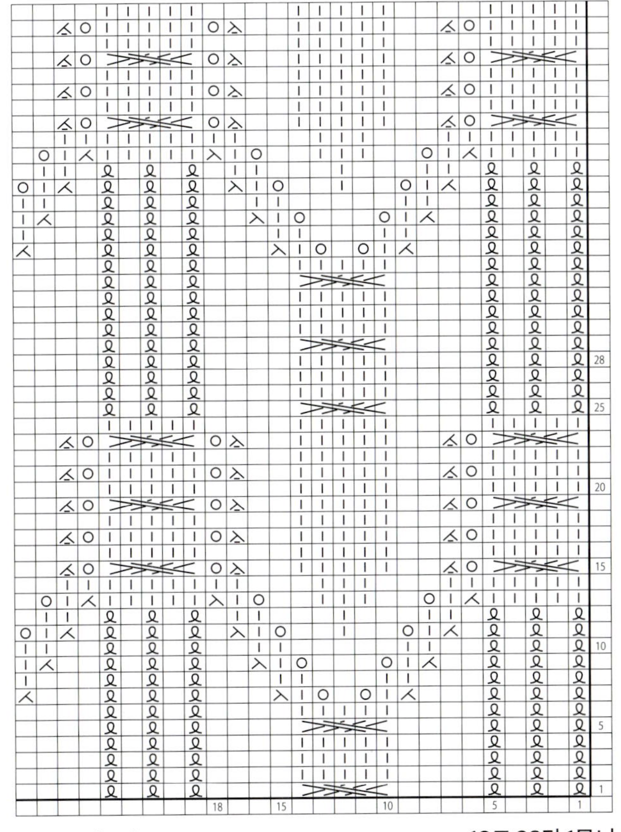

□ = ⊟ 안뜨기

18코 28단 1무늬

169

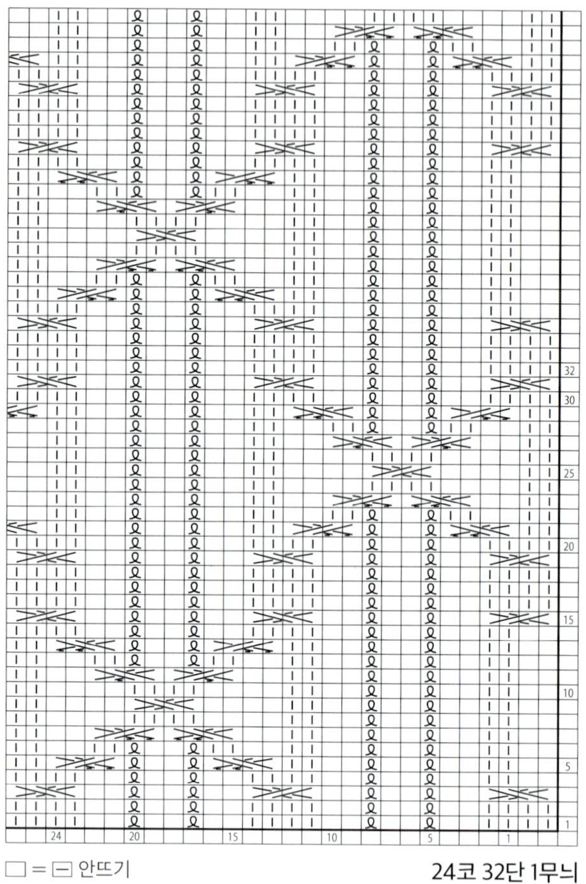

□ = ⊟ 안뜨기

24코 32단 1무늬

170

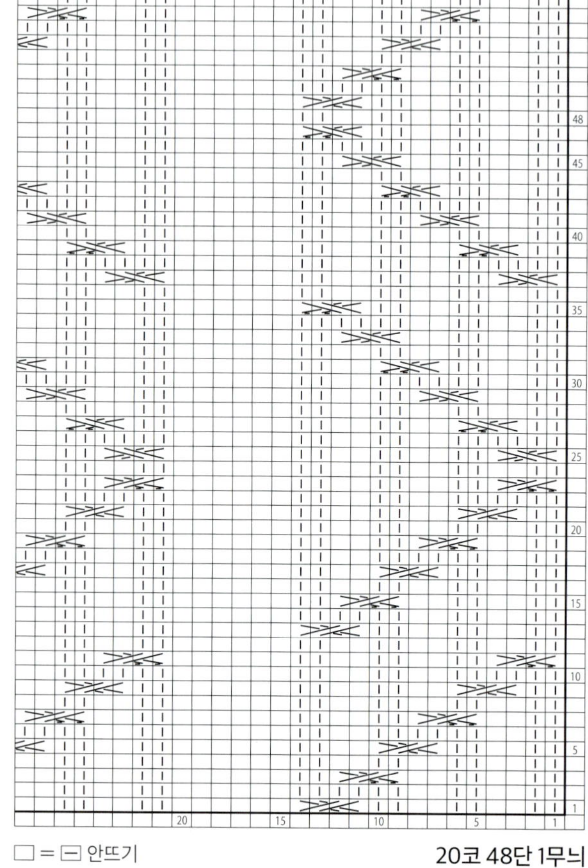

□ = ⊟ 안뜨기

20코 48단 1무늬

171

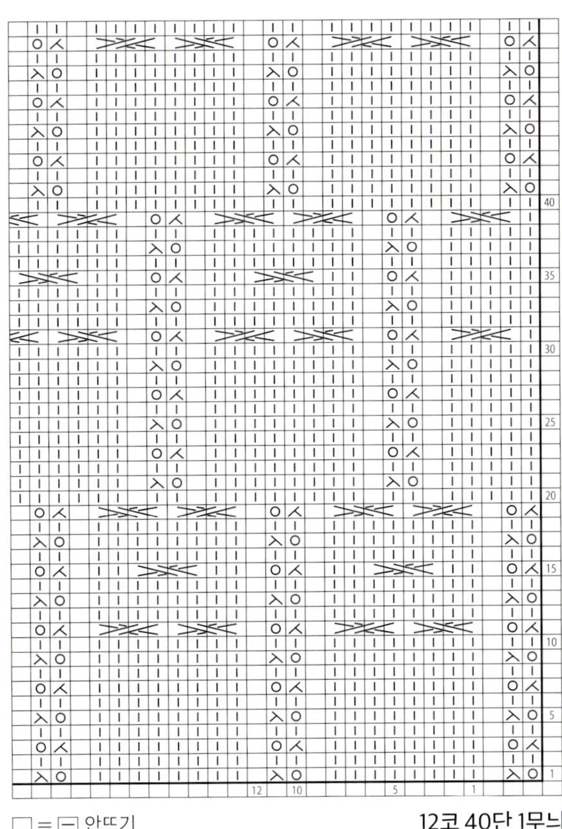

□ = ⊟ 안뜨기

12코 40단 1무늬

교차무늬

172

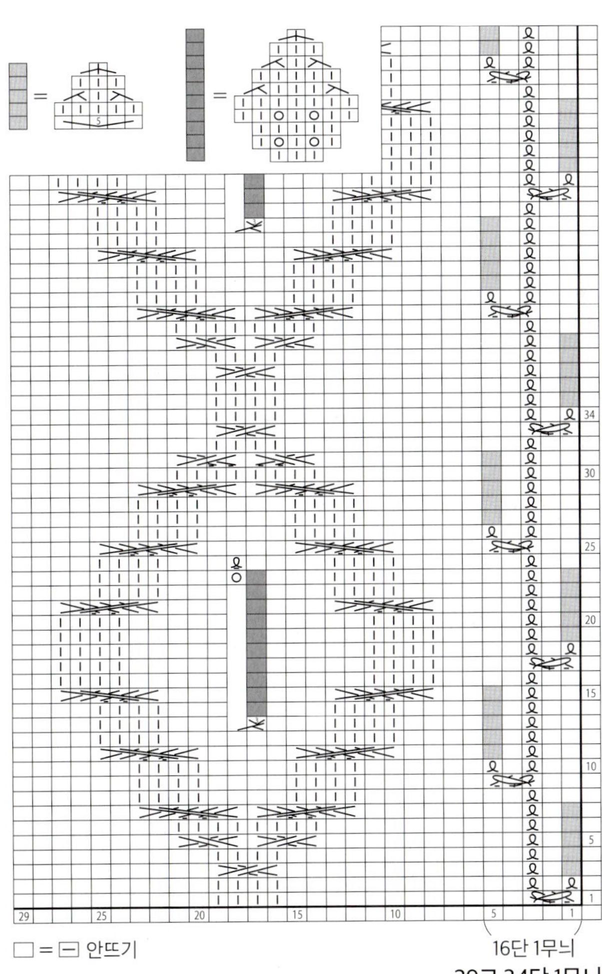

□ = ⊟ 안뜨기

16단 1무늬

29코 34단 1무늬

173

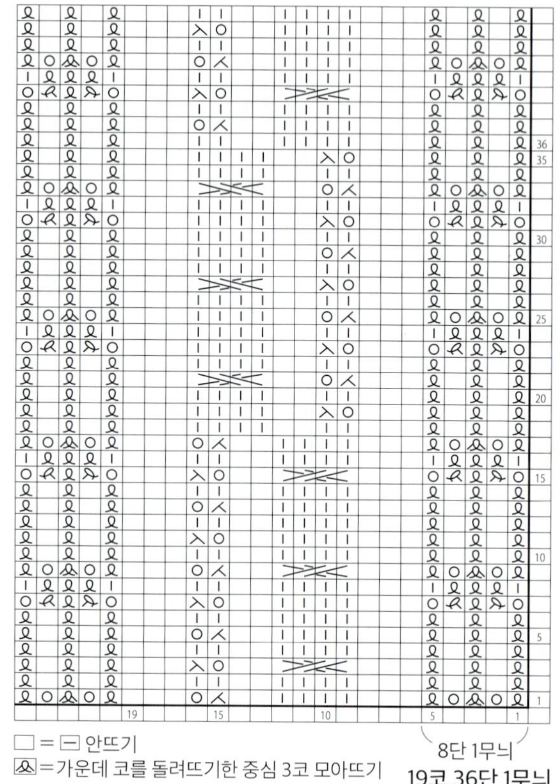

□ = ⊟ 안뜨기

⨂ = 가운데 코를 돌려뜨기한 중심 3코 모아뜨기

8단 1무늬

19코 36단 1무늬

174

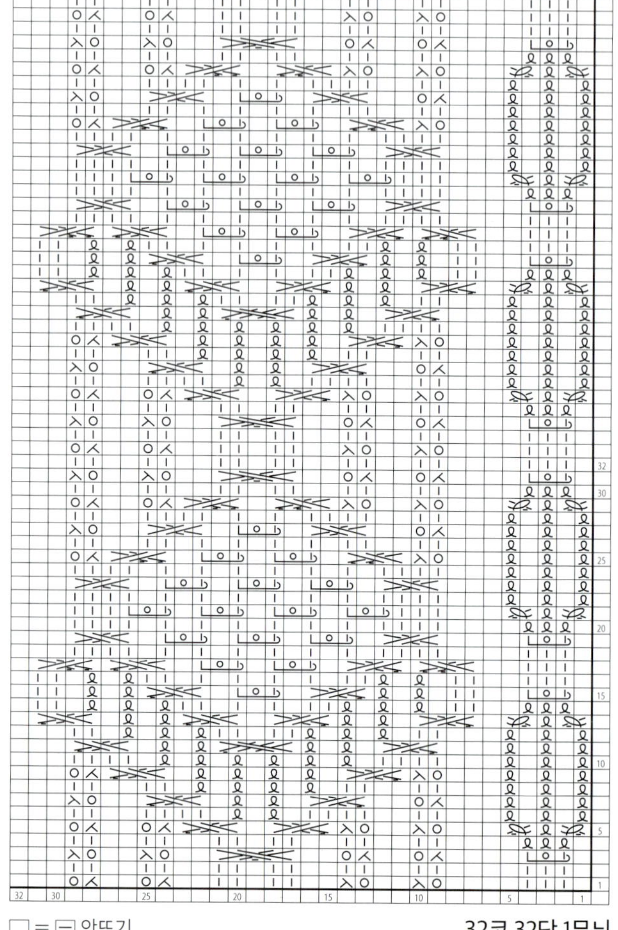

□ = ⊟ 안뜨기

32코 32단 1무늬

175

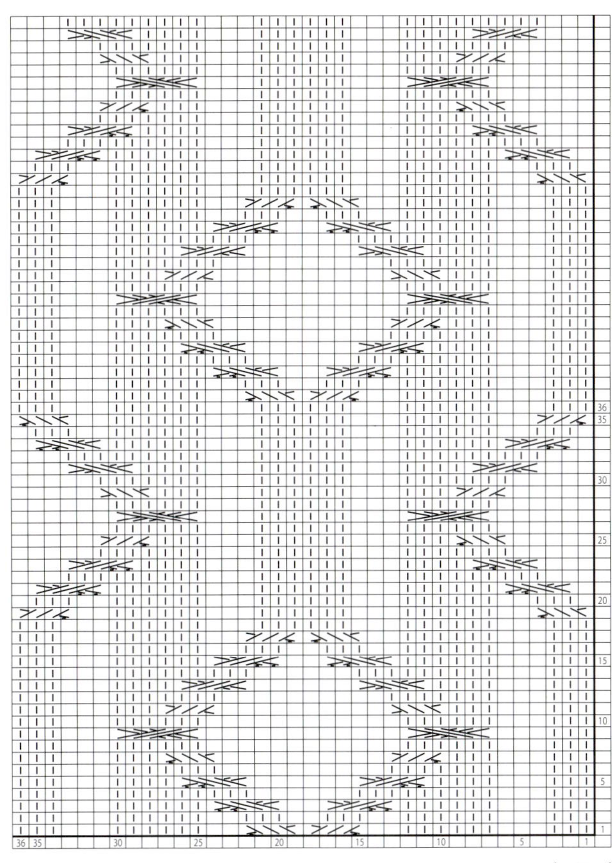

□ = ⊟ 안뜨기

36코 36단 1무늬

176

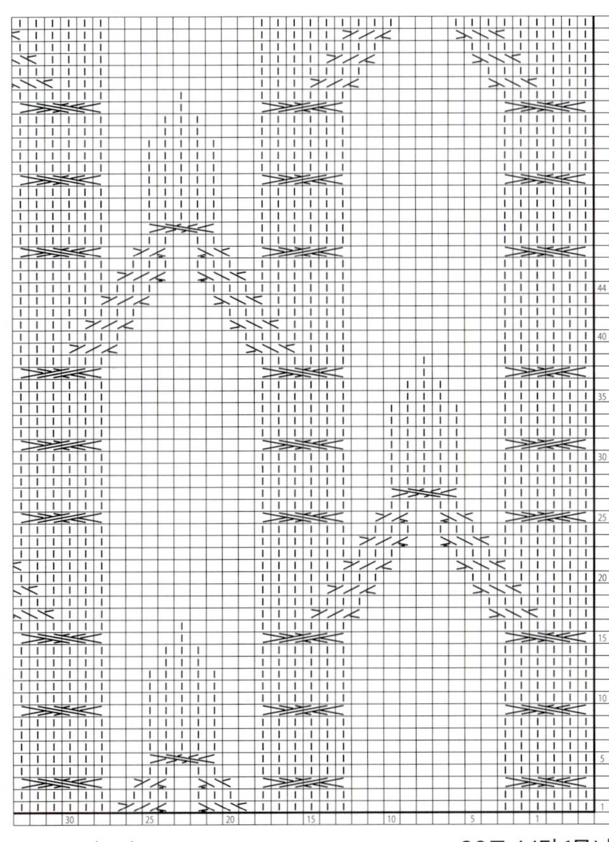

□ = ⊟ 안뜨기

30코 44단 1무늬

177

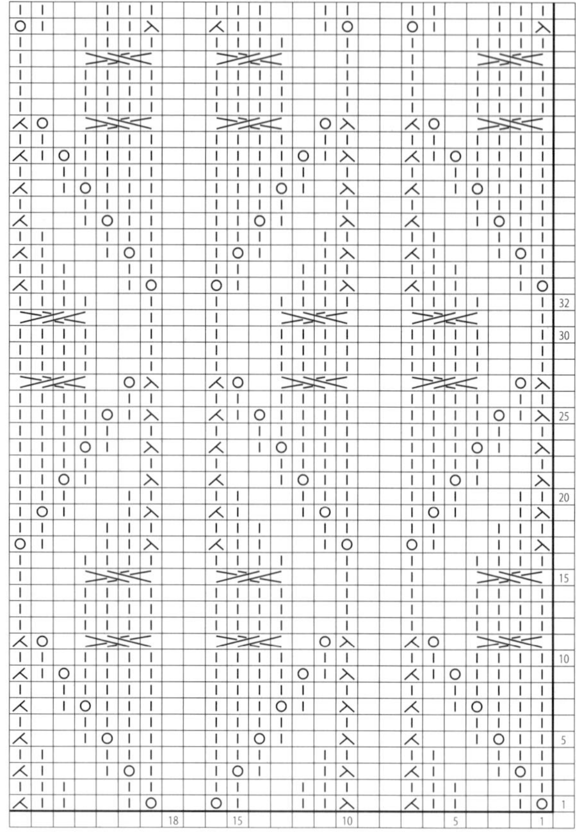

□ = ⊟ 안뜨기

18코 32단 1무늬

178

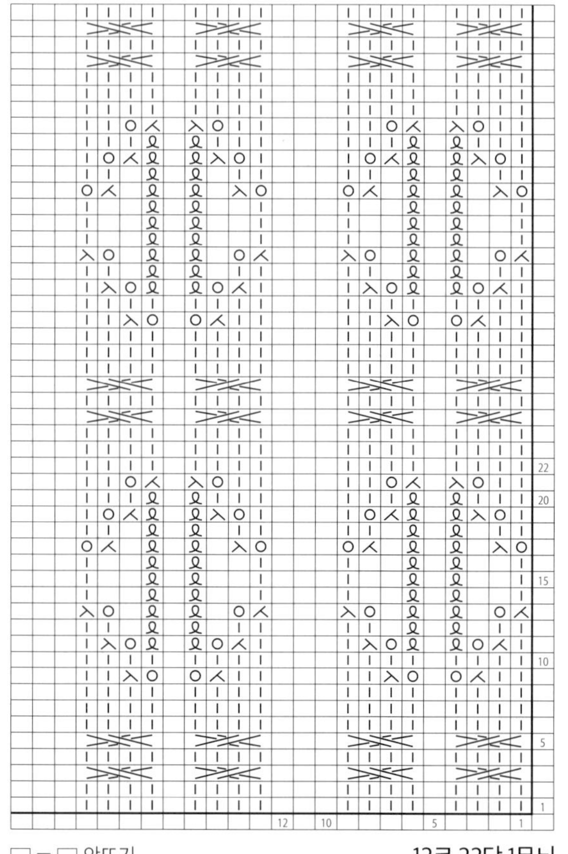

□ = ⊟ 안뜨기

12코 22단 1무늬

179

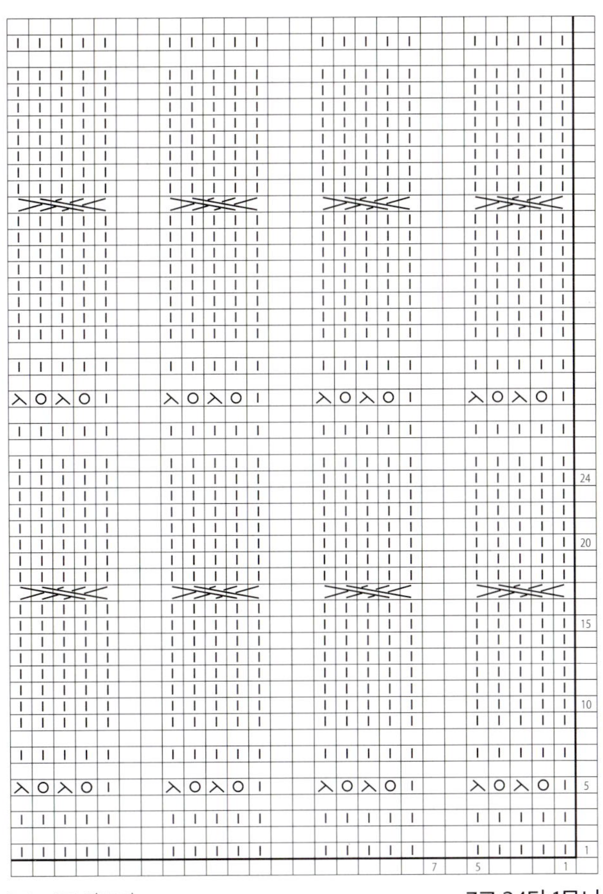

□ = ⊟ 안뜨기

7코 24단 1무늬

교차무늬

180

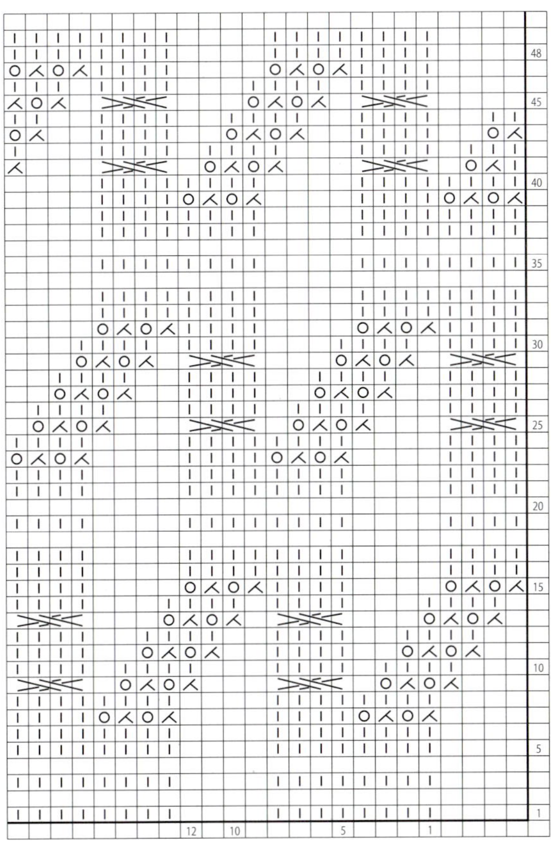

□ = ⊟ 안뜨기

12코 48단 1무늬

181

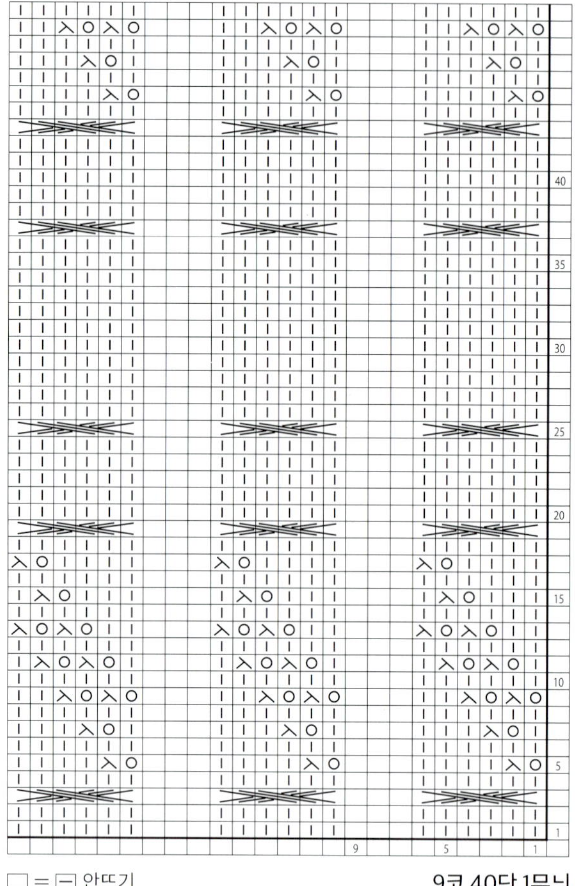

□ = ⊟ 안뜨기

9코 40단 1무늬

182

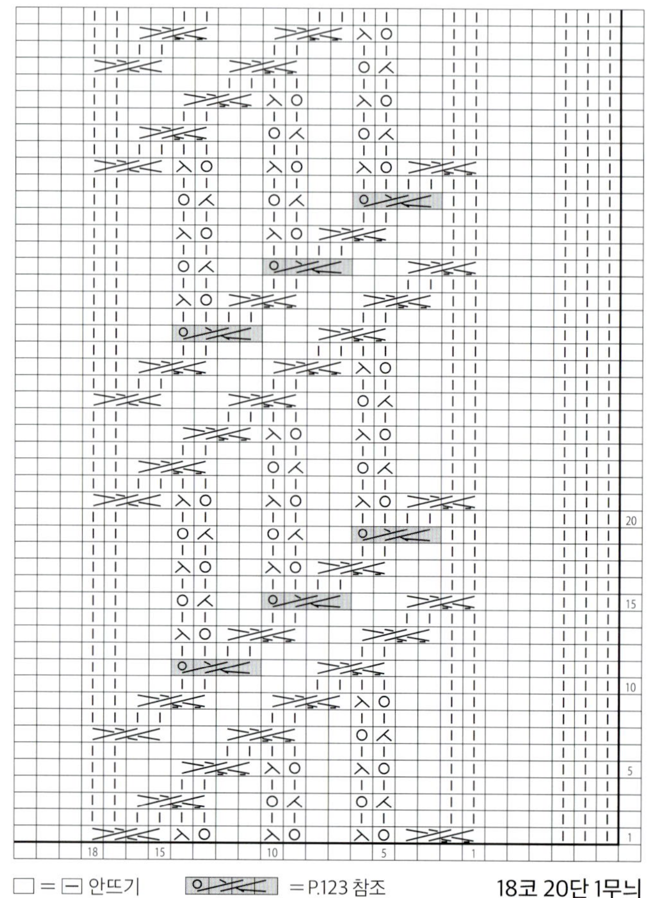

□ = ⊟ 안뜨기　　= P.123 참조

18코 20단 1무늬

183

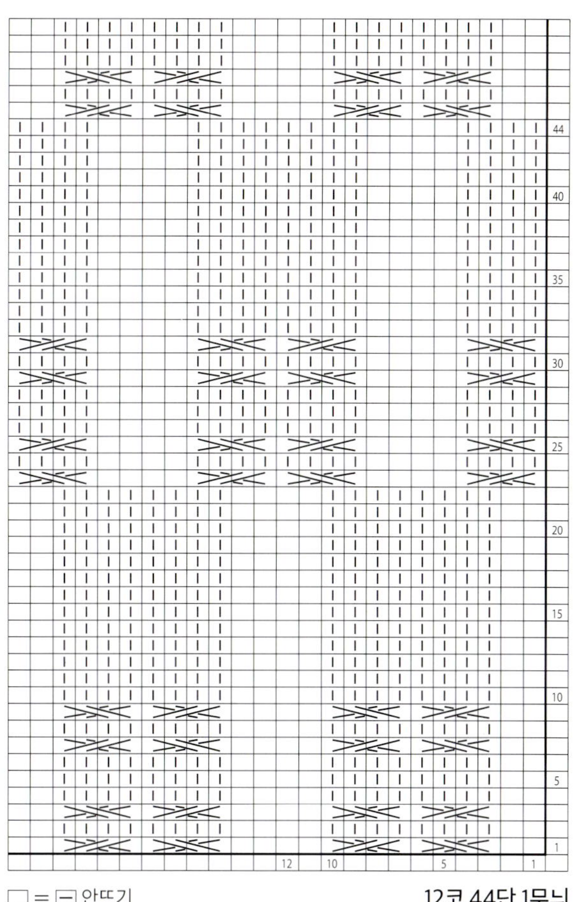

□ = ⊟ 안뜨기

12코 44단 1무늬

교차무늬

184

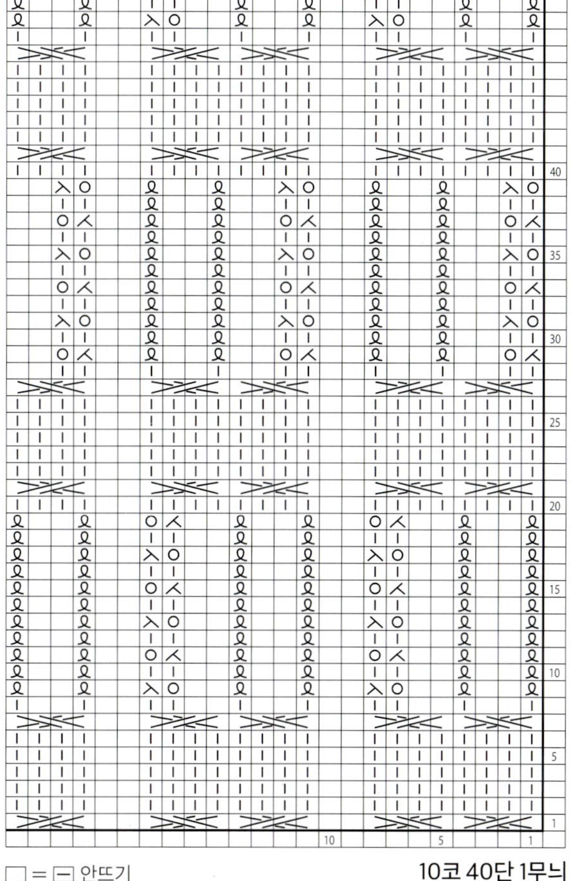

□ = ⊟ 안뜨기

10코 40단 1무늬

185

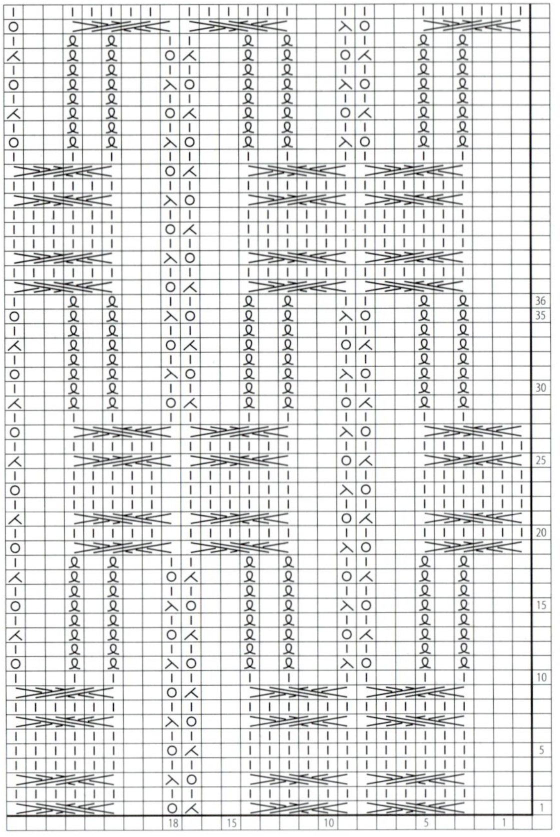

□ = ⊟ 안뜨기

18코 36단 1무늬

186

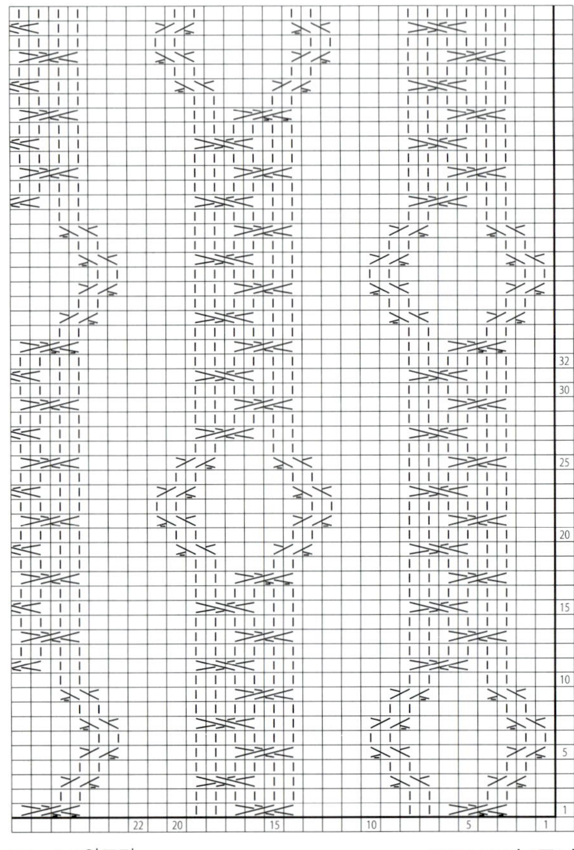

□ = ⊟ 안뜨기

22코 32단 1무늬

187

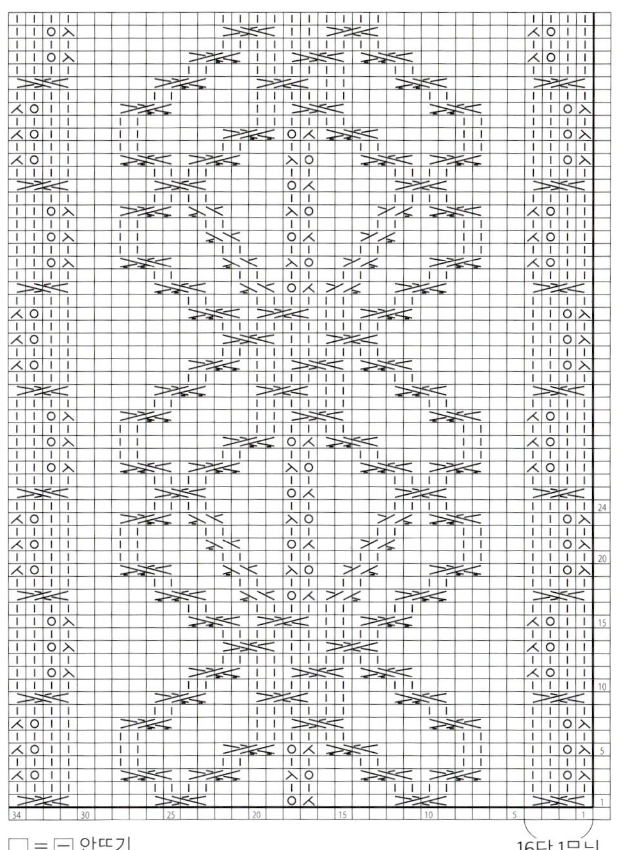

□ = ⊟ 안뜨기

16단 1무늬

34코 24단 1무늬

교차무늬

188

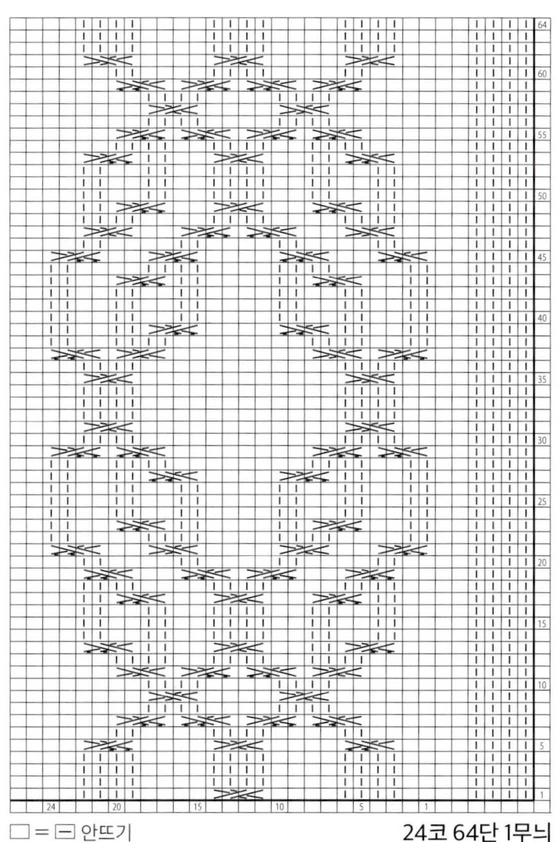

□ = ⊟ 안뜨기

24코 64단 1무늬

189

□ = ⊟ 안뜨기 = 코와 코 사이의 걸쳐진 실을 돌려서 코 늘리기
= P.123 참조
19코 19단 1무늬
190
□ = ⊟ 안뜨기
25코 20단 1무늬
191
□ = ⊟ 안뜨기
23코 18단 1무늬
= P.123 참조

192

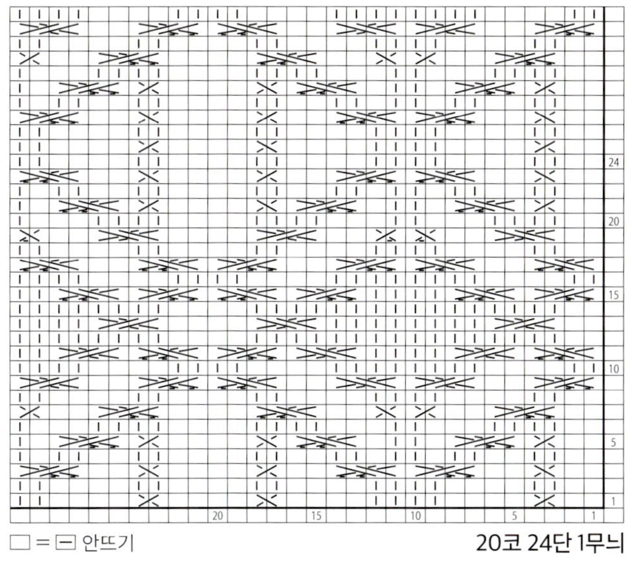

□ = ⊟ 안뜨기

20코 24단 1무늬

193

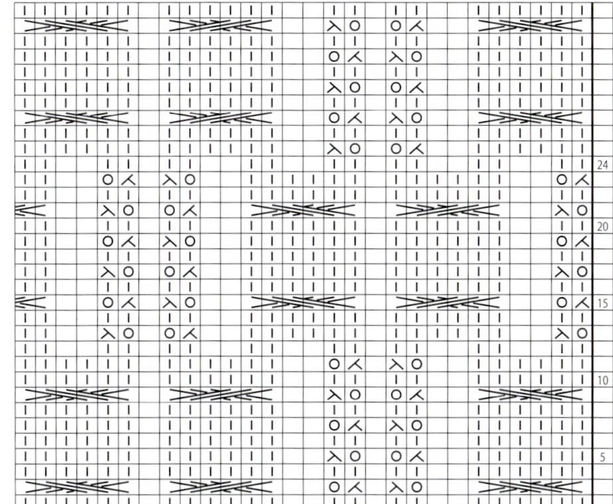

□ = ⊟ 안뜨기

22코 24단 1무늬

194

□ = ⊟ 안뜨기

▭ · ▬ =매듭뜨기 교차 P.123 참조

10단 1무늬

29코 24단 1무늬

195

196

197

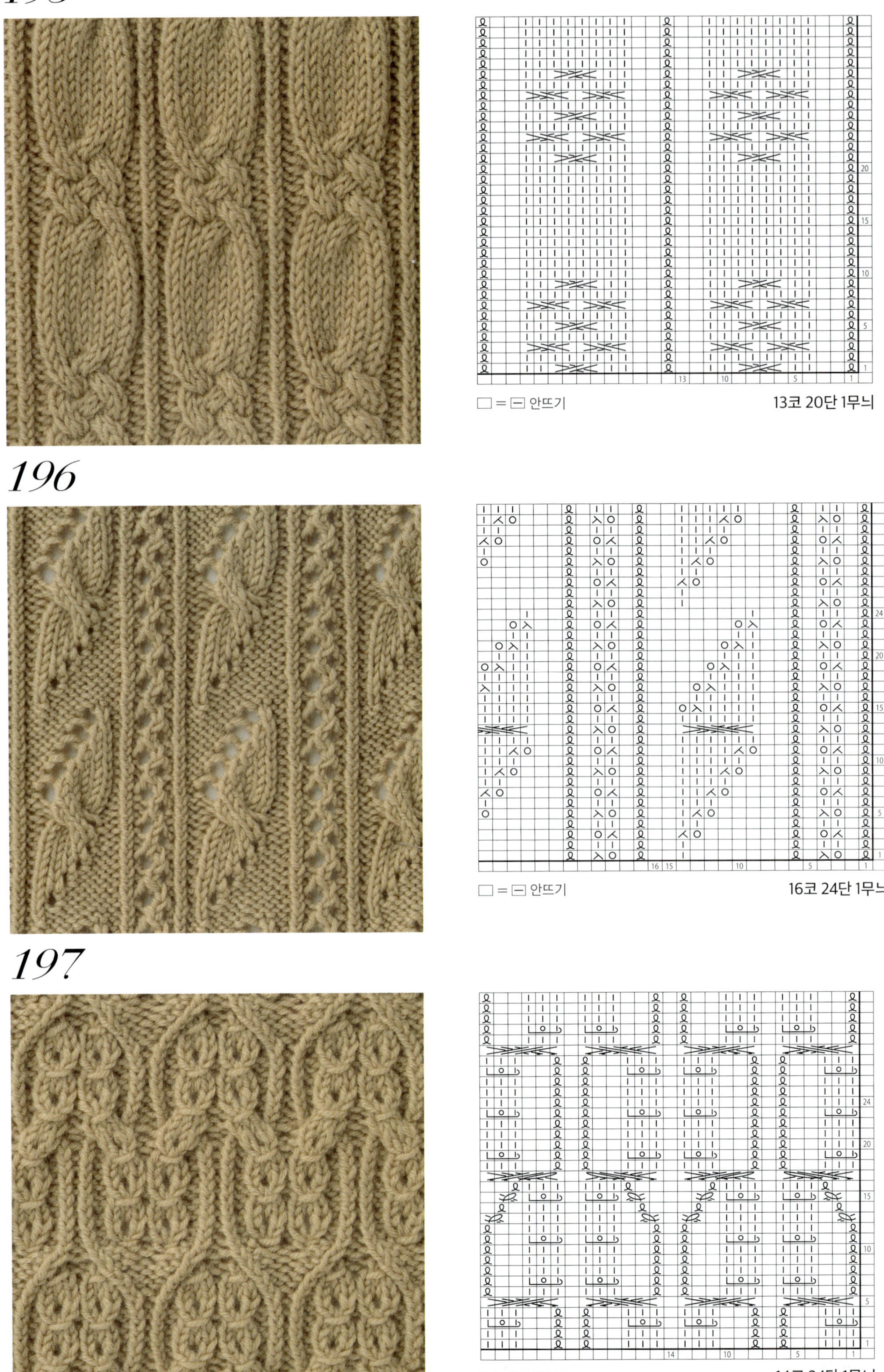

198

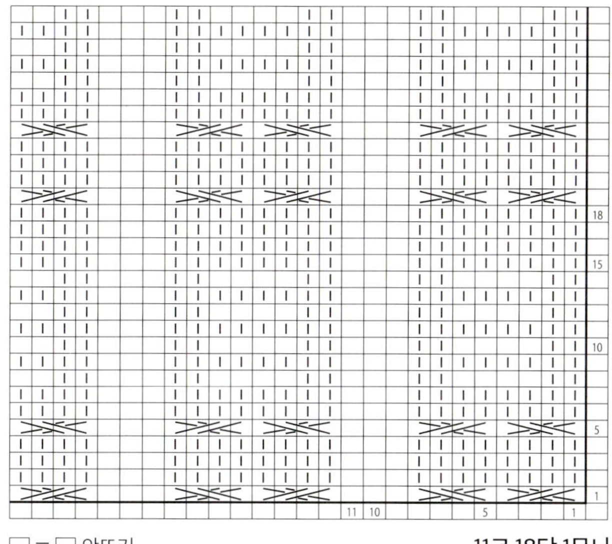

□ = ⊟ 안뜨기

11코 18단 1무늬

199

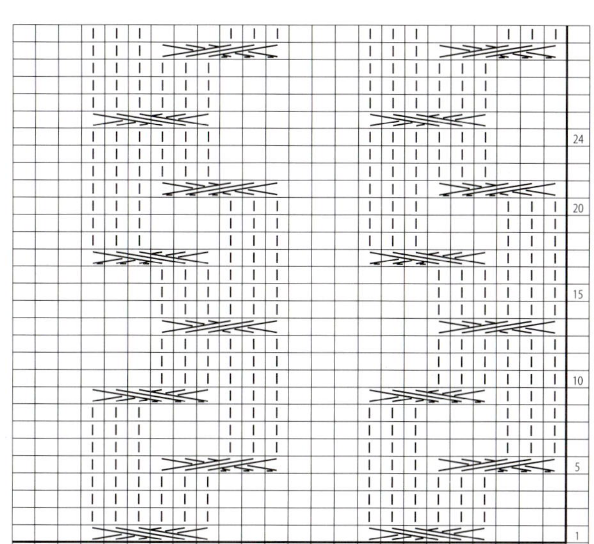

□ = ⊟ 안뜨기

12코 24단 1무늬

200

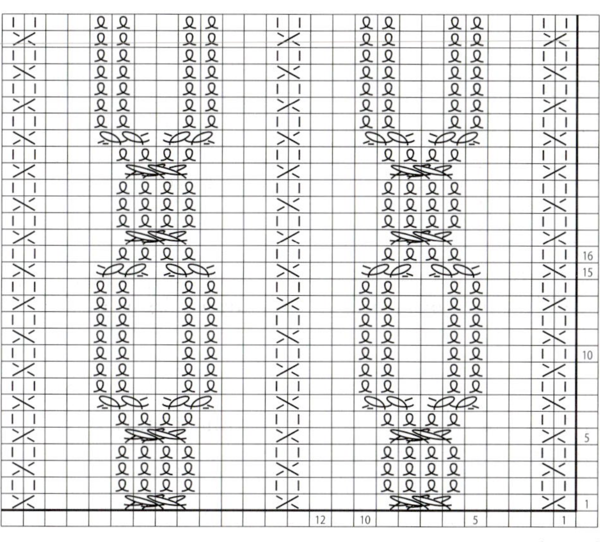

□ = ⊟ 안뜨기

12코 16단 1무늬

201

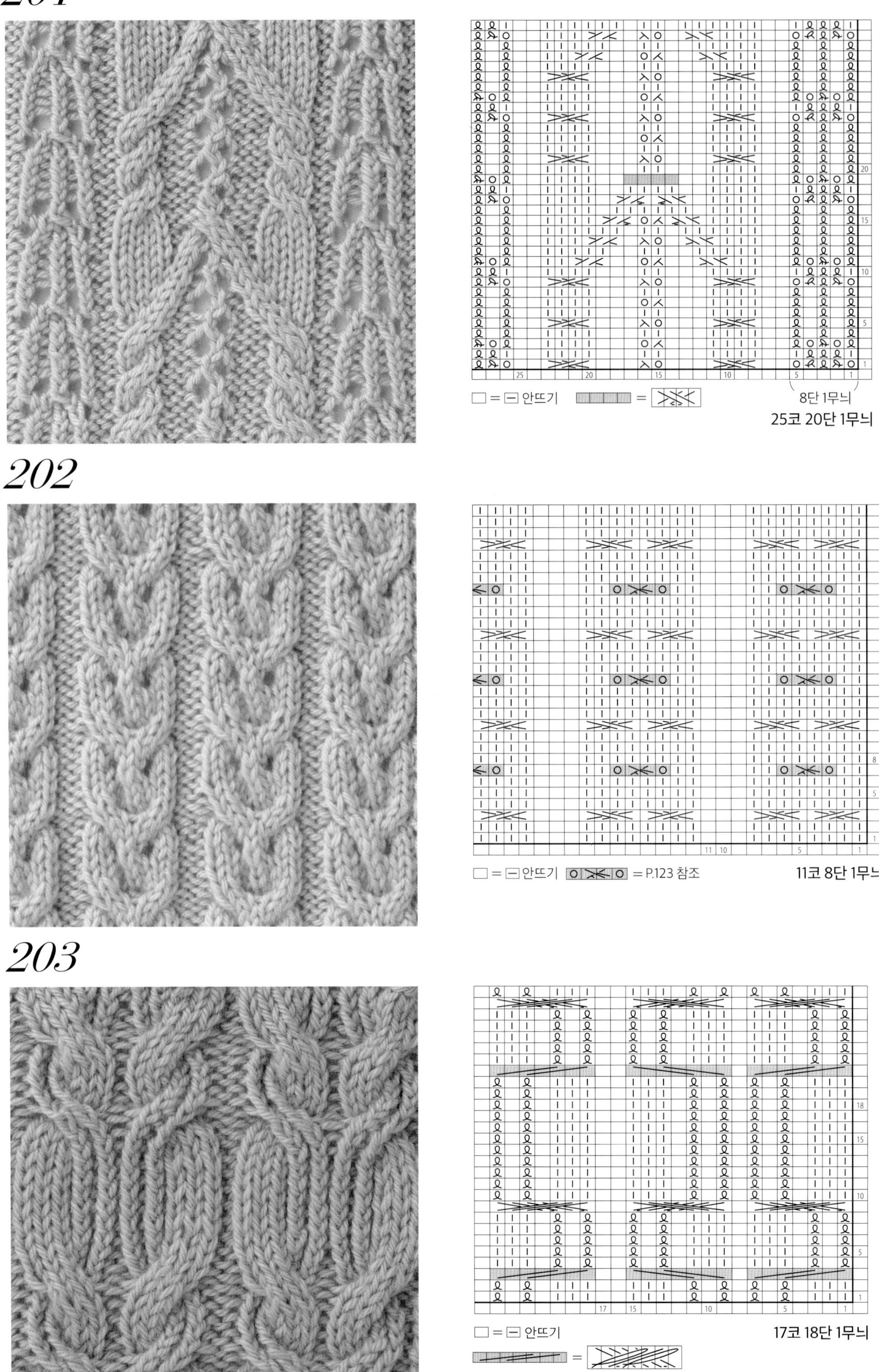

□ = ⊟ 안뜨기
8단 1무늬
25코 20단 1무늬
202
□ = ⊟ 안뜨기
= P.123 참조
11코 8단 1무늬
203
□ = ⊟ 안뜨기
17코 18단 1무늬

204

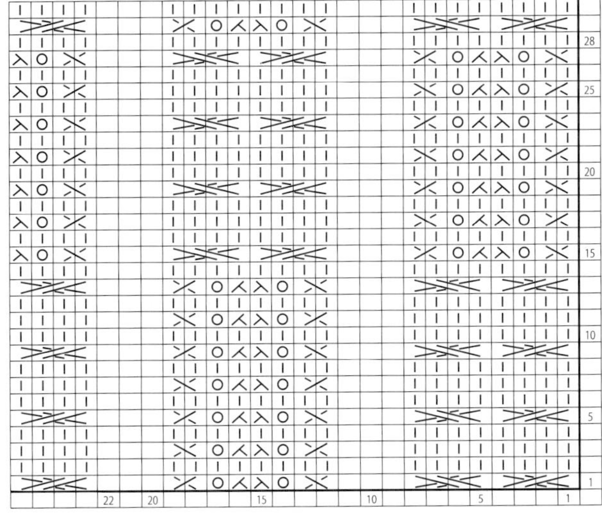

□ = ⊟ 안뜨기

22코 28단 1무늬

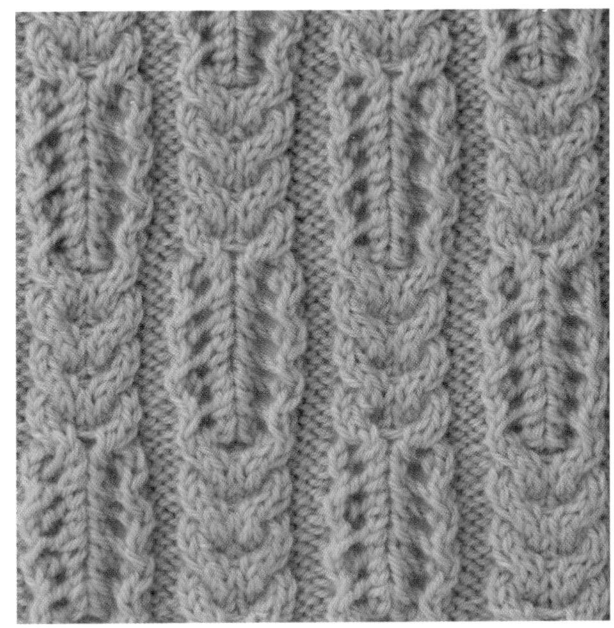

205

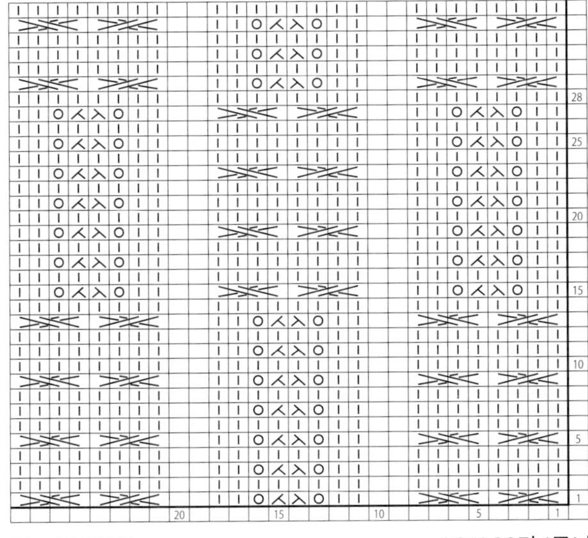

□ = ⊟ 안뜨기

20코 28단 1무늬

206

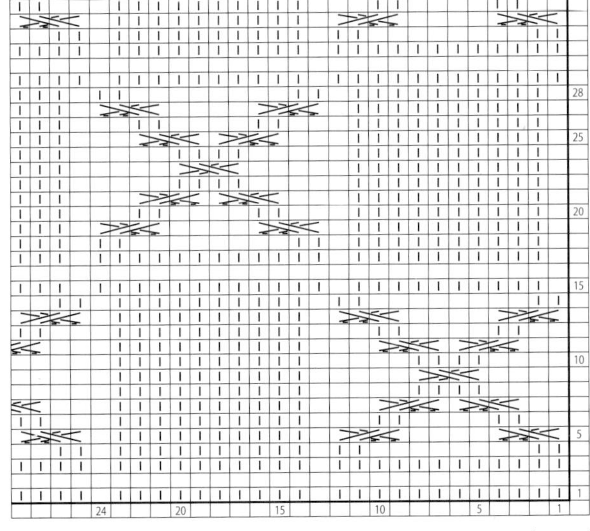

□ = ⊟ 안뜨기

24코 28단 1무늬

패널무늬

서로 다른 교차의 세로무늬를 조합하여 몸판 가운데에 패널 모양을 배치한 래글런 풀오버입니다.
중심이 되는 느슨한 다이아무늬는 매듭뜨기이고, 다이아의 가운데는 교차하지 않고 실을 감았습니다.
부드러운 느낌의 다이아무늬로 완성되어 마음에 듭니다.
테두리뜨기나 칼라의 고무뜨기 안에도 교차를 넣어서 조그만 원을 더해 주었습니다.

208 무늬 사용 제작/ 마키노 게이코 사용 실/ 다이아 에포카 뜨는 방법/ P.140

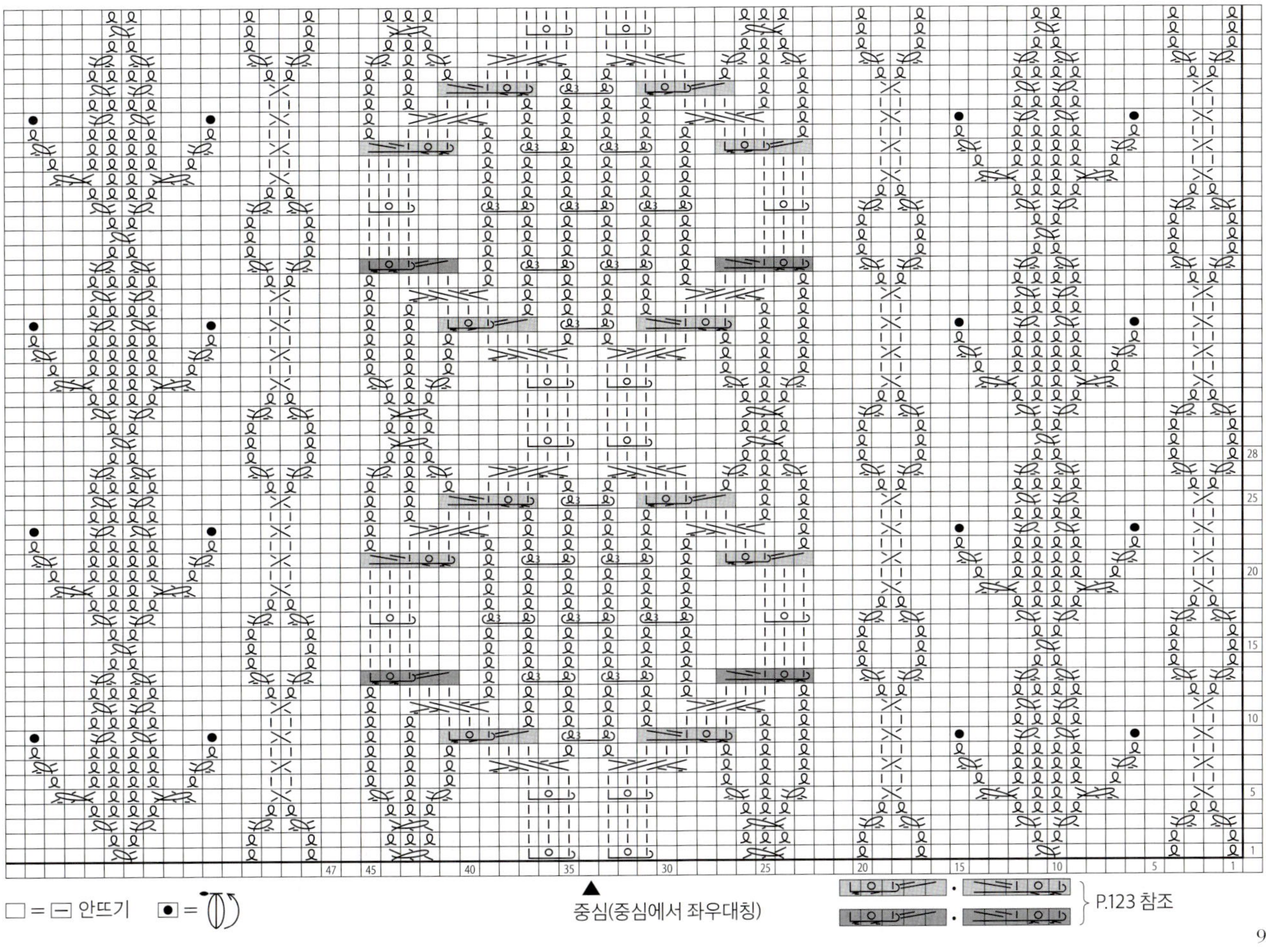

□ = ⊟ 안뜨기 ● = (bobble)

▲
중심(중심에서 좌우대칭)

P.123 참조

208

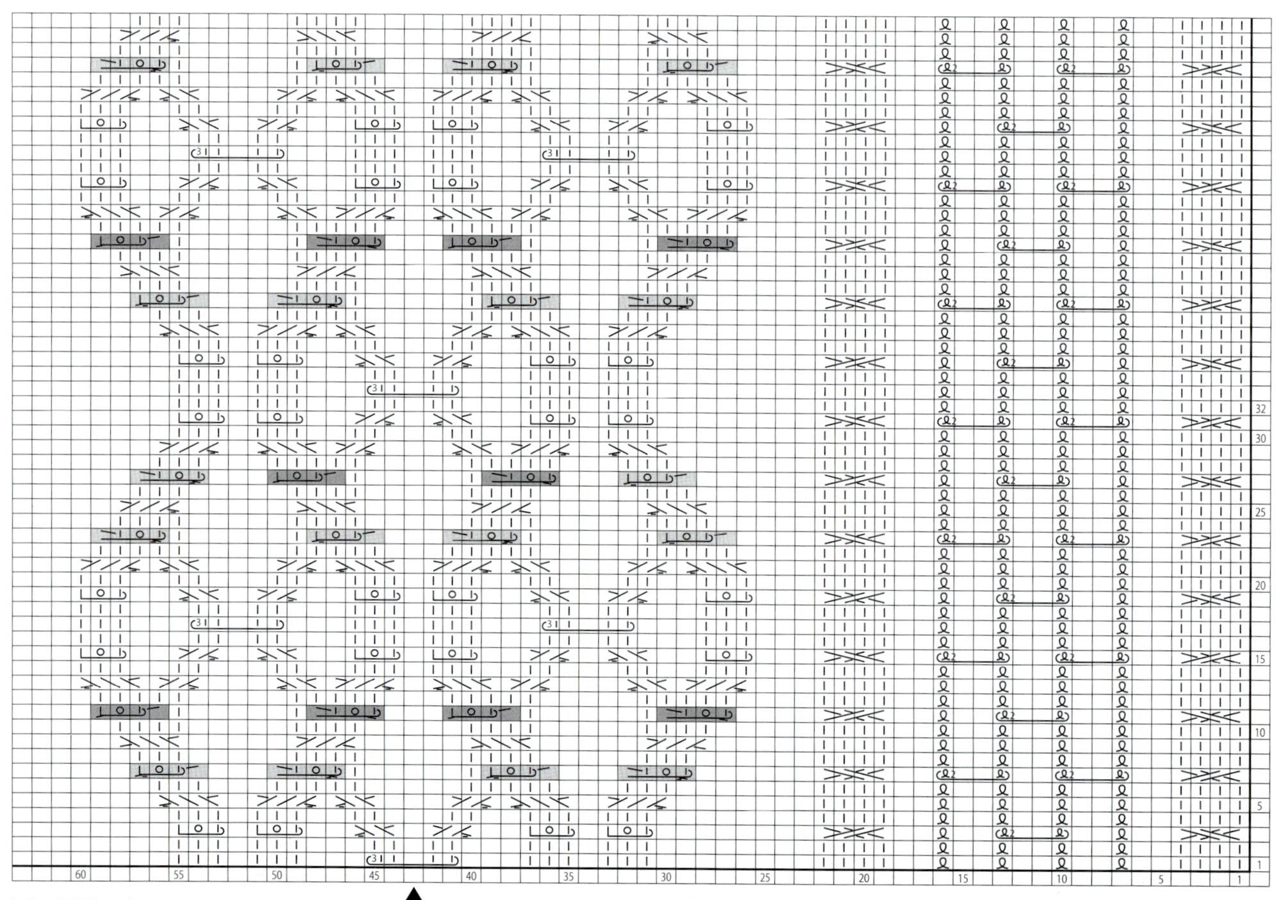

□ = ⊟ 안뜨기

▲ 중심(중심에서 좌우대칭)

= P.123 참조

38 35 30 25 20 15 10 5 1

1 5 10 15 20 25 30 32

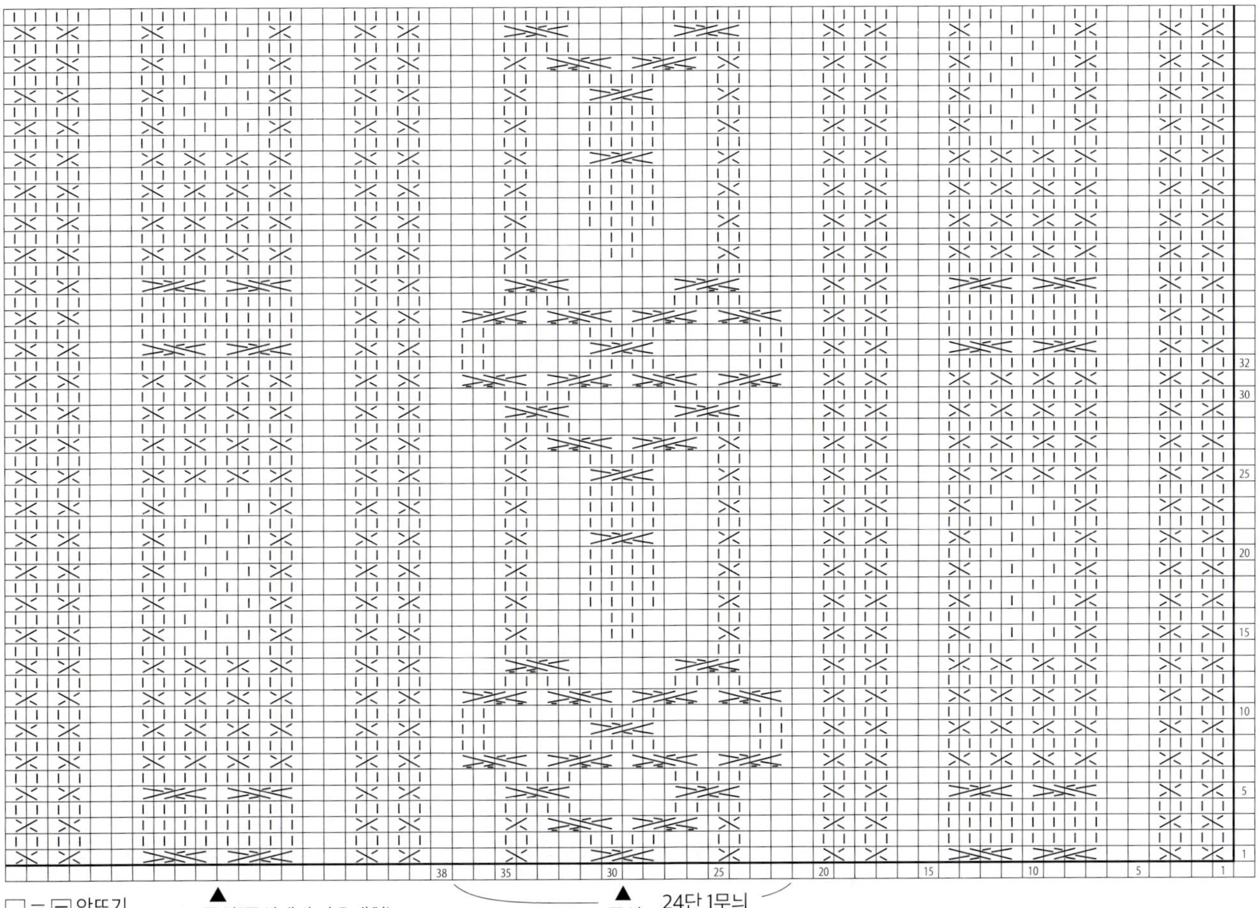

□ = ⊟ 안뜨기

▲ 중심(중심에서 좌우대칭)

▲ 중심

24단 1무늬

210

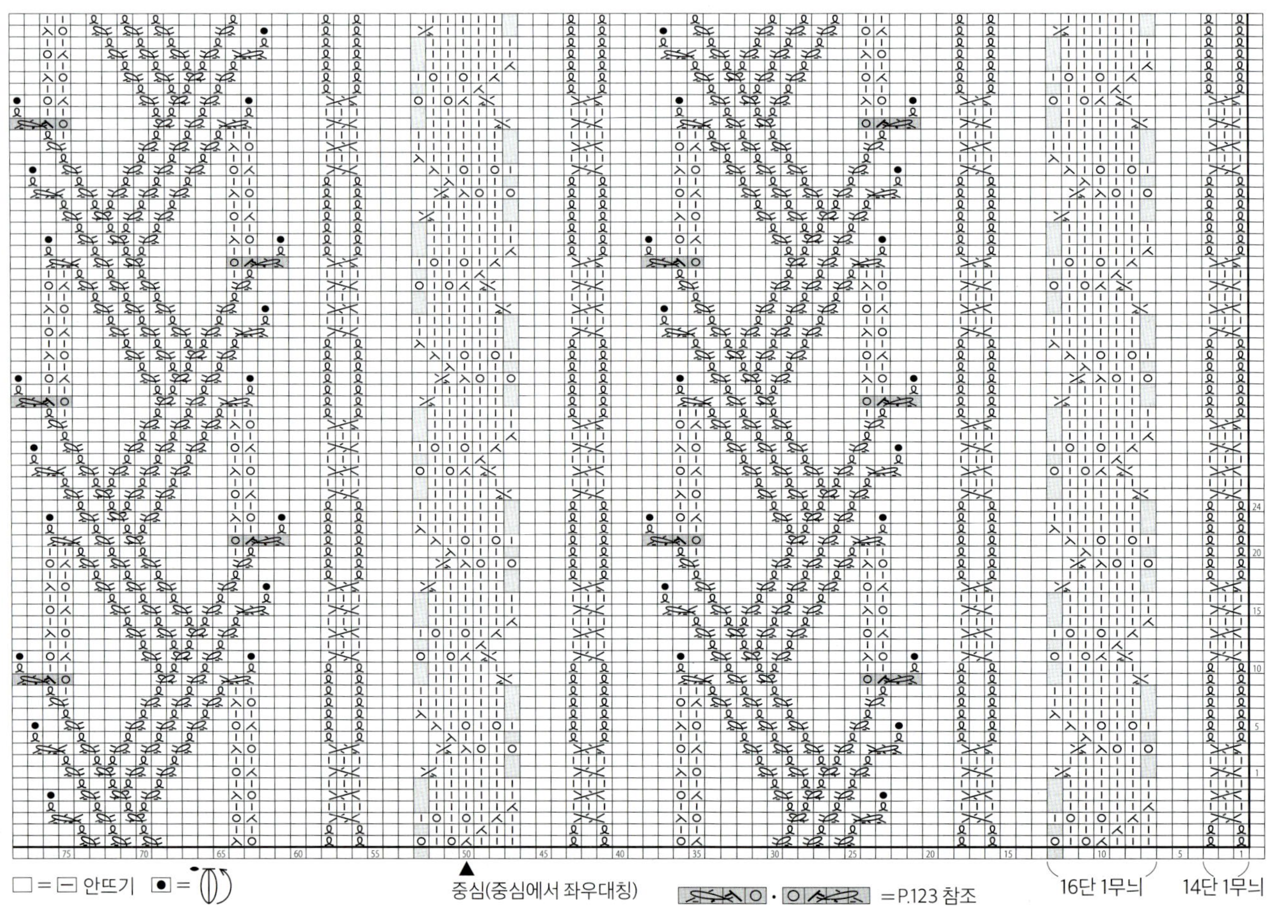

211

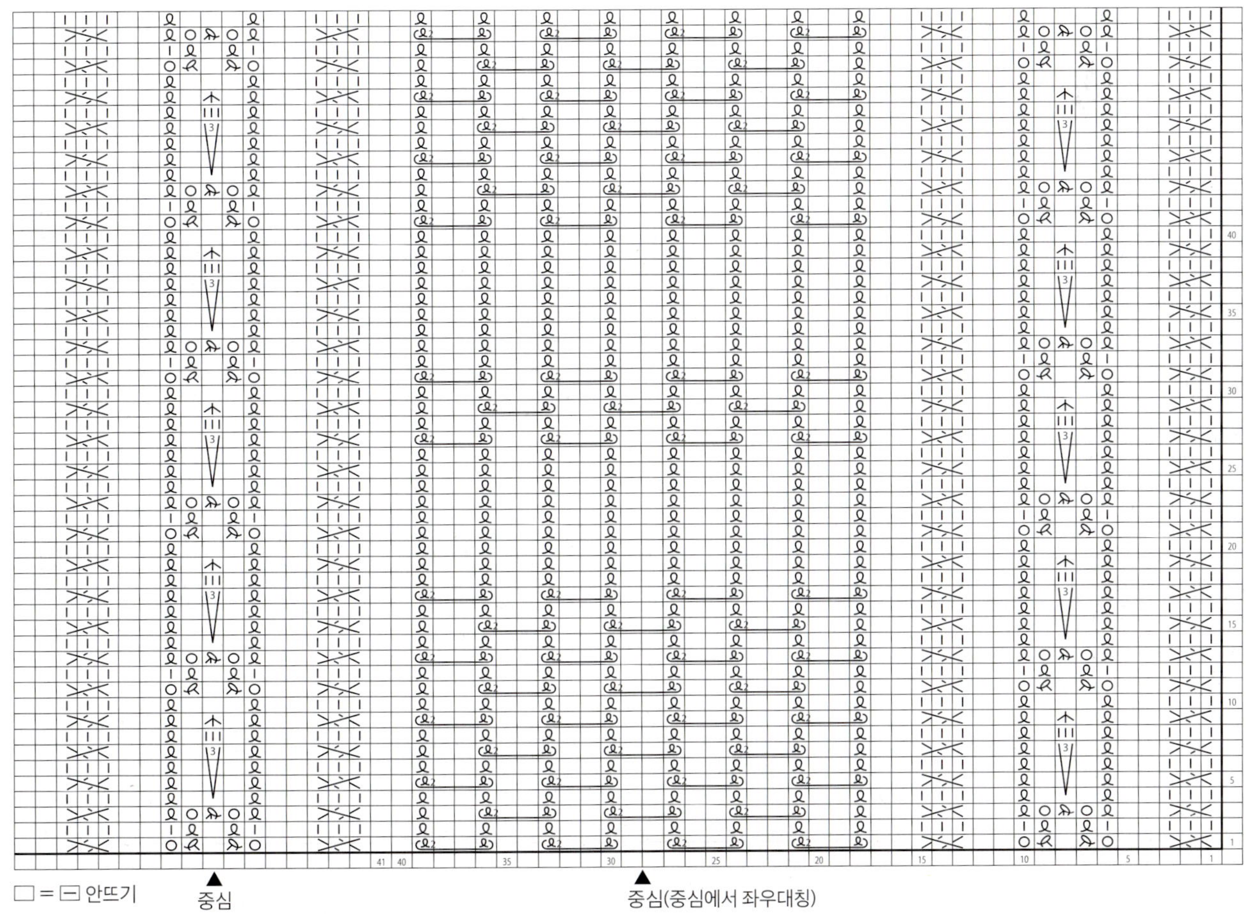

패널무늬

212

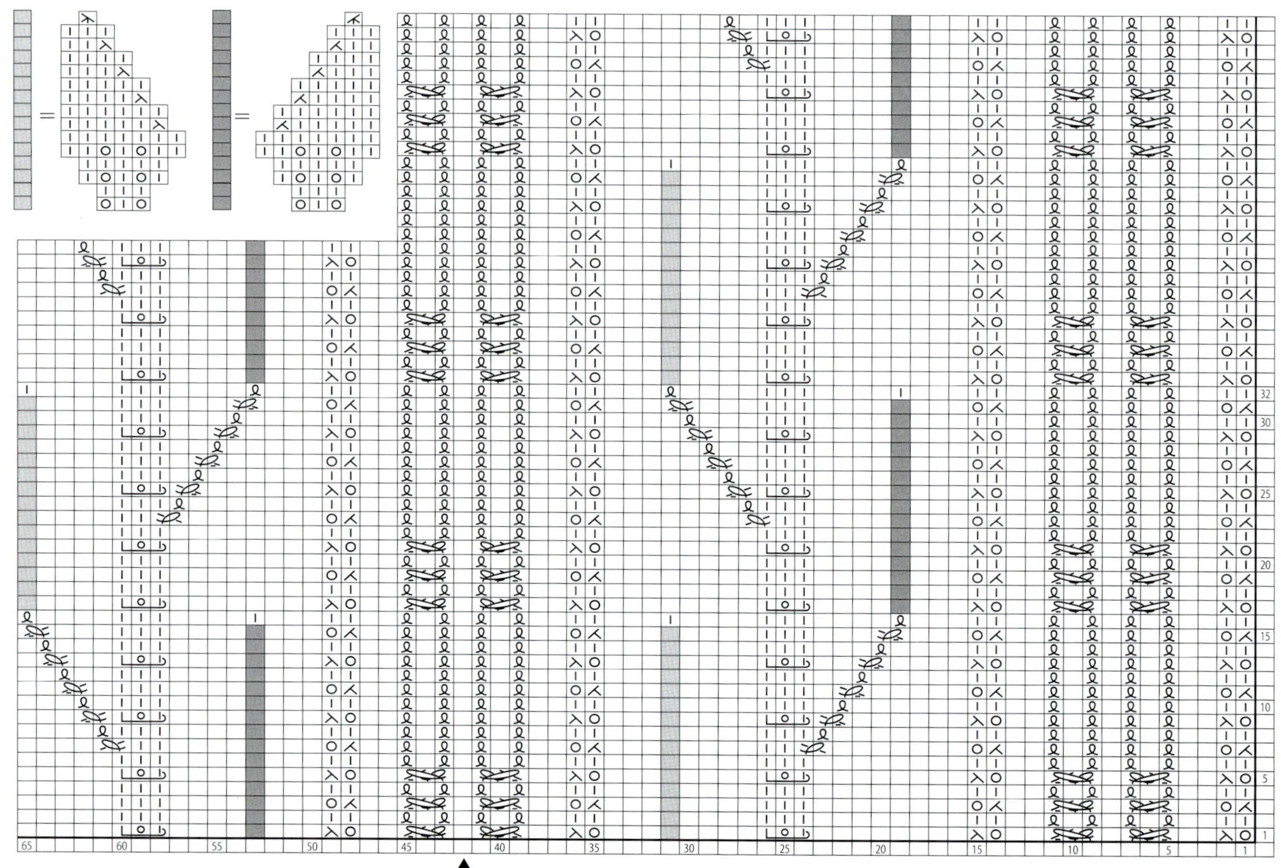

213

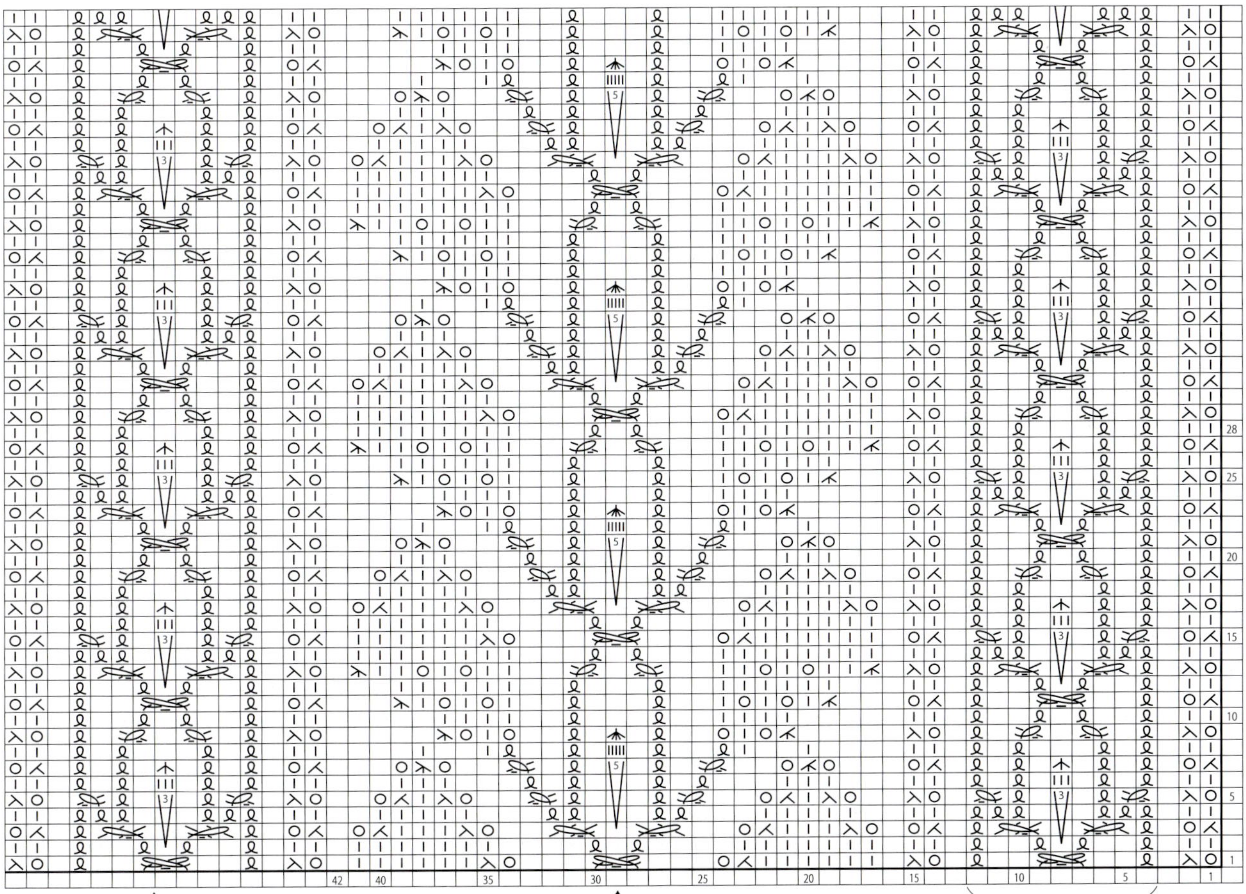

패널무늬

□ = ⊟ 안뜨기

▲ 중심

▲ 중심(중심에서 좌우대칭으로 배치)

10단 1무늬

214

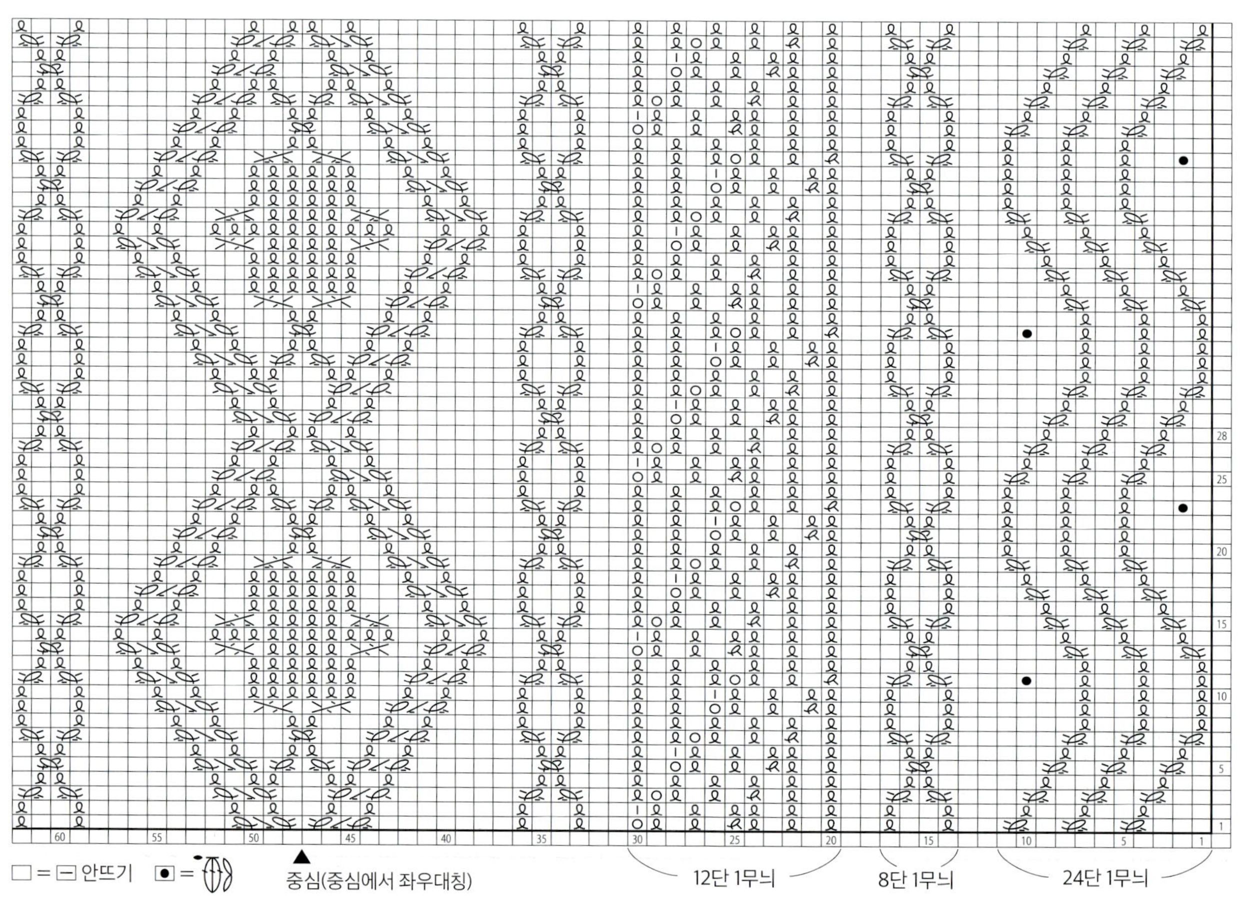

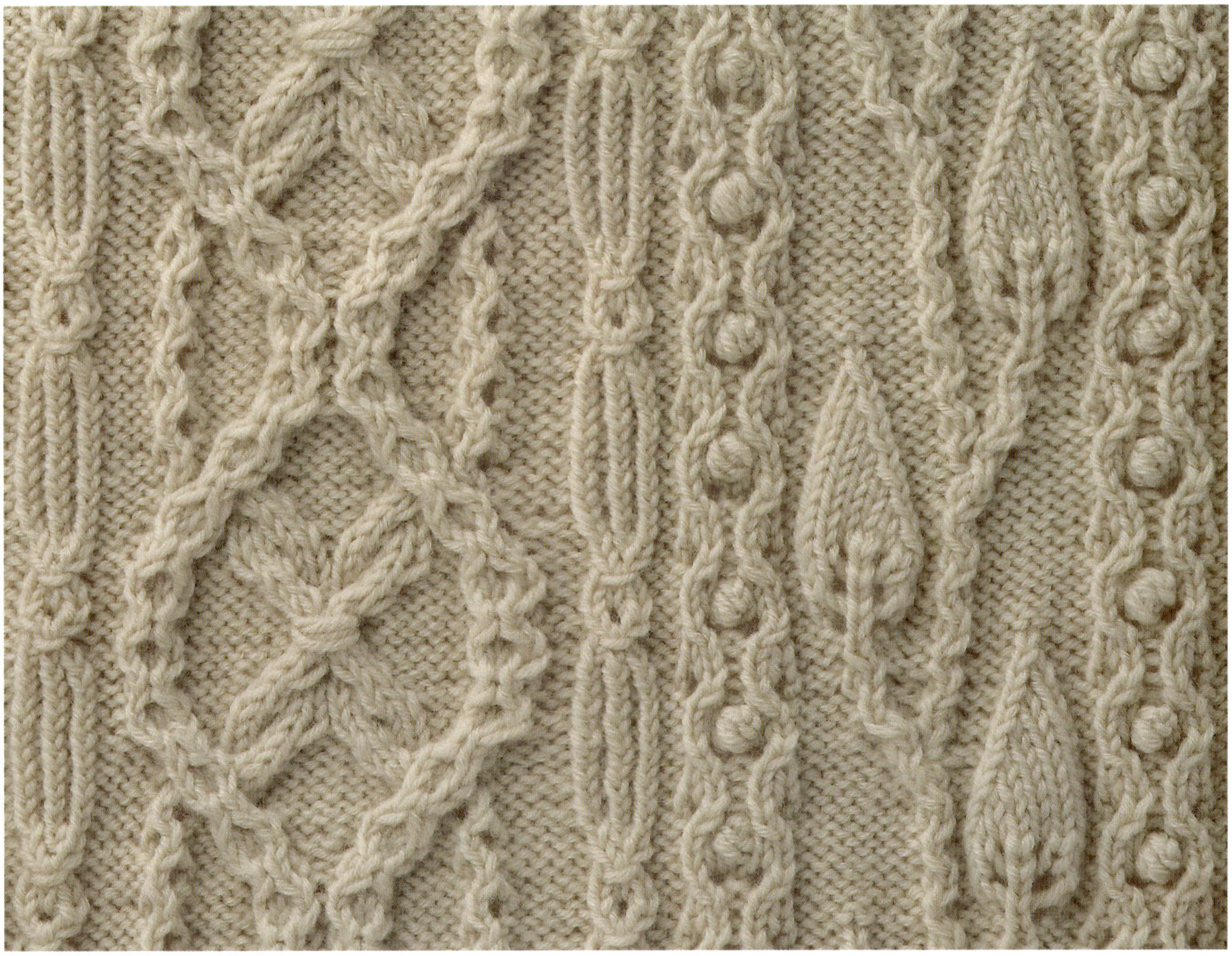

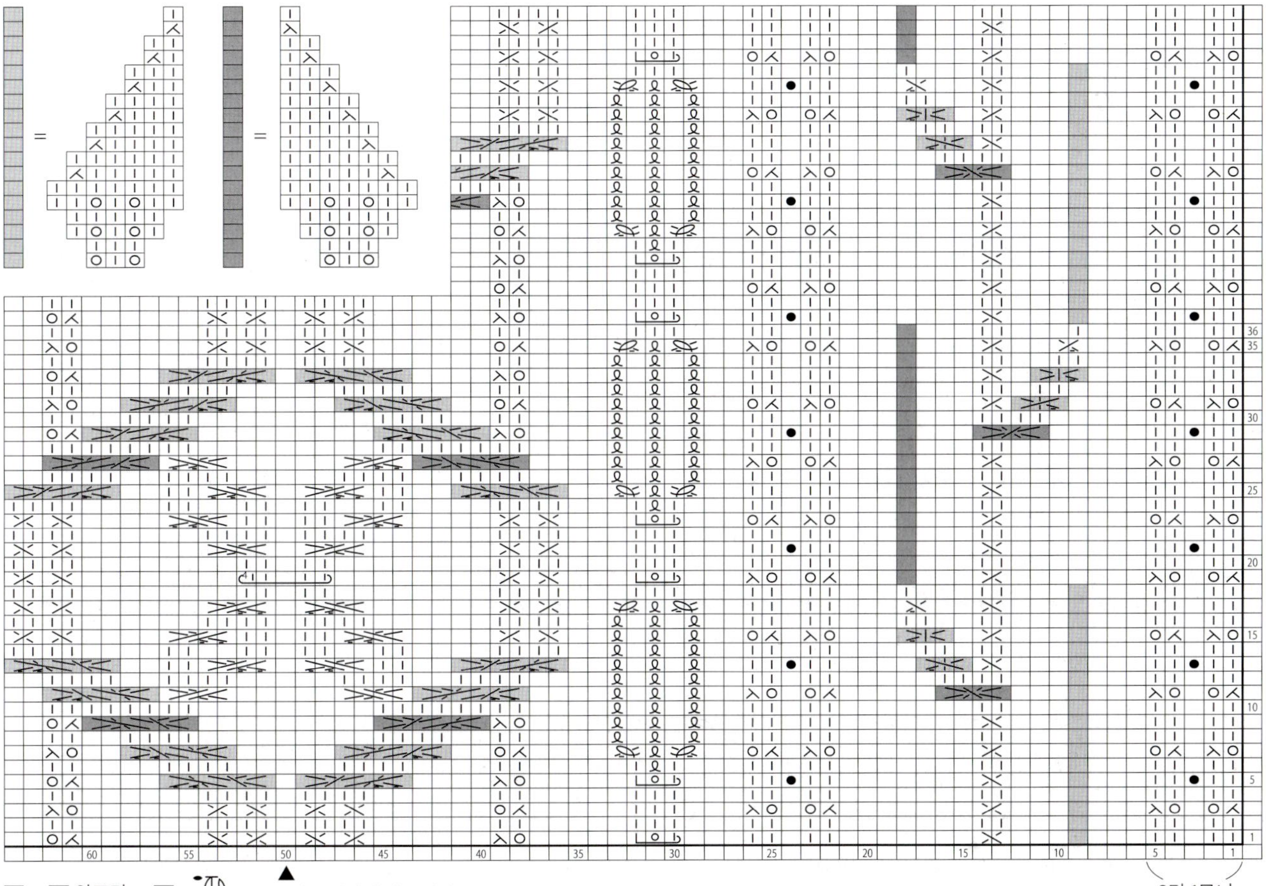

215

□ = ⊟ 안뜨기

● =

▲ 중심(중심에서 좌우대칭)

=1코×1코 교차 P.123 참조

8단 1무늬

216

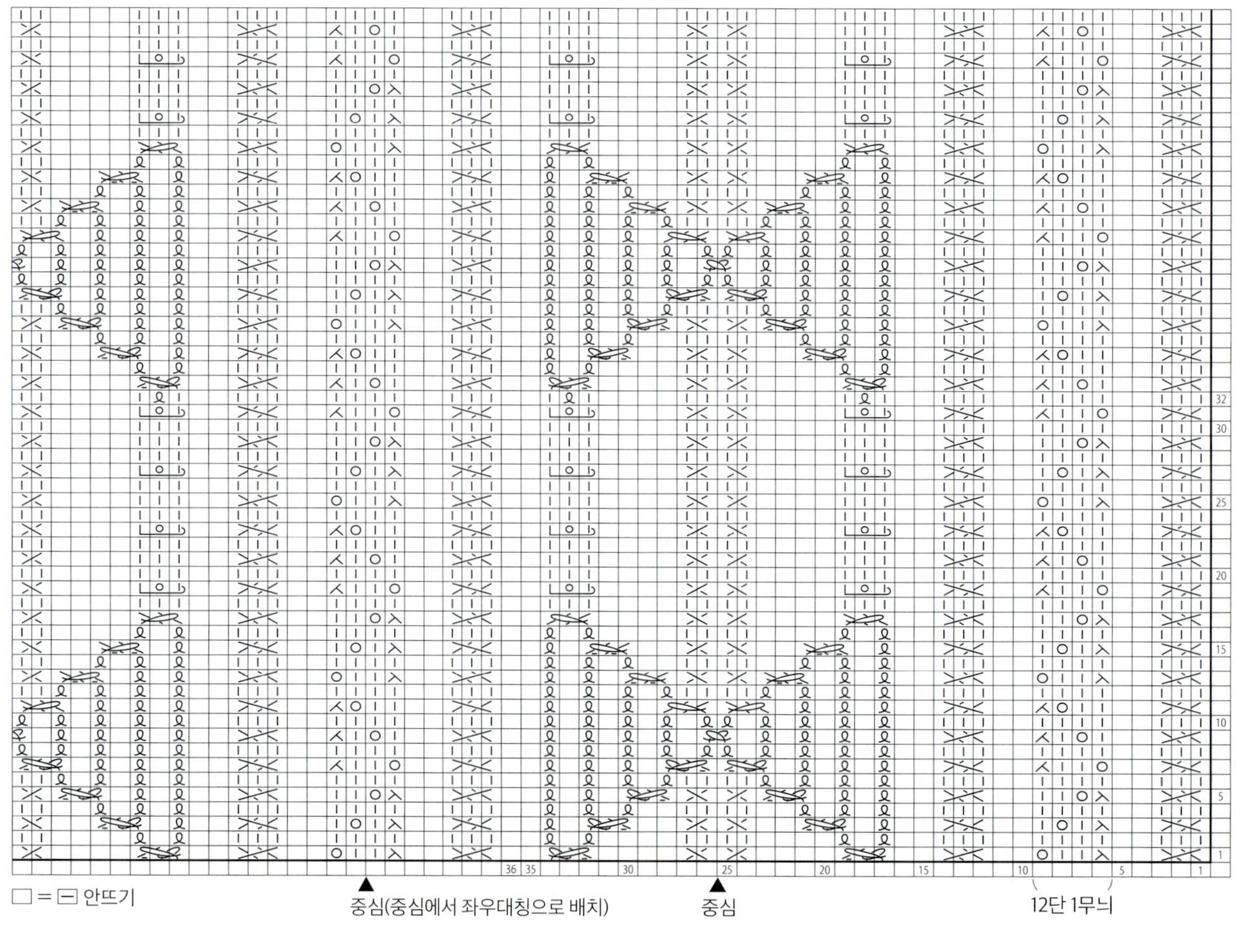

217

□ = ⊟ 안뜨기 [교차 기호] · [교차 기호] = P.123 참조

▲ 중심(중심에서 좌우대칭으로 배치)

▲ 중심

8단 1무늬

218

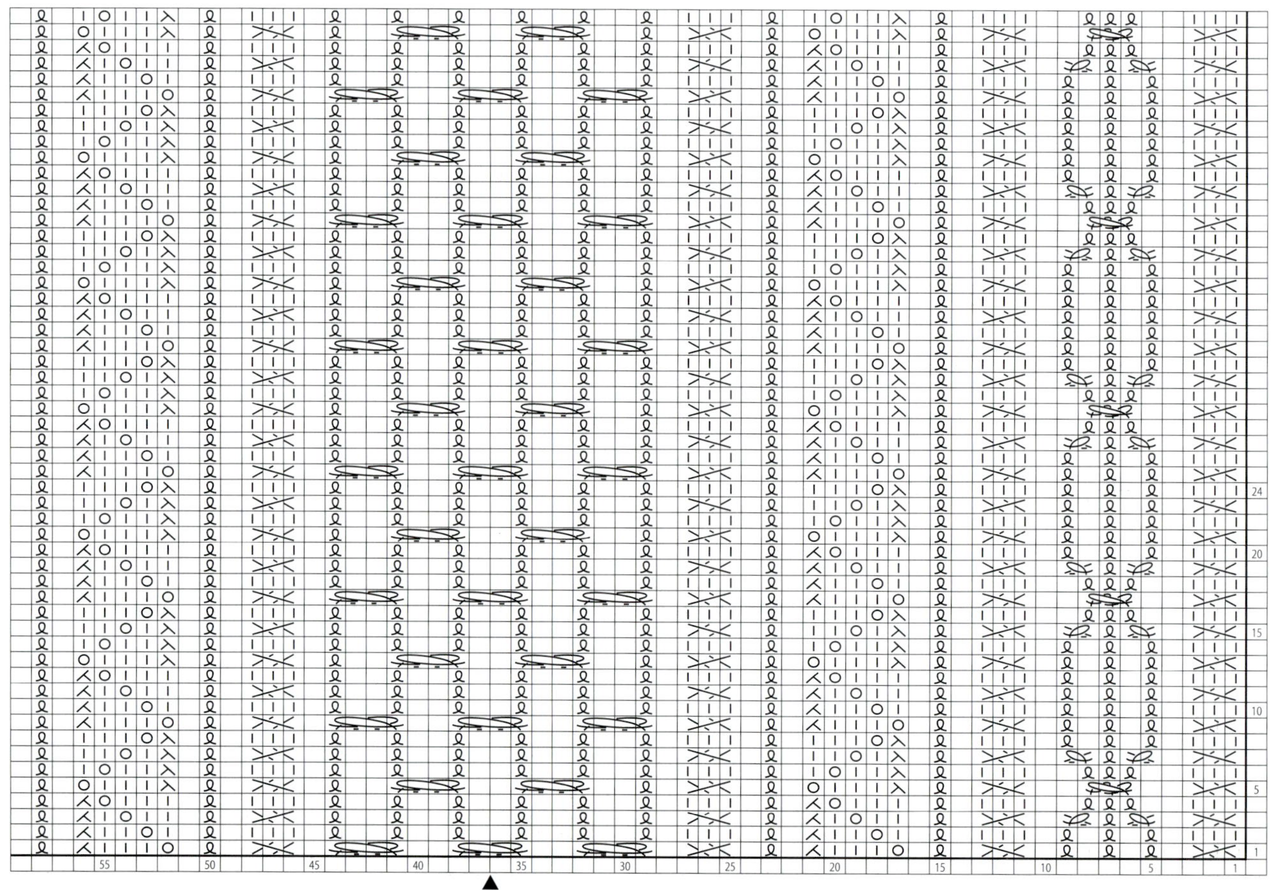

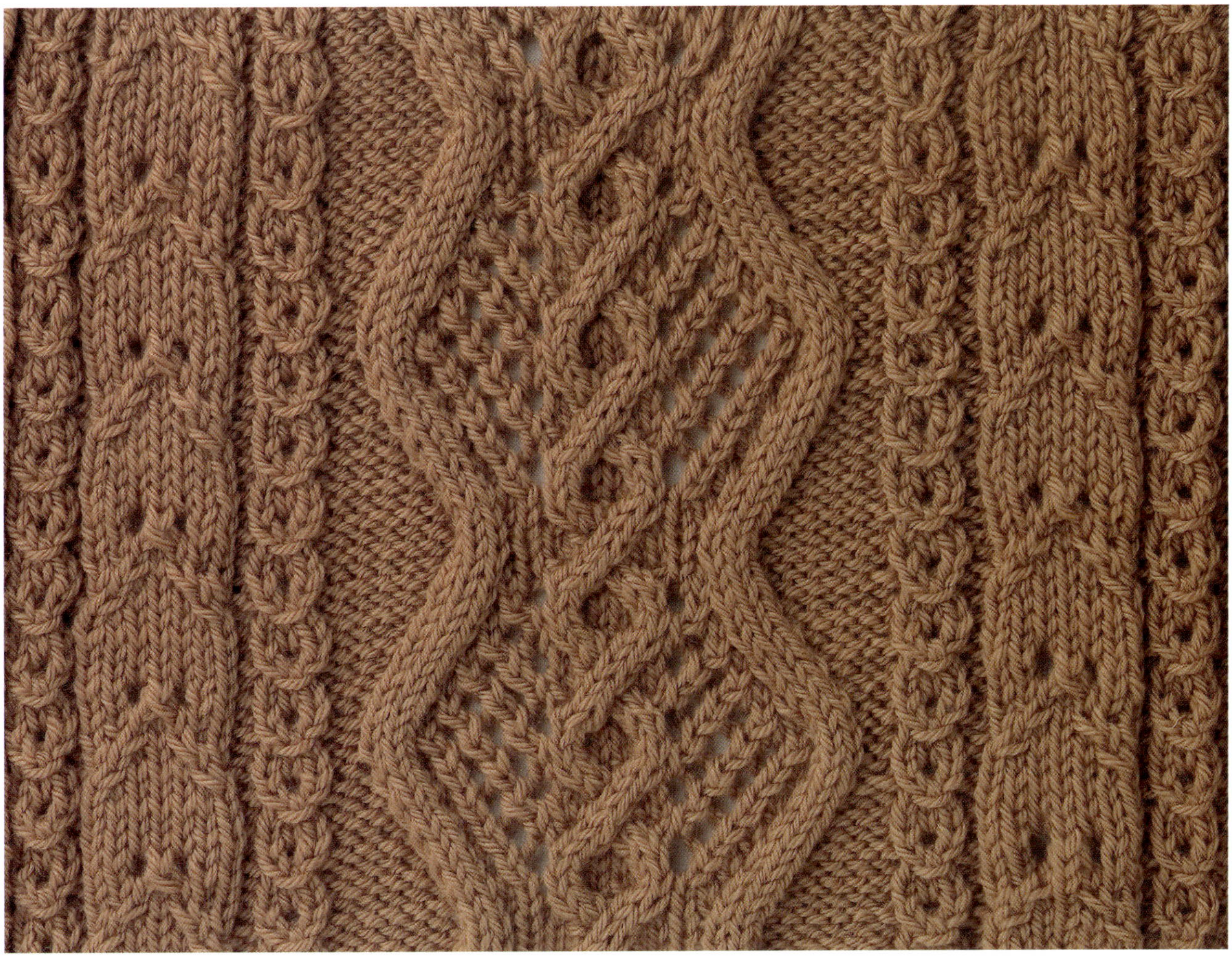

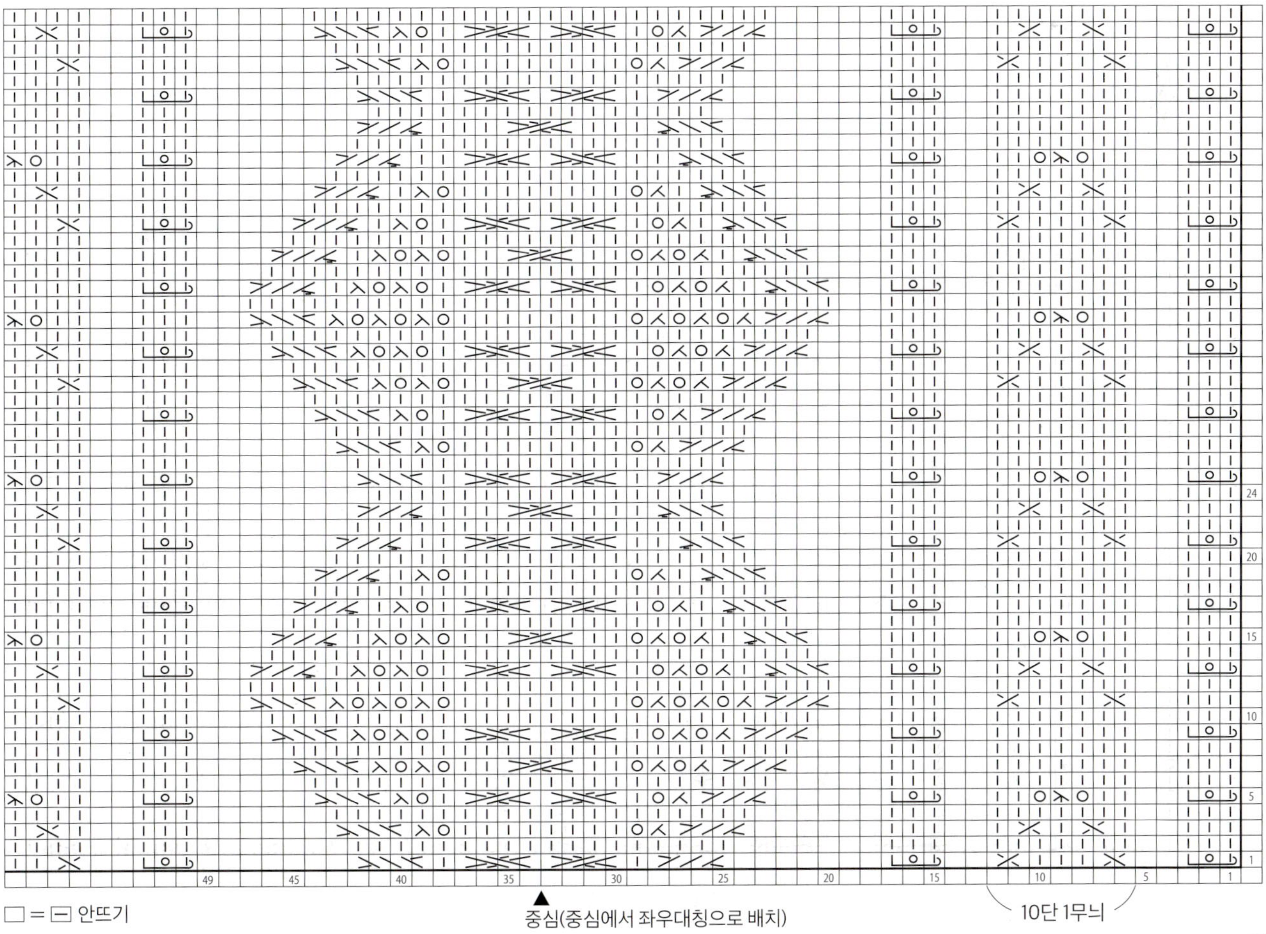

□ = ⊟ 안뜨기

▲
중심(중심에서 좌우대칭으로 배치)

10단 1무늬

220

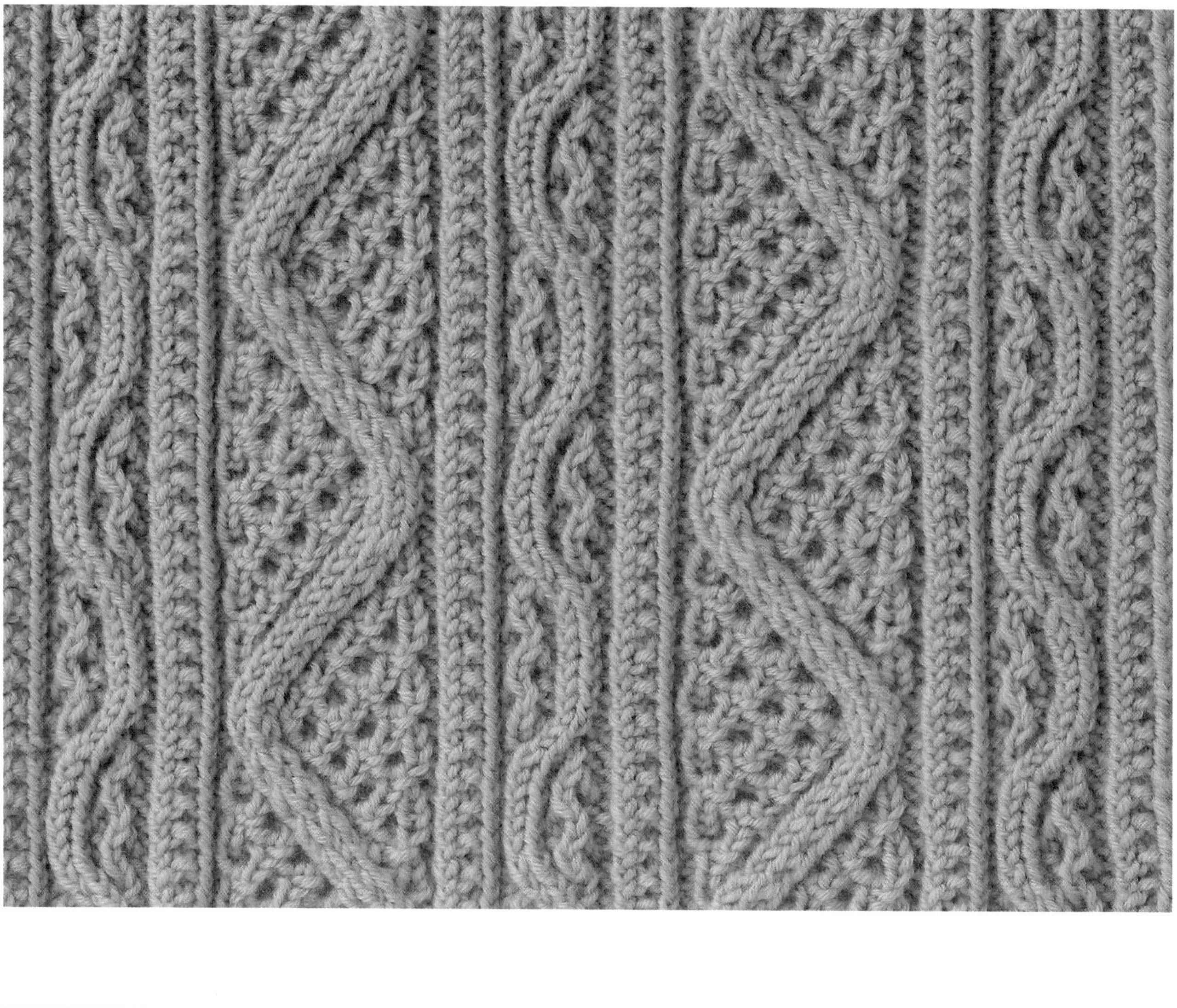

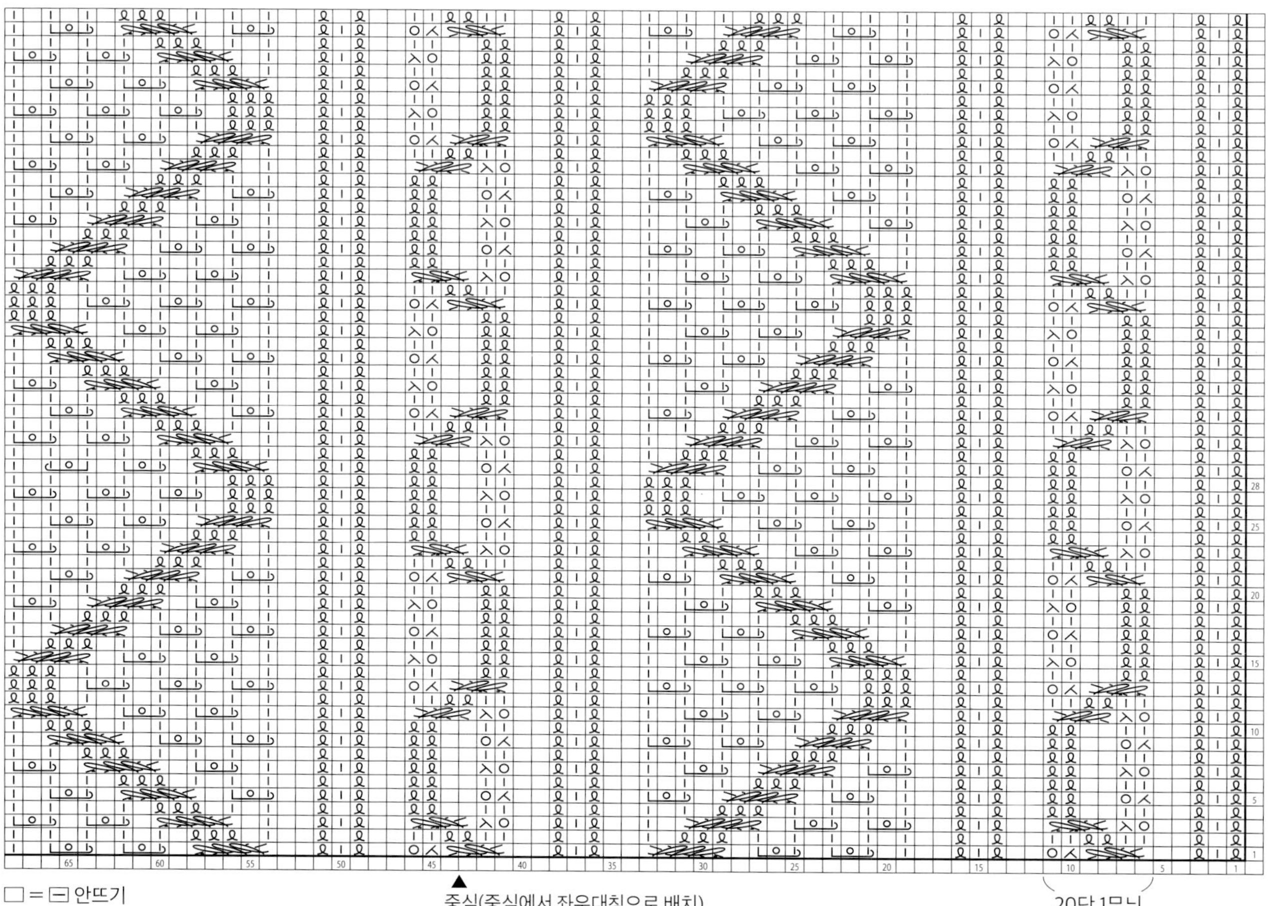

□ = ⊟ 안뜨기

▲ 중심(중심에서 좌우대칭으로 배치)

20단 1무늬

221

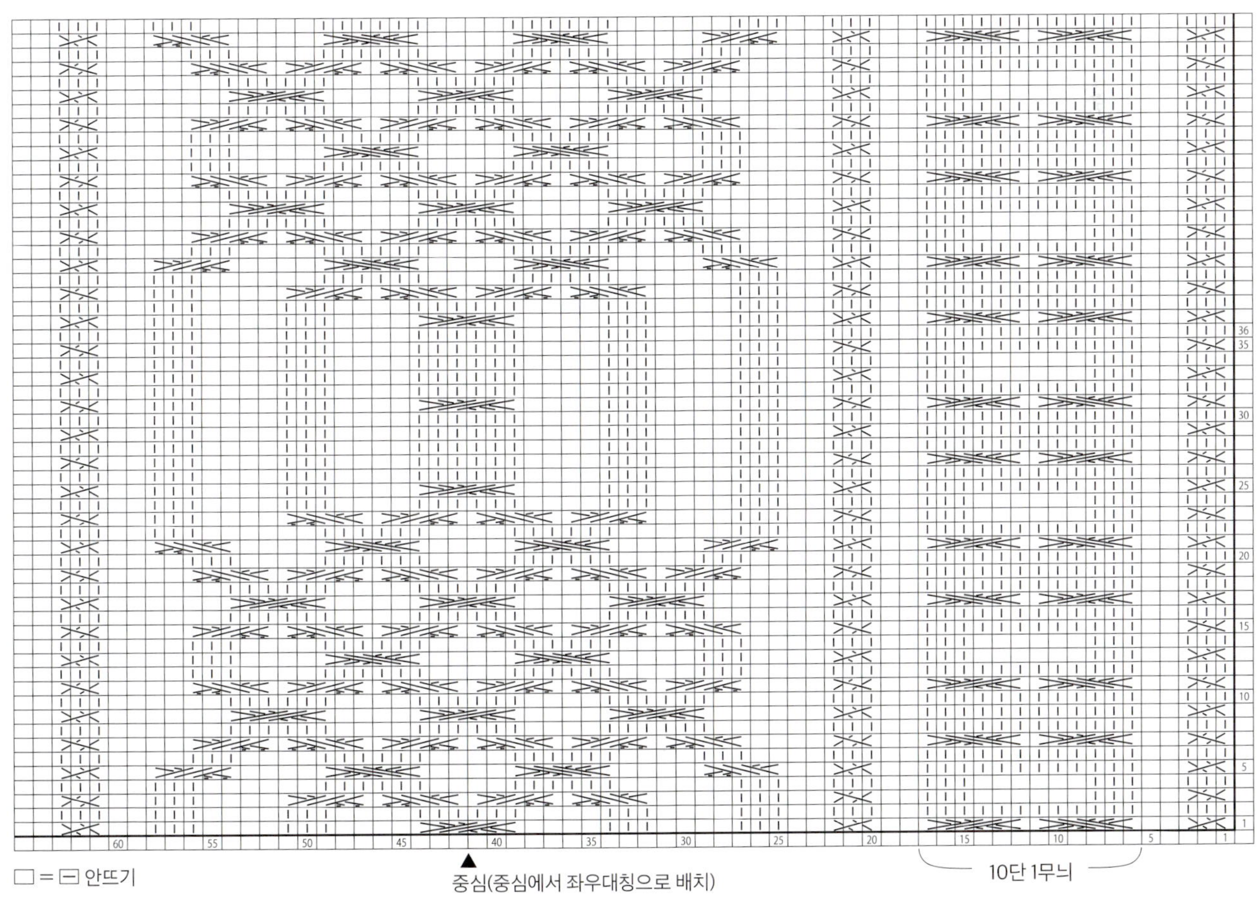

에징

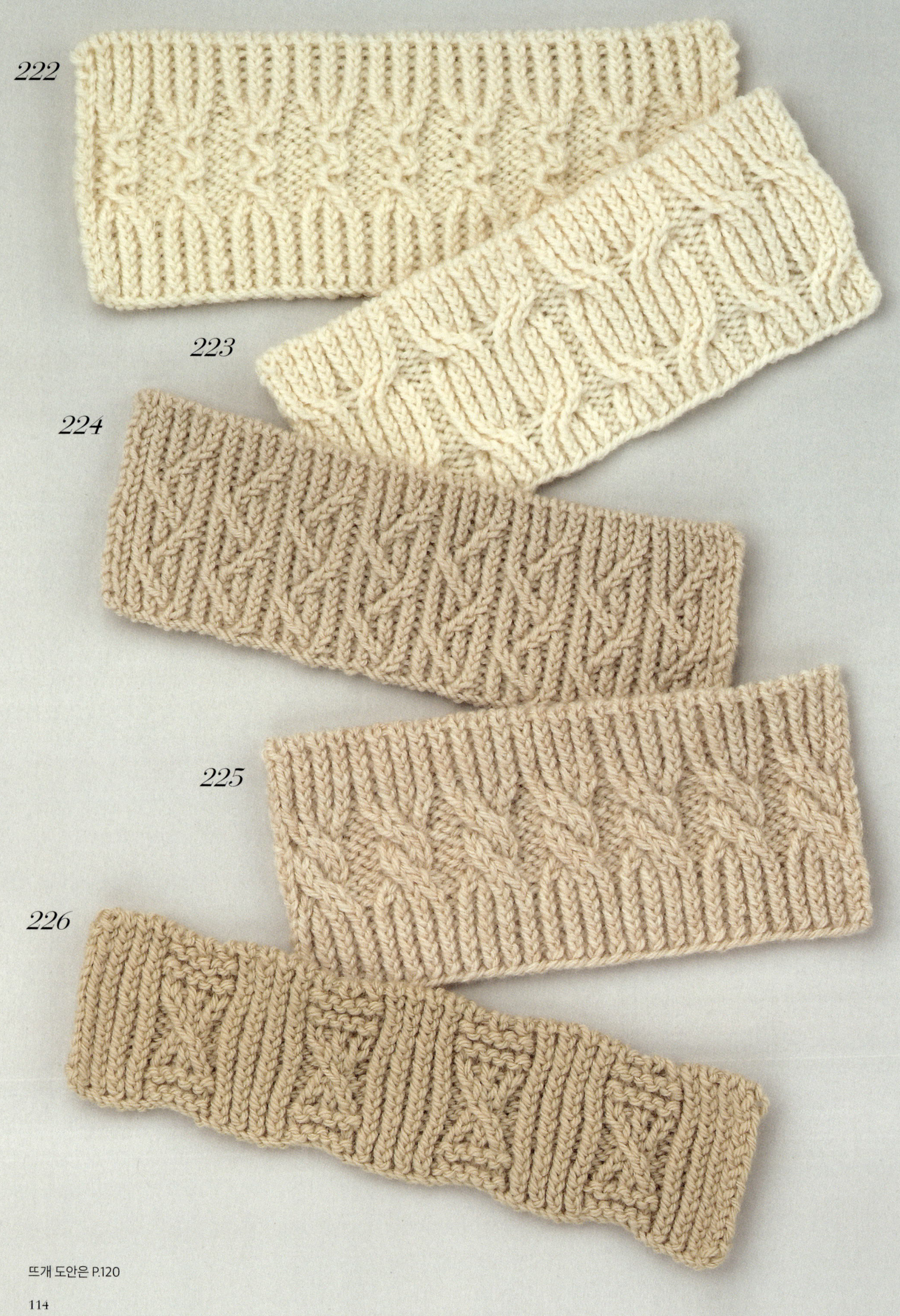

뜨개 도안은 P.120

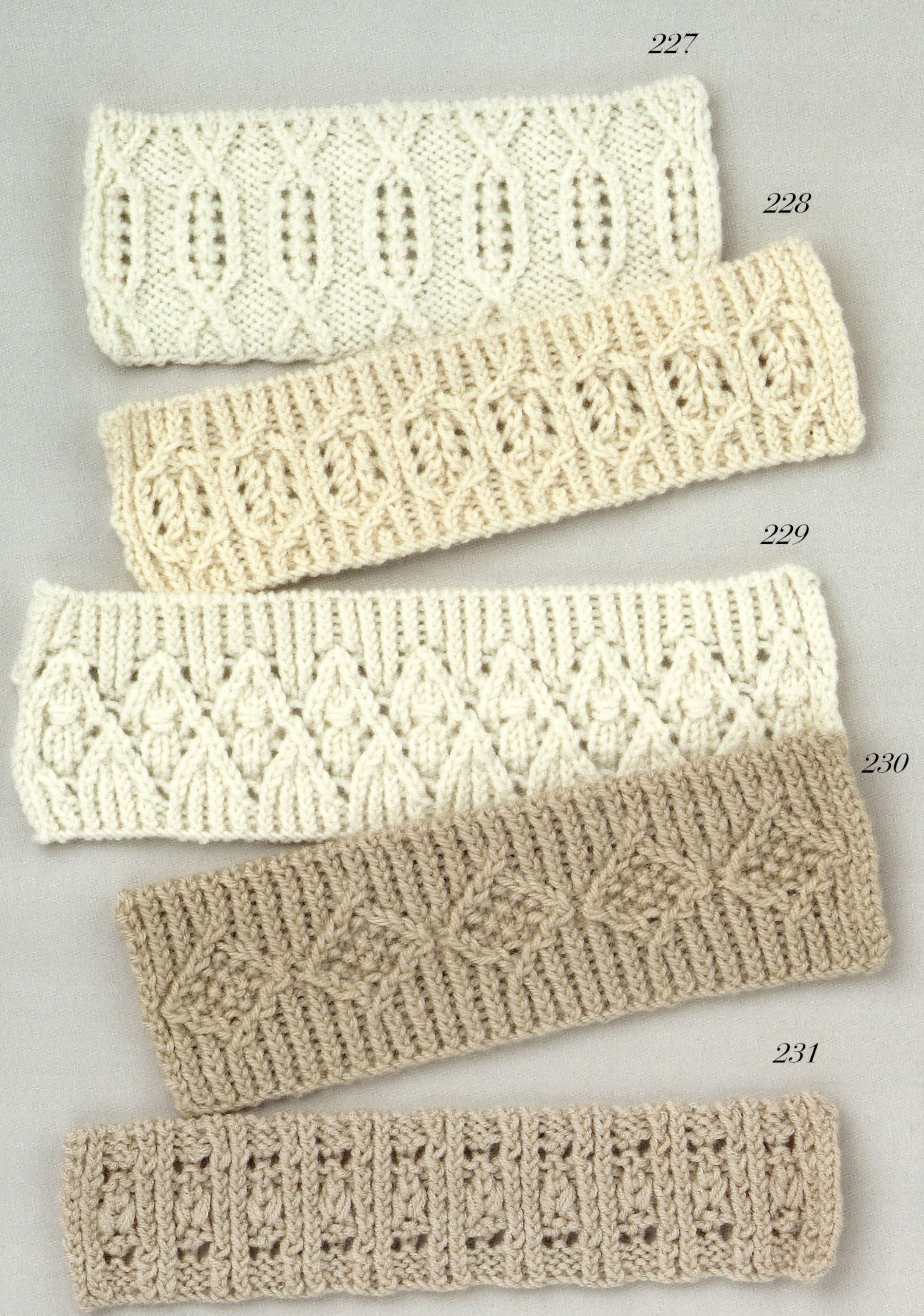

뜨개 도안은 P.120

뜨개 도안은 P.121

에징

뜨개 도안은 P.121

242

243

244

245

246

뜨개 도안은 P.122

뜨개 도안은 P.122

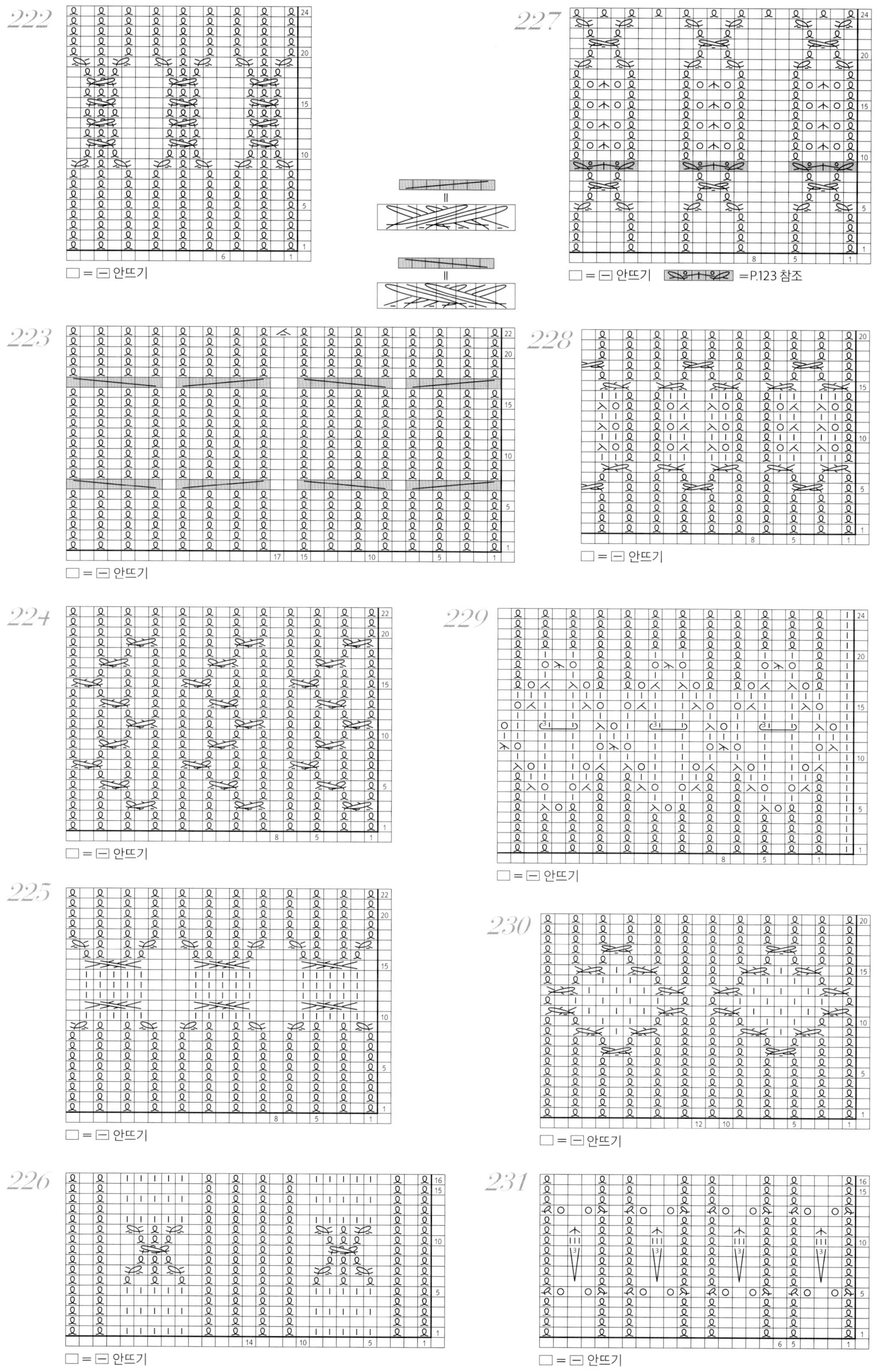
222
□ = ⊟ 안뜨기
227
□ = ⊟ 안뜨기 =P.123 참조
223
□ = ⊟ 안뜨기
228
□ = ⊟ 안뜨기
224
□ = ⊟ 안뜨기
229
□ = ⊟ 안뜨기
225
□ = ⊟ 안뜨기
230
□ = ⊟ 안뜨기
226
□ = ⊟ 안뜨기
231
□ = ⊟ 안뜨기

232

□ = ⊟ 안뜨기

233

□ = ⊟ 안뜨기

234

□ = ⊟ 안뜨기

235

□ = ⊟ 안뜨기

236

□ = ⊟ 안뜨기

5 =3단 아래의 코에 바늘을 넣어서 '겉뜨기·안뜨기'를 되풀이하여 5코를 뜬다

237

□ = ⊟ 안뜨기

238

□ = ⊟ 안뜨기

239

□ = ⊟ 안뜨기

240

□ = ⊟ 안뜨기

241

□ = ⊟ 안뜨기

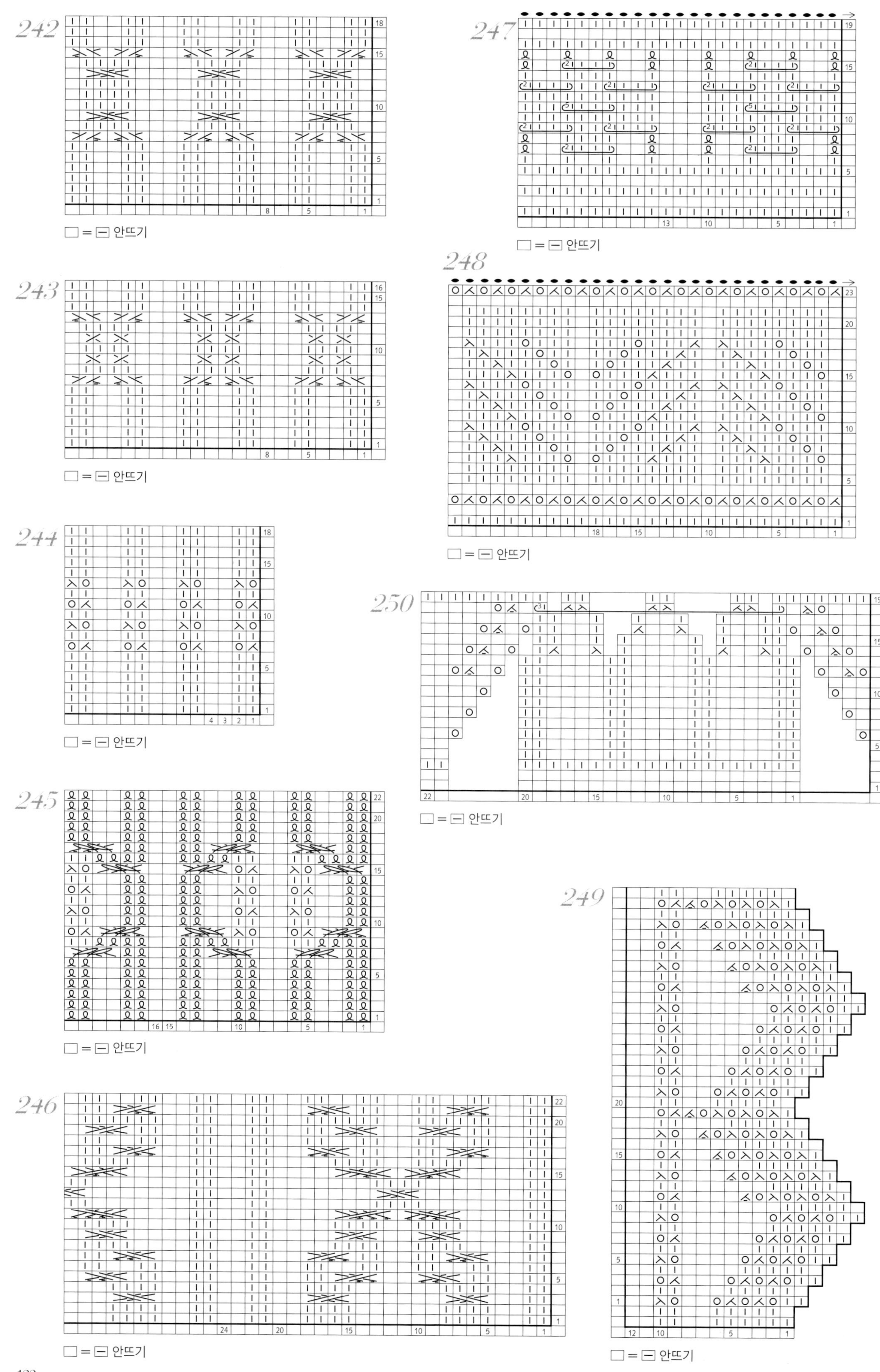
242
□ = ⊟ 안뜨기
243
□ = ⊟ 안뜨기
244
□ = ⊟ 안뜨기
245
□ = ⊟ 안뜨기
246
□ = ⊟ 안뜨기
247
□ = ⊟ 안뜨기
248
□ = ⊟ 안뜨기
250
□ = ⊟ 안뜨기
249
□ = ⊟ 안뜨기

뜨개 기호와 뜨는 방법

003, 054, 068, 227

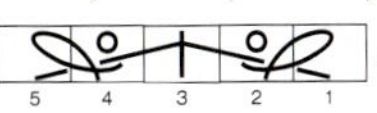

= 코1을 꽈배기바늘에 옮겨서 뒤쪽에 두고, 코2를 돌려뜨기, 걸기코를 하고 코3을 뜨지 않고 오른쪽 바늘로 옮긴다. 코4를 꽈배기바늘에 옮겨서 앞쪽에 두고, 코5를 겉뜨기한 뒤에 꽈배기바늘의 코1, 오른쪽 바늘로 옮긴 코3을 겉뜨기한 코에 덮어씌워서 중심 3코 모아뜨기하고 걸기코한 뒤에 코4를 돌려뜨기한다.

023

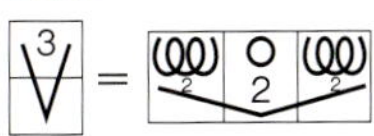

3코를 만들 때, 드라이브뜨기(2회), 걸기코 2코, 드라이브뜨기(2회)를 한다. 다음 단에서 바늘에 감긴 코를 풀고 3코를 걸러뜨기한다.

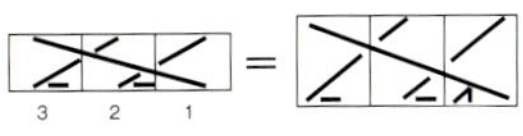

앞단의 걸러뜨기 3코를 꽈배기바늘에 옮겨서 앞쪽에 두고, 코2, 코3을 안뜨기, 꽈배기바늘에 옮긴 3코를 오른코 겹쳐 3코 모아뜨기한다.

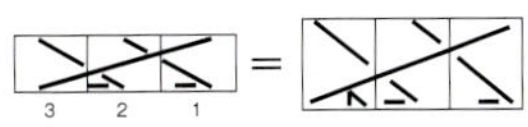

코1, 코2를 꽈배기바늘에 옮겨서 뒤쪽에 두고, 앞단의 걸러뜨기 3코를 왼코 겹쳐 3코 모아뜨기, 꽈배기바늘에 옮긴 2코를 안뜨기한다.

071, 077, 120, 133, 134, 163, 164, 194, 208

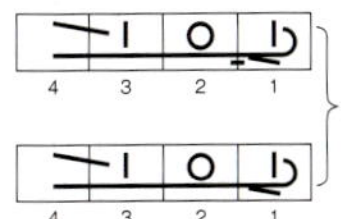

= 코1을 꽈배기바늘에 옮겨서 뒤쪽에 두고, 코2~코4를 왼코에 꿴 매듭뜨기, 코1을 안뜨기나 겉뜨기하여 교차뜨기한다.

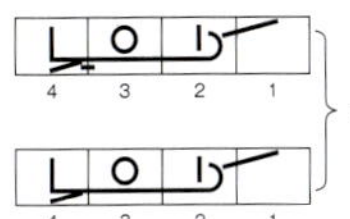

= 코1~코3을 꽈배기바늘에 옮겨서 앞쪽에 두고, 코4를 안뜨기나 겉뜨기, 코1~코3을 왼코에 꿴 매듭뜨기하여 교차뜨기한다.

093

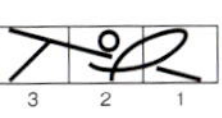

= 코1을 꽈배기바늘에 옮겨서 뒤쪽에 두고, 코2를 돌려뜨기, 걸기코, 코3과 꽈배기바늘의 코2을 오른코 겹쳐 2코 모아뜨기한다.

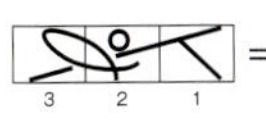

= 코1을 오른쪽 바늘, 코2를 꽈배기바늘에 옮겨서 앞쪽에 둔다, 코1을 왼쪽 바늘로 다시 옮겨서 코3과 왼코 겹쳐 2코 모아뜨기, 걸기코, 코2를 돌려뜨기한다.

117

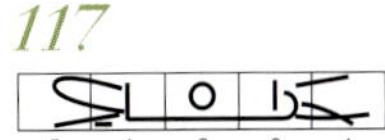

= 코1은 꽈배기바늘에 옮겨서 뒤쪽에 두고, 코2~코4는 꽈배기바늘에 옮겨서 앞쪽에 둔다. 코5는 안뜨기, 꽈배기바늘의 코2~코4는 왼코에 꿴 매듭뜨기, 코1은 돌려뜨기한다.

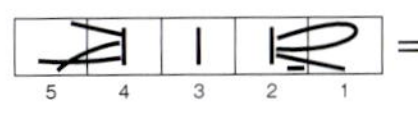

= 코1은 꽈배기바늘에 옮겨서 뒤쪽에 두고, 코2~코4는 꽈배기바늘에 옮겨서 앞쪽에 둔다. 코5는 돌려뜨기, 꽈배기바늘의 코2~코4는 겉뜨기, 코1은 안뜨기한다.

119, 207

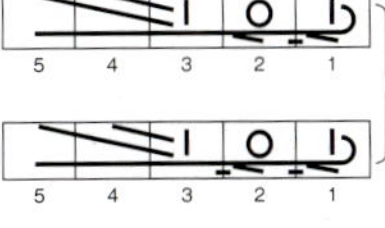

= 코1, 코2를 꽈배기바늘에 옮겨서 뒤쪽에 두고, 코3~코5를 왼코에 꿴 매듭뜨기, 꽈배기바늘에 옮긴 2코를 안뜨기와 겉뜨기하거나 안뜨기 2코로 뜬다.

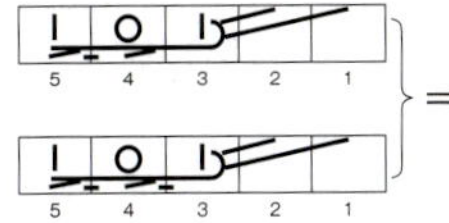

= 코1~코3을 꽈배기바늘에 옮겨서 앞쪽에 두고, 코4를 겉뜨기, 코5를 안뜨기하거나 2코 모두 안뜨기한 뒤에 꽈배기바늘에 옮긴 3코를 왼코에 꿴 매듭뜨기한다.

120, 194

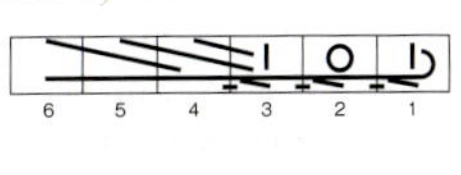

= 코1~코3을 꽈배기바늘에 옮겨서 뒤쪽에 두고, 코4~코6을 왼코에 꿴 매듭뜨기, 꽈배기바늘의 코1~코3을 안뜨기한다.

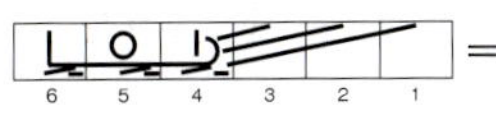

= 코1~코3을 꽈배기바늘에 옮겨서 앞쪽에 두고, 코4~코6을 안뜨기, 꽈배기바늘의 코1~코3을 왼코에 꿴 매듭뜨기한다.

133, 134

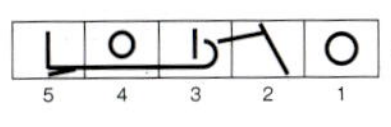

= 코1을 오른쪽 바늘, 코2~코4를 꽈배기바늘에 옮겨서 앞쪽에 두고, 걸기코, 코5를 겉뜨기한 뒤에 오른쪽 바늘에 옮긴 코1을 덮어씌워서 오른코 겹쳐 2코 모아뜨기하고 코2~코4를 왼코에 꿴 매듭뜨기한다.

= 코1을 꽈배기바늘에 옮겨서 뒤쪽에 두고, 코2~코4를 왼코에 꿴 매듭뜨기, 코1을 왼쪽 바늘로 다시 옮겨서 코5와 왼코 겹쳐 2코 모아뜨기하고 걸기코를 한다.

165, 191

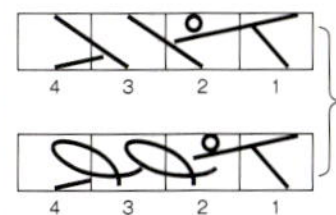

= 코1을 오른쪽 바늘, 코2, 코3을 꽈배기바늘에 옮겨서 앞쪽에 두고, 코1을 왼쪽 바늘로 다시 옮겨서 코4와 왼코 겹쳐 2코 모아뜨기, 걸기코, 꽈배기바늘의 코2, 코3을 겉뜨기나 돌려뜨기한다.

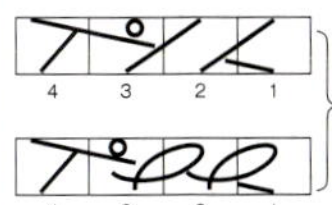

= 코1을 꽈배기바늘에 옮겨서 뒤쪽에 두고, 코3, 코4를 겉뜨기나 돌려뜨기, 걸기코, 꽈배기바늘의 코1과 코4로 오른코 겹쳐 2코 모아뜨기한다.

182

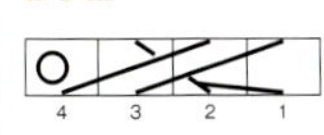

= 코1, 코2를 꽈배기바늘에 옮겨서 뒤쪽에 두고, 코3, 코4를 겉뜨기, 꽈배기바늘의 2코를 왼코 겹쳐 2코 모아뜨기하고 걸기코를 한다.

189

= 코1~코3을 꽈배기바늘에 옮겨서 앞쪽에 두고, 코4, 코5를 안뜨기, 꽈배기바늘의 코1~코3과 코6을 오른코 겹쳐 4코 모아뜨기한다.

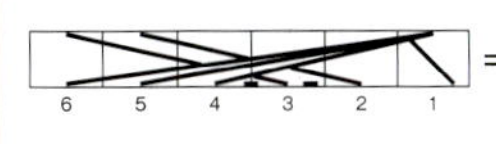

= 코1을 오른쪽 바늘, 코2, 코3을 꽈배기바늘에 옮겨서 뒤쪽에 둔다. 코1을 왼쪽 바늘로 다시 옮겨서 코4~코6과 왼코 겹쳐 4코 모아뜨기하고 꽈배기바늘의 코2, 코3을 안뜨기한다.

202

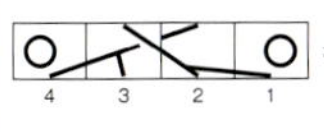

= 코1, 코2를 꽈배기바늘에 옮겨서 앞쪽에 두고, 걸기코, 코3, 코4를 왼코 겹쳐 2코 모아뜨기, 꽈배기바늘의 코1, 코2를 왼코 겹쳐 2코 모아뜨기하고 걸기코를 한다.

210, 217

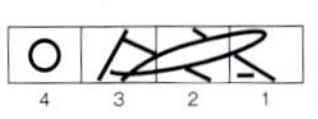

= 코1, 코2를 꽈배기바늘에 옮겨서 뒤쪽에 두고, 코3을 돌려뜨기, 꽈배기바늘의 코1을 안뜨기하고 코2를 왼쪽 바늘로 다시 옮겨서 코4와 왼코 겹쳐 2코 모아뜨기하고 걸기코를 한다.

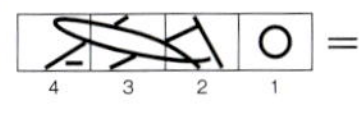

= 걸기코를 하고, 코1을 오른쪽 바늘, 코2를 꽈배기바늘에 옮겨서 앞쪽에 둔다. 코3을 겉뜨기한 뒤 코1을 덮어씌워서 오른코 겹쳐 2코 모아뜨기하고, 코4를 안뜨기, 꽈배기바늘의 코2를 돌려뜨기한다.

217

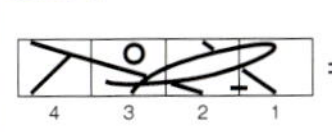

= 코1, 코2를 꽈배기바늘에 옮겨서 뒤쪽에 두고, 코3을 돌려뜨기, 꽈배기바늘의 코1을 안뜨기, 걸기코, 코4를 겉뜨기한 뒤 코2를 덮어씌워서 오른코 겹쳐 2코 모아뜨기한다.

215

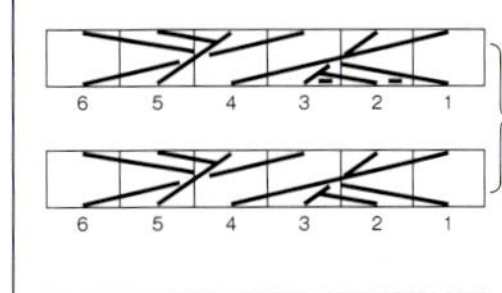

= 코1, 코2를 꽈배기바늘에 옮겨서 뒤쪽에 두고, 코3과 코4를 왼코 교차뜨기, 코5와 코6을 오른코 교차뜨기, 꽈배기바늘의 코1과 코2를 안뜨기나 겉뜨기한다.

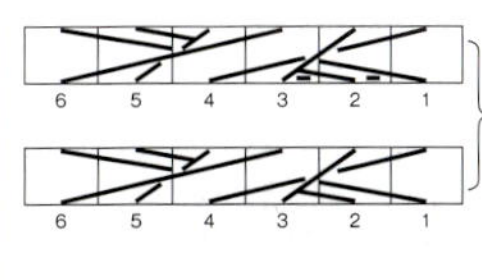

= 코1, 코2를 꽈배기바늘에 옮겨서 뒤쪽에 두고, 코3과 코4를 오른코 교차뜨기, 코5와 코6을 왼코 교차뜨기, 꽈배기바늘의 코1과 코2를 안뜨기나 겉뜨기한다.

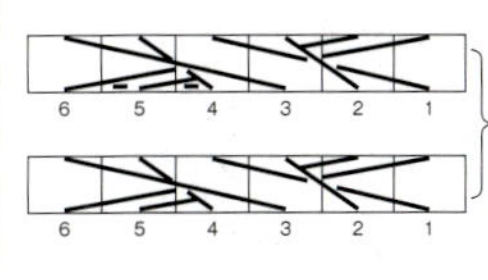

= 코1~코4를 꽈배기바늘에 옮겨서 앞쪽에 두고, 코5, 코6을 안뜨기나 겉뜨기, 꽈배기바늘의 코1, 코2를 왼코 교차뜨기, 코3, 코4를 오른코 교차뜨기한다.

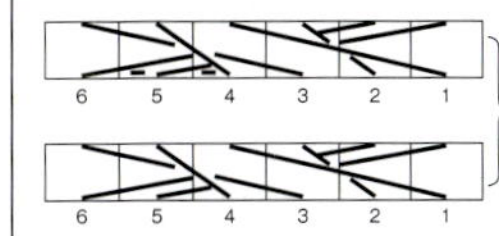

= 코1~코4를 꽈배기바늘에 옮겨서 앞쪽에 두고, 코5, 코6을 안뜨기나 겉뜨기, 꽈배기바늘의 코1, 코2를 오른코 교차뜨기, 코3, 코4를 왼코 교차뜨기한다.

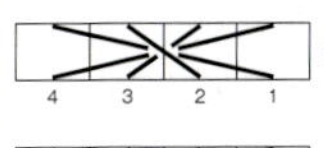

= 코1, 코2를 꽈배기바늘에 옮겨서 앞쪽에 두고, 코3, 코4, 꽈배기바늘의 코1, 코2 모두 왼코 교차뜨기한다.

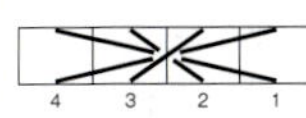

= 코1, 코2를 꽈배기바늘에 옮겨서 뒤쪽에 두고, 코3, 코4, 꽈배기바늘의 코1, 코2 모두 오른코 교차뜨기한다.

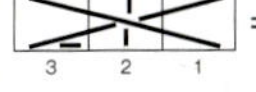

= 코1, 코2를 꽈배기바늘에 옮겨서 앞쪽에 두고, 코3을 안뜨기, 꽈배기바늘의 코1, 코2를 오른코 교차뜨기한다.

= 코1, 코2를 꽈배기바늘에 옮겨서 앞쪽에 두고, 코3을 안뜨기, 꽈배기바늘의 코1, 코2를 왼코 교차뜨기한다.

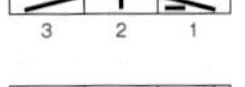

= 코1을 꽈배기바늘에 옮겨서 뒤쪽에 두고, 코2, 코3을 왼코 교차뜨기, 꽈배기바늘의 코1을 안뜨기한다.

= 코1을 꽈배기바늘에 옮겨서 뒤쪽에 두고, 코2, 코3을 오른코 교차뜨기, 꽈배기바늘의 코1을 안뜨기한다.

돌려 오른코 겹쳐 2코 모아뜨기

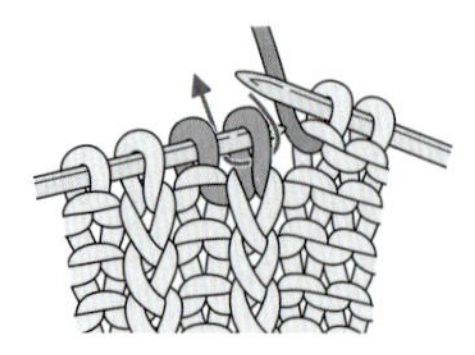

1 오른쪽 코에 화살표처럼 바늘을 넣어서 뜨지 않고 오른쪽 바늘로 옮긴다.

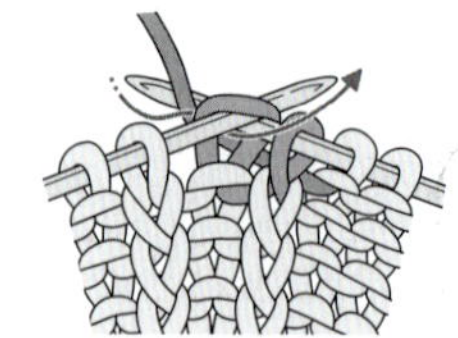

2 왼쪽 코에 바늘을 넣어서 실을 걸고 끌어내서 겉뜨기한다.

3 오른쪽 바늘로 옮긴 코에 바늘을 넣어서 겉뜨기한 코에 덮어씌우고 바늘에서 뺀다.

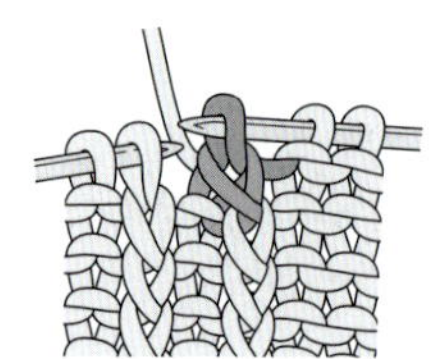

4 돌려 오른코 겹쳐 2코 모아뜨기 완성.

돌려 왼코 겹쳐 2코 모아뜨기

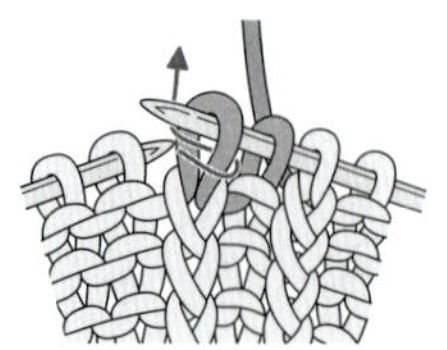

1 2코를 뜨지 않고 오른쪽 바늘로 옮기고, 둘째 코에 화살표처럼 바늘을 넣어서 돌리며 다시 왼쪽 바늘로 옮긴다.

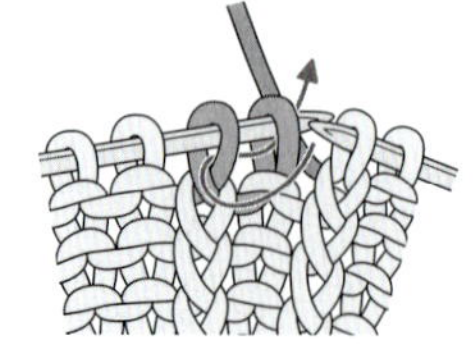

2 오른쪽 코는 그대로 왼쪽 바늘로 다시 옮기고, 2코에 화살표처럼 바늘을 넣는다.

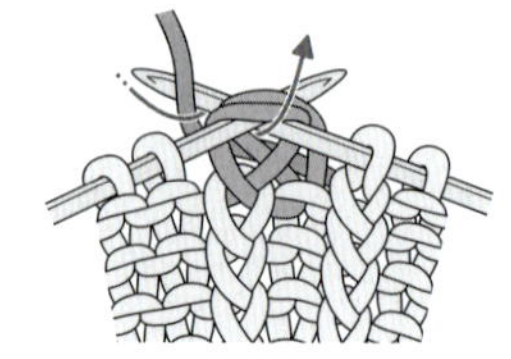

3 실을 걸고 끌어내어 2코를 한꺼번에 겉뜨기한다.

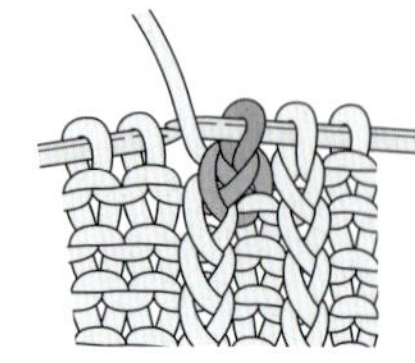

4 돌려 왼코 겹쳐 2코 모아뜨기 완성.

돌려 오른코 겹쳐 3코 모아뜨기

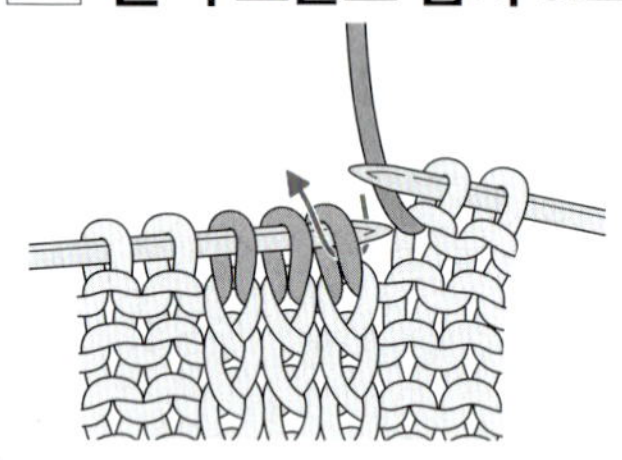

1 첫째 코는 화살표처럼 바늘을 넣어서 뜨지 않고 오른쪽 바늘로 옮긴다.

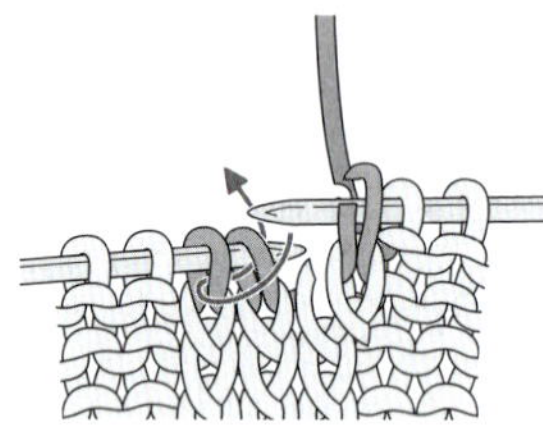

2 다음 2코에 화살표처럼 바늘을 넣어서 2코를 한꺼번에 겉뜨기한다.

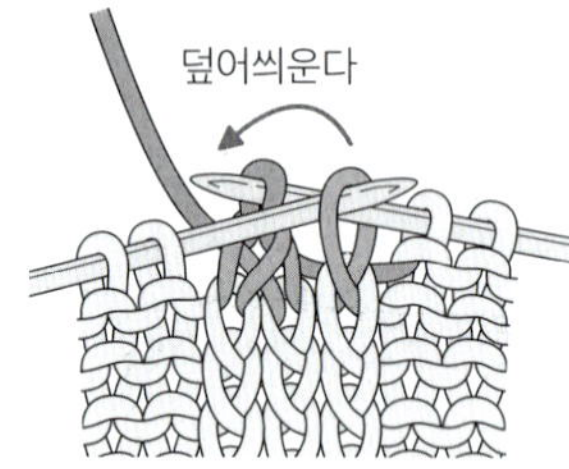

3 오른쪽 바늘로 옮긴 코에 바늘을 넣어서 겉뜨기한 코에 덮어씌우고 바늘을 뺀다.

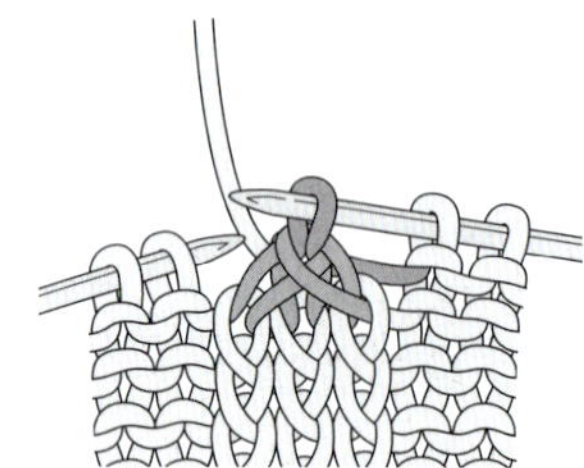

4 돌려 오른코 겹쳐 3코 모아뜨기 완성.

돌려 왼코 겹쳐 3코 모아뜨기

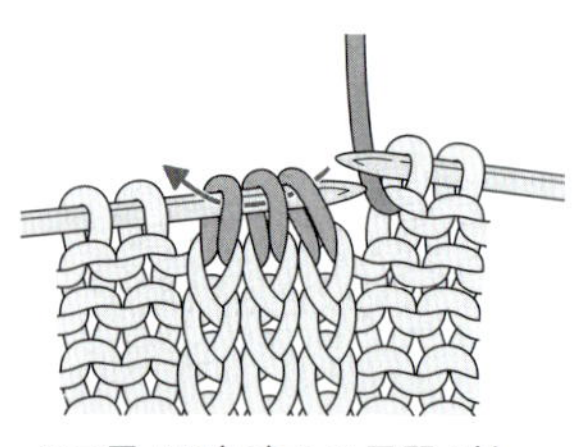

1 3코를 뜨지 않고 오른쪽 바늘로 옮기고, 셋째 코에 화살표처럼 바늘을 넣어서 돌리며 다시 왼쪽 바늘로 옮긴다.

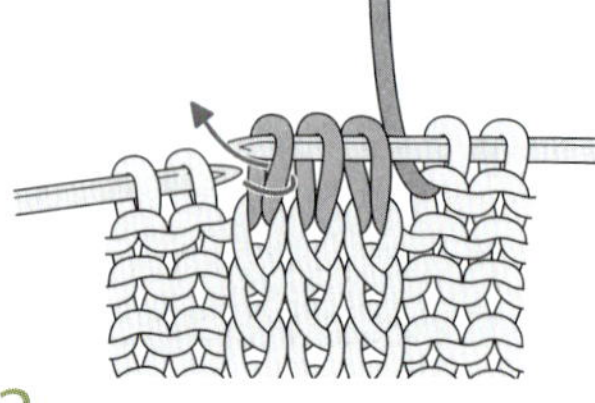

2 셋째 코에 화살표처럼 바늘을 넣고 2코는 그대로 왼쪽 바늘로 다시 옮긴다.

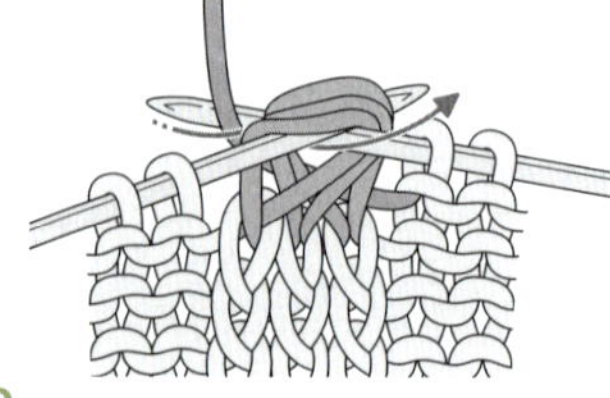

3 왼쪽에서 3코에 오른쪽 바늘을 넣고 실을 걸어서 끌어내어 3코를 한꺼번에 겉뜨기한다.

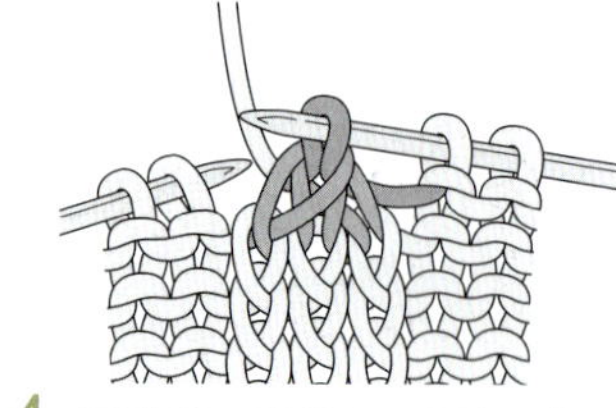

4 돌려 왼코 겹쳐 3코 모아뜨기 완성.

오른코 위 돌려 교차뜨기

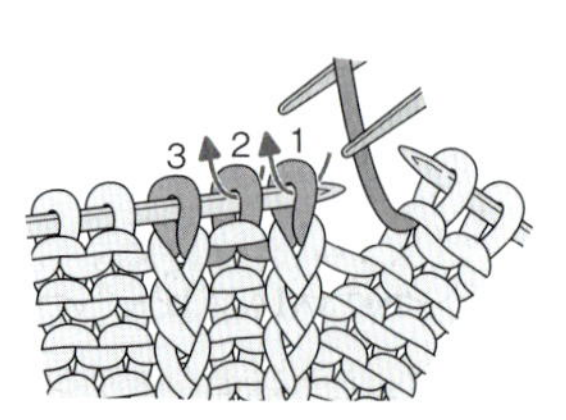

1 코1은 앞쪽에서, 코2를 뒤쪽에서 꽈배기바늘에 옮겨 둔다.

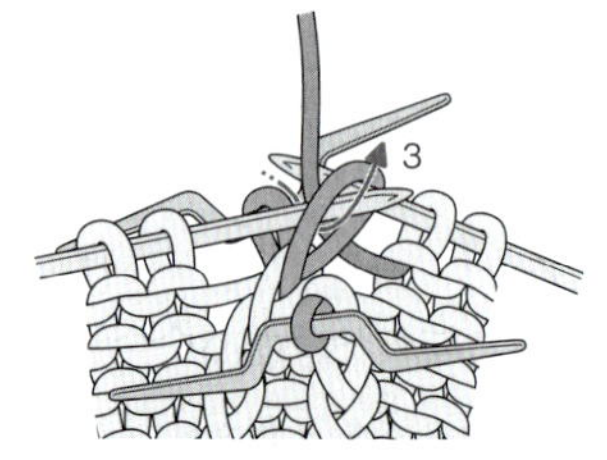

2 코3은 돌려뜨기한다.

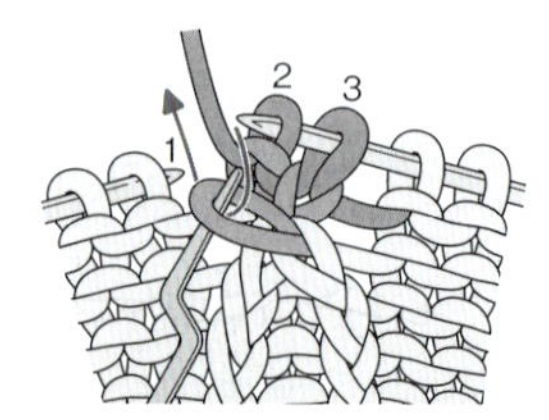

3 코2를 안뜨기하고 코1에 화살표처럼 바늘을 넣어서 돌려뜨기한다.

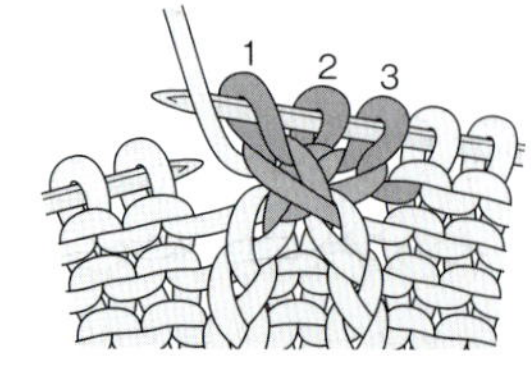

4 사이에 안뜨기 1코가 들어간 오른코 위 돌려 교차뜨기 완성.

왼코에 꿴 매듭뜨기(3코일 때)

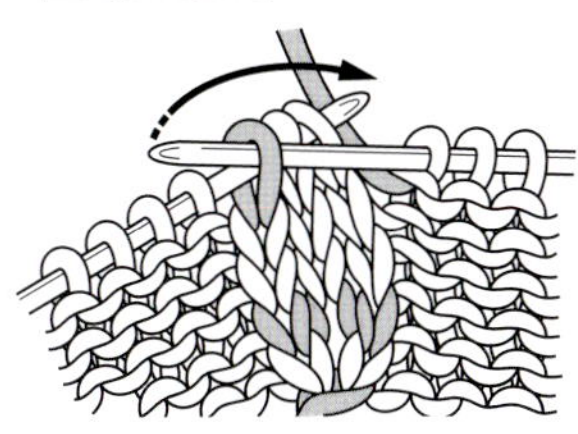

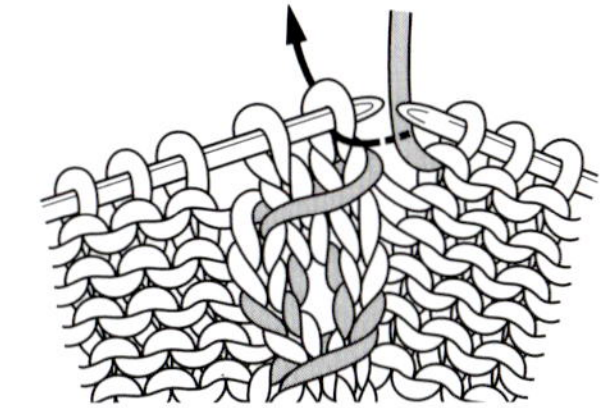

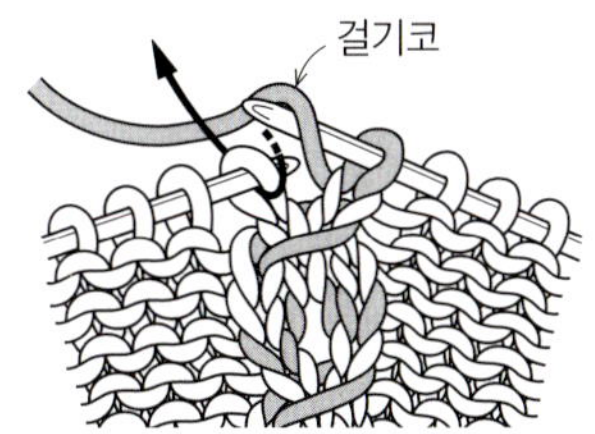

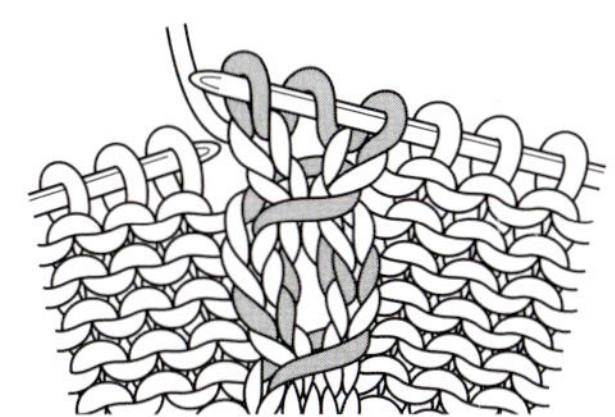

1 3코 앞의 코에 바늘을 넣어서 오른쪽 2코에 덮어씌우고 바늘에서 뺀다.

2 오른쪽 코에 화살표처럼 바늘을 넣어서 겉뜨기한다.

3 걸기코를 하고 다음 코에 화살표처럼 바늘을 넣어서 겉뜨기한다.

4 왼코에 꿴 매듭뜨기 완성.

왼코에 꿴 매듭뜨기와 오른코 겹쳐 2코 모아뜨기

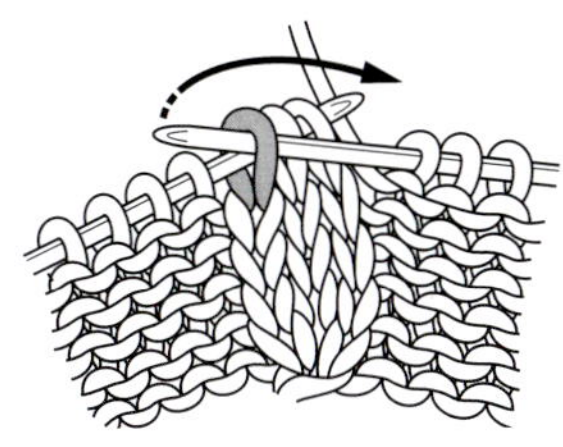

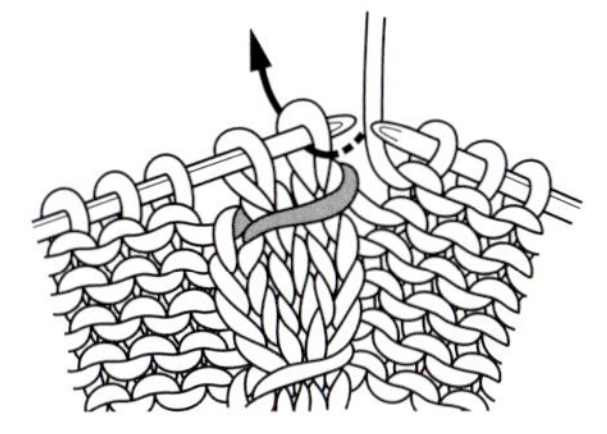

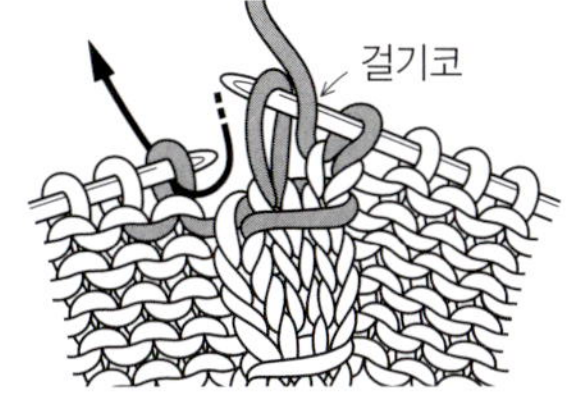

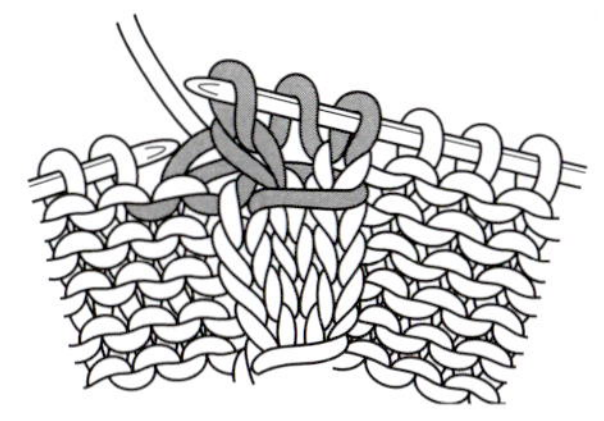

1 3코 앞의 코에 바늘을 넣어서 오른쪽 2코에 덮어씌우고 바늘에서 뺀다.

2 오른쪽 코에 화살표처럼 바늘을 넣어서 겉뜨기한다.

3 걸기코를 하고 다음 코는 뜨지 않고 오른쪽 바늘에 옮긴 뒤에 옆 코를 겉뜨기한다.

4 뜨지 않고 오른쪽 바늘로 옮긴 코를 겉뜨기한 코에 덮어씌우면 완성.

왼코에 꿴 매듭뜨기와 왼코 겹쳐 2코 모아뜨기

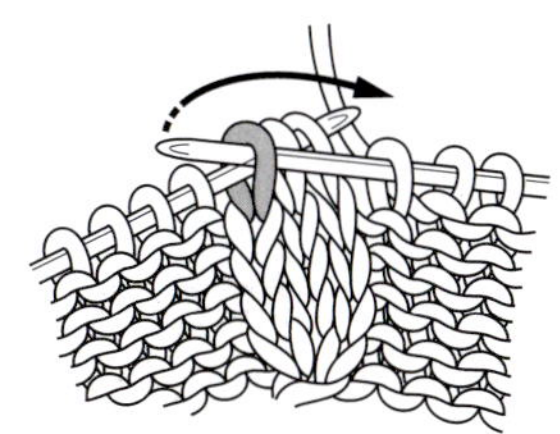

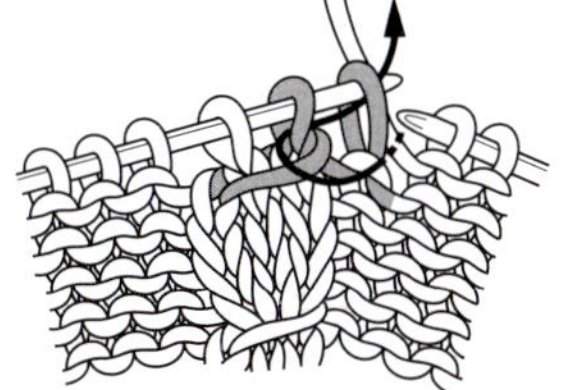

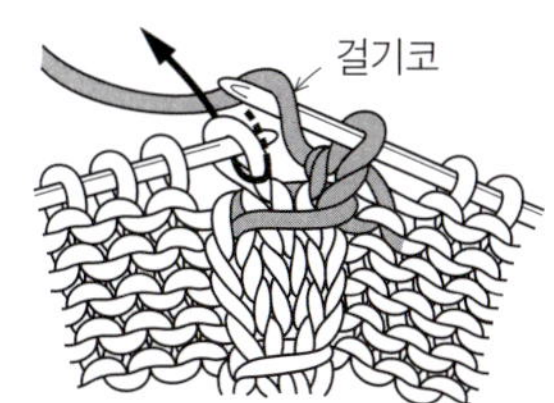

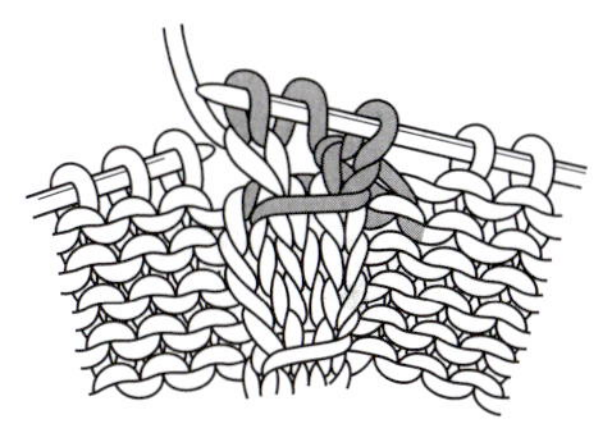

1 1코 앞의 코를 뜨지 않고 오른쪽 바늘로 옮기고, 다시 3코 앞의 코를 오른쪽 2코에 덮어씌우고 바늘에서 뺀다.

2 오른쪽 바늘에 옮긴 코를 왼쪽 바늘로 다시 옮기고 화살표처럼 바늘을 넣어서 2코를 한꺼번에 겉뜨기한다.

3 걸기코를 하고 다음 코에 화살표처럼 바늘을 넣어서 겉뜨기한다.

4 왼코 겹쳐 2코 모아뜨기와 왼코에 꿴 매듭뜨기 완성.

오른코에 꿴 매듭뜨기와 오른코 겹쳐 2코 모아뜨기

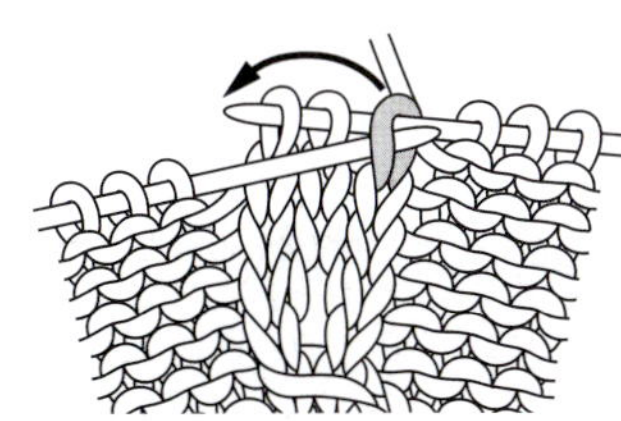

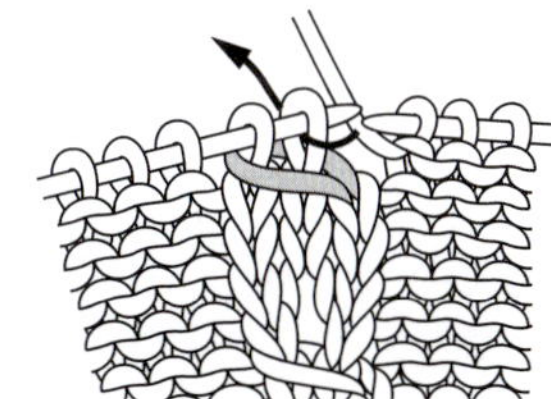

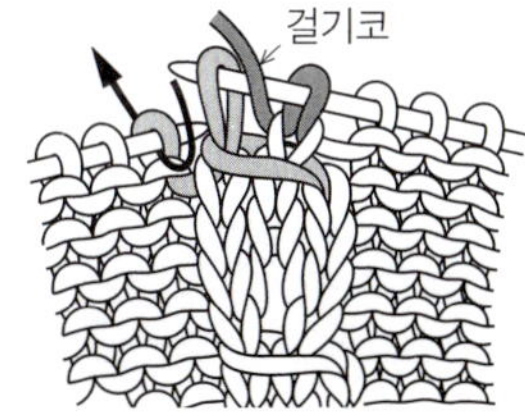

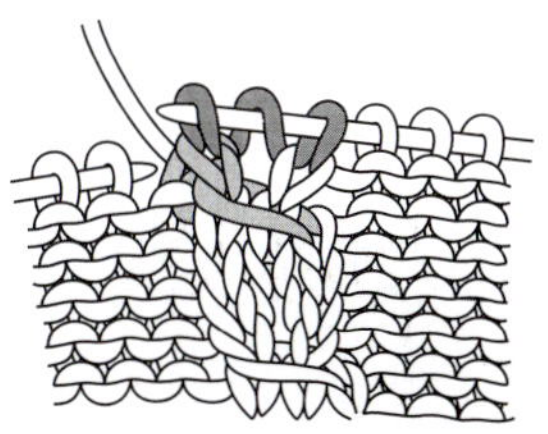

1 첫째 코는 코 방향을 바꾸며 3코를 뜨지 않고 오른쪽 바늘로 옮긴 뒤에 첫째 코를 왼쪽 2코에 덮어씌우고 바늘에서 뺀다.

2 2코를 왼쪽 바늘로 다시 옮기고 둘째 코에 화살표처럼 바늘을 넣어서 겉뜨기한다.

3 걸기코를 하고, 셋째 코는 뜨지 않고 오른쪽 바늘로 옮긴 뒤에 다음 코를 겉뜨기한다.

4 뜨지 않고 오른쪽 바늘에 옮긴 셋째 코를 겉뜨기한 코에 덮어씌우면 완성.

오른코에 꿴 매듭뜨기와 왼코 겹쳐 2코 모아뜨기

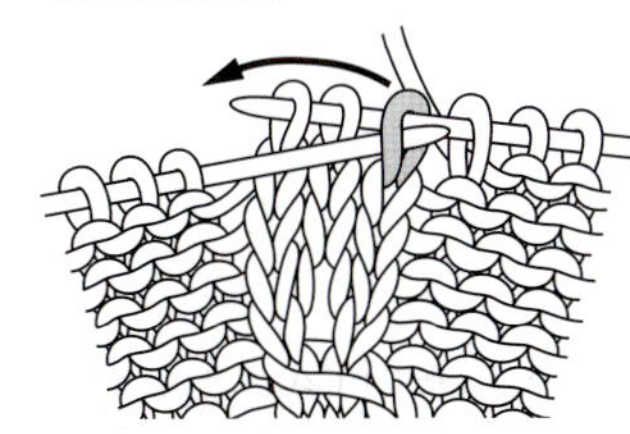

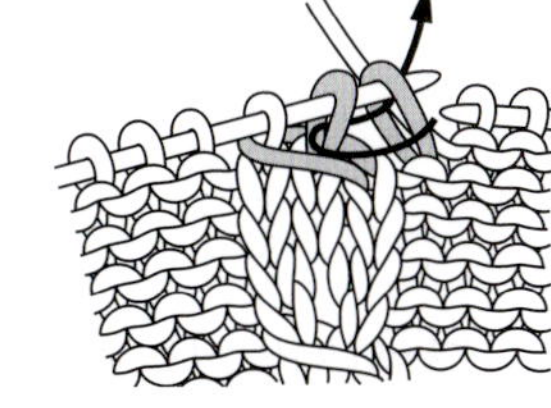

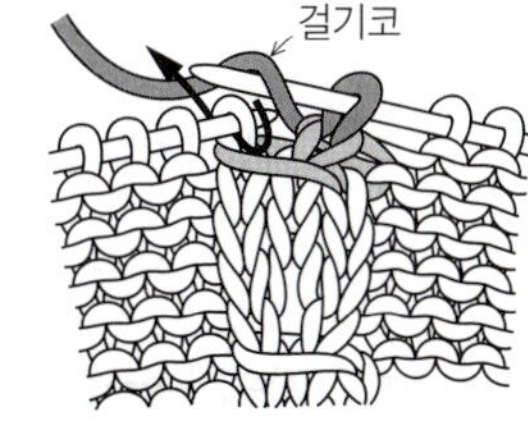

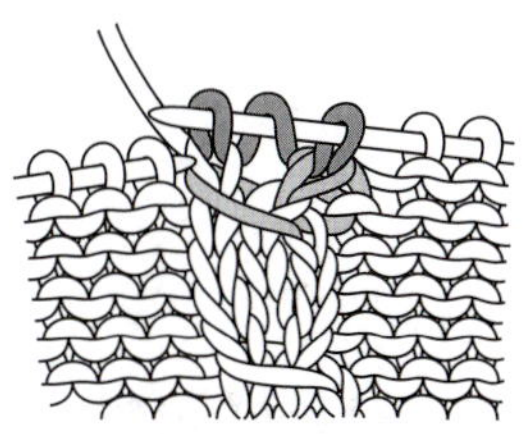

1 1코 앞의 코와 매듭뜨기의 첫째 코는 방향을 바꾸고 2코는 방향을 그대로 해서 총 4코를 뜨지 않고 오른쪽 바늘로 옮긴 뒤에 첫째 코를 2코에 덮어씌우고 바늘에서 뺀다.

2 오른쪽 바늘에 옮긴 코를 왼쪽 바늘로 다시 옮기고 화살표처럼 바늘을 넣어서 2코를 한꺼번에 겉뜨기한다.

3 걸기코를 하고 화살표처럼 바늘을 넣어서 겉뜨기한다.

4 왼코 겹쳐 2코 모아뜨기와 오른코에 꿴 매듭뜨기 완성.

긴뜨기 3코 구슬뜨기

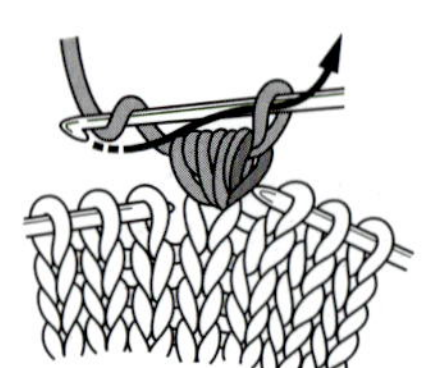

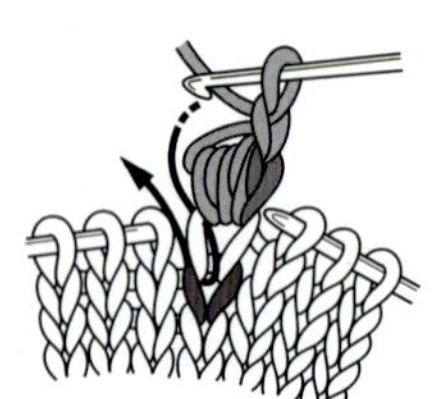

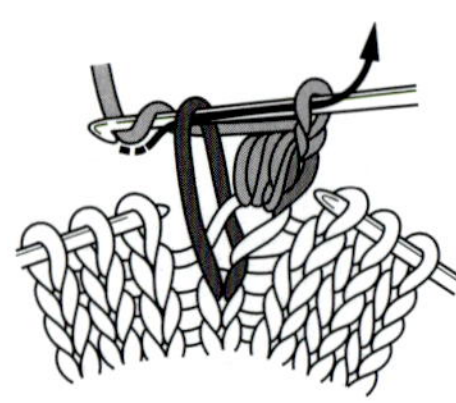

1 코바늘로 실을 끌어낸 뒤에 코바늘에 실을 걸고 같은 코에 바늘을 넣는다.

2 실을 걸어서 끌어내기를 3회 되풀이하고, 코바늘에 걸려 있는 모든 코를 한 번에 빼뜬다.

3 코바늘에 실을 걸고 다시 한 번 화살표처럼 빼떠서 코를 조인다.

4 구슬뜨기를 앞쪽에 두고, 1단 아래의 코에 코바늘을 화살표처럼 뒤쪽에서 넣어서 실을 걸고 끌어낸다.

5 코바늘에 실을 걸고 고리 2개를 한 번에 빼뜬 뒤에 그 코를 오른쪽 대바늘로 옮긴다.

한길긴뜨기 3코 구슬뜨기

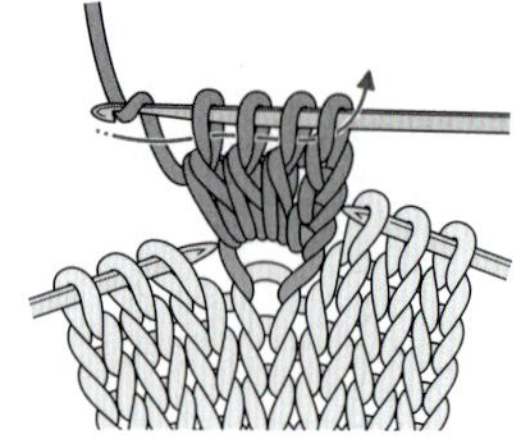

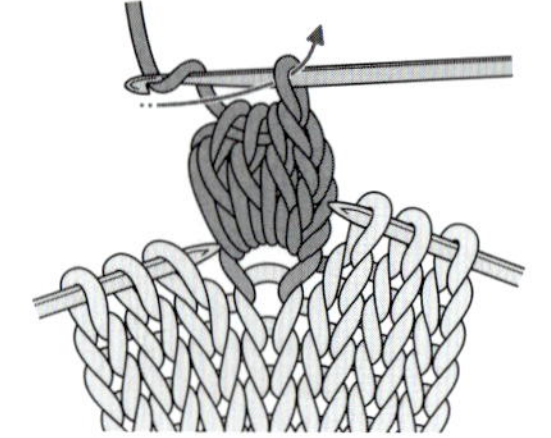

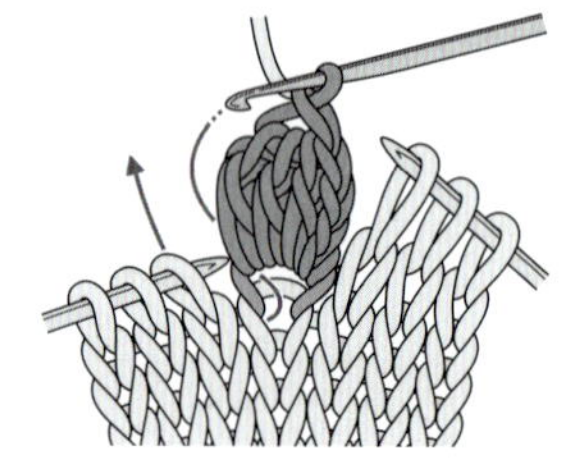

1 코바늘로 사슬 2코를 뜨고, 코바늘에 실을 걸어서 같은 코에 미완성 한길긴뜨기를 3코 뜬 뒤에 모든 코를 한 번에 빼뜬다.

2 다시 실을 걸고 빼떠서 코를 조인다.

3 구슬뜨기를 앞쪽에 두고, 1단 아래의 코에 코바늘을 화살표처럼 뒤쪽에서 넣어서 실을 걸고 빼떠서 그 코를 오른쪽 대바늘로 옮긴다.

사슬 4코 구슬뜨기

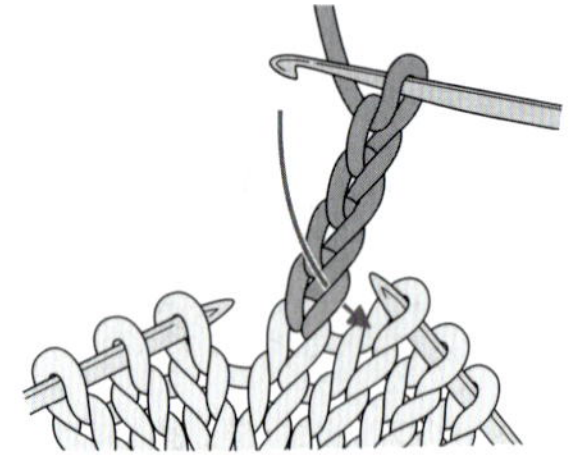

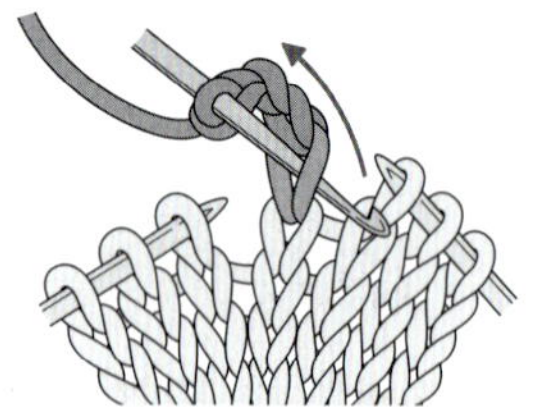

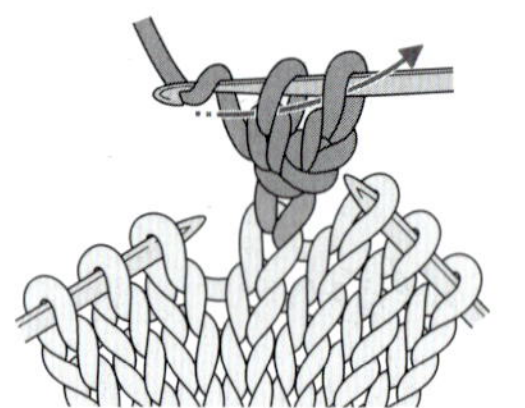

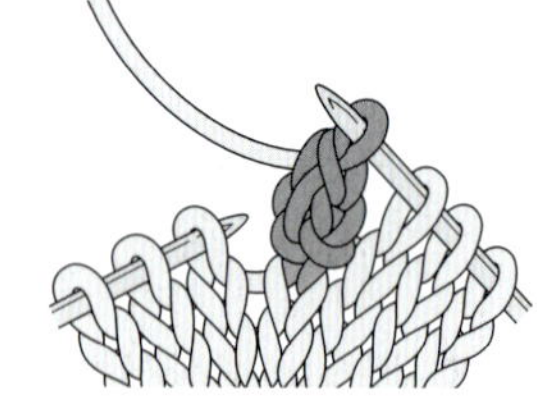

1 코바늘로 사슬을 4코 뜨고, 바늘을 첫째 코의 앞쪽에서 화살표처럼 넣는다.

2 코바늘을 코에 넣은 채로 화살표 방향으로 돌린다.

3 바늘에 실을 걸고 한 번에 빼뜬다.

4 코바늘의 코를 오른쪽 대바늘로 옮기면 완성.

3단 끌어올려 3코 구슬뜨기

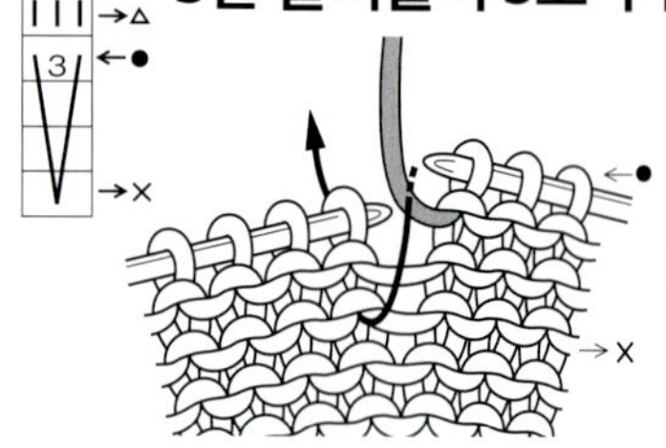

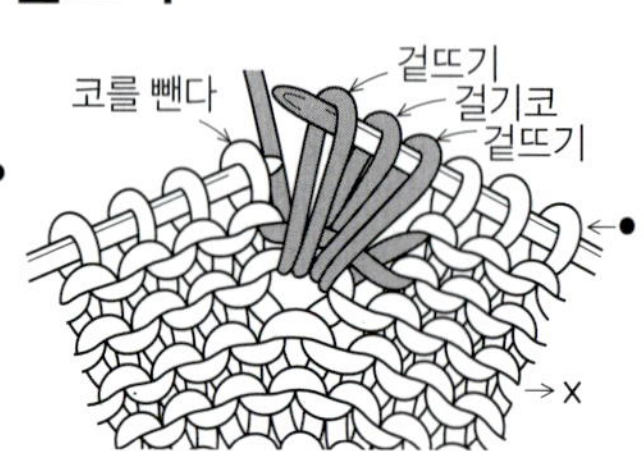

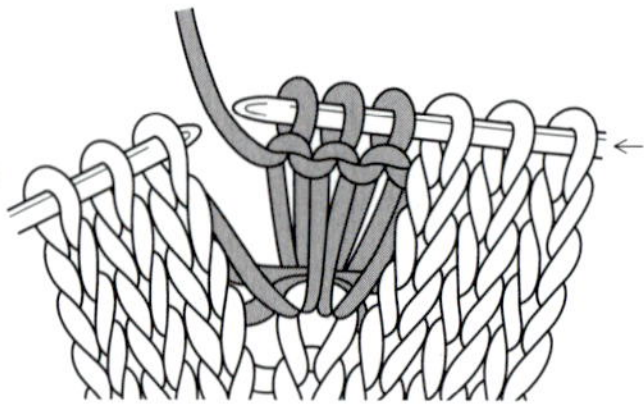

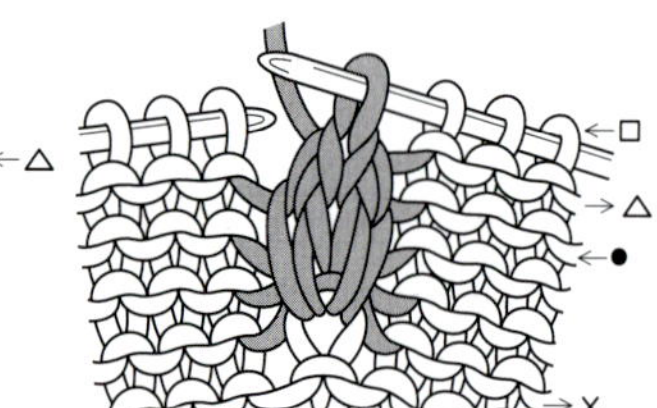

1 ● 표시된 단에서 3단 아래의 × 표시된 코에 화살표처럼 바늘을 넣는다.

2 실을 걸어서 느슨하게 끌어내어 걸기코를 하고, 같은 방법으로 코를 끌어낸다.

3 다음 단에서는 아까 뜬 3코를 안뜨기한다.

4 □ 표시된 단에서 3코를 중심 3코 모아뜨기하여 완성.

2회 감아 매듭뜨기

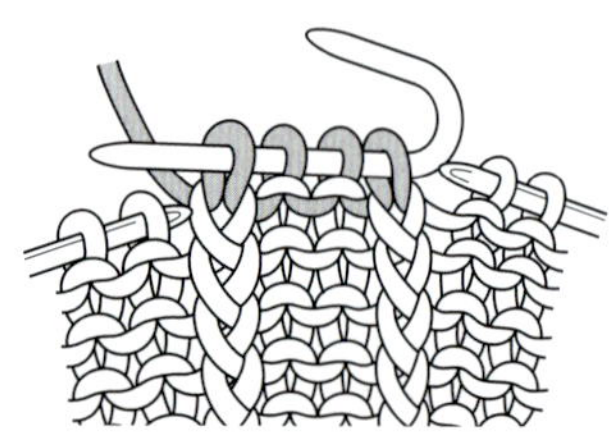

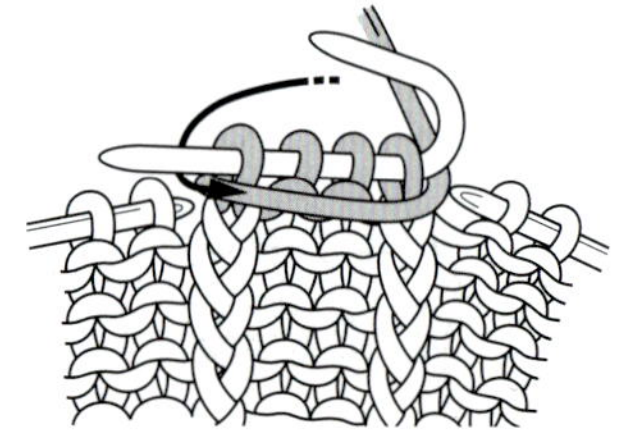

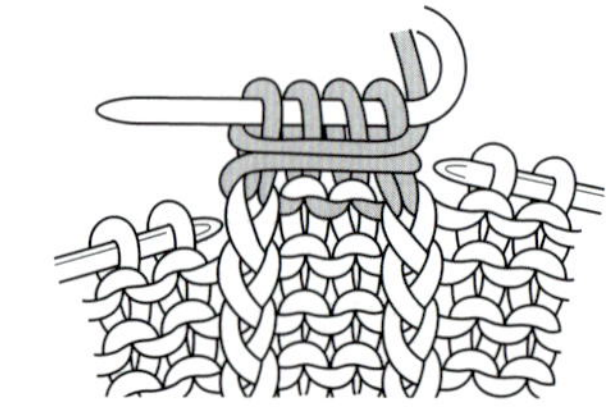

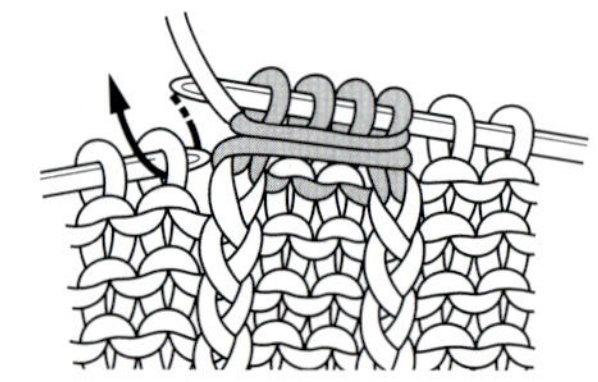

1 4코를 뜬 뒤에 꽈배기바늘에 옮긴다.

2 옮긴 4코에 화살표 방향으로 실을 감는다.

3 시계 반대 방향으로 2회 감는다.

4 꽈배기바늘의 코를 그대로 오른쪽 바늘로 옮기면 완성.

오른코 위 돌려 3코와 1코 교차뜨기

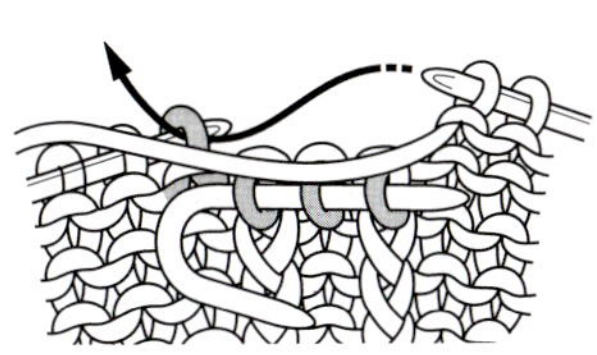

1 코1~코3을 꽈배기바늘에 옮겨서 앞쪽에 두고, 넷째 코에 화살표처럼 바늘을 넣어서 안뜨기한다.

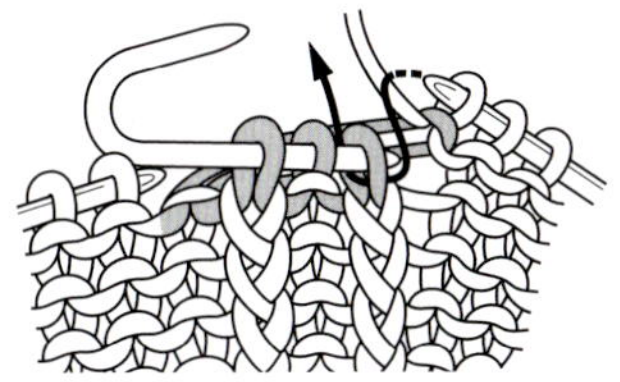

2 꽈배기바늘의 첫째 코에 화살표처럼 바늘을 넣어서 돌려뜨기한다.

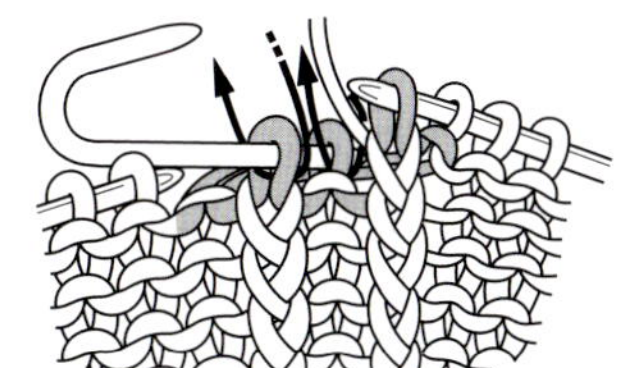

3 계속해서 안뜨기, 돌려뜨기를 하면 완성.

끌어올려뜨기

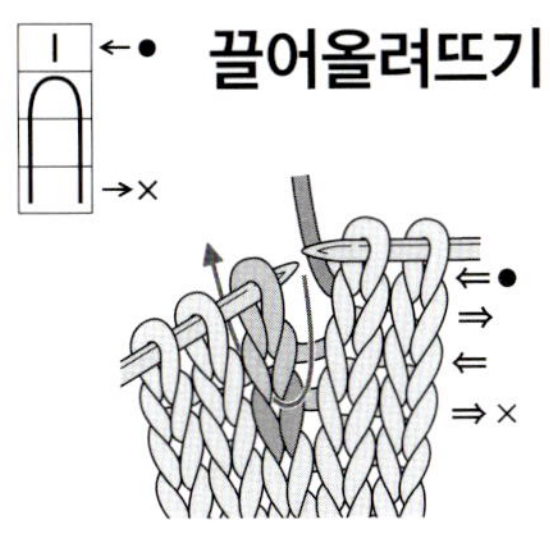

1 ● 표시된 단에서 한다. 3단 아래의 × 표시된 코에 오른쪽 바늘을 넣는다.

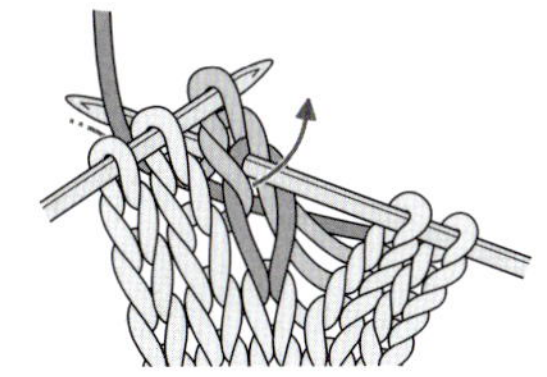

2 실을 걸어서 코를 끌어낸다.

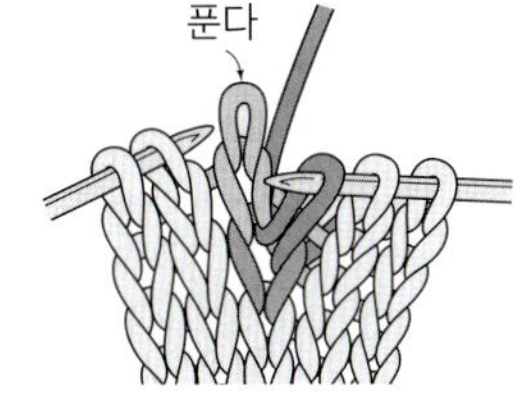

3 왼쪽 바늘의 코를 빼낸다.

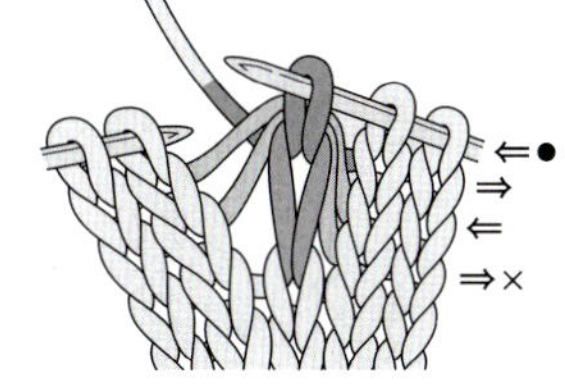

4 끌어올려뜨기 완성.

턱뜨기

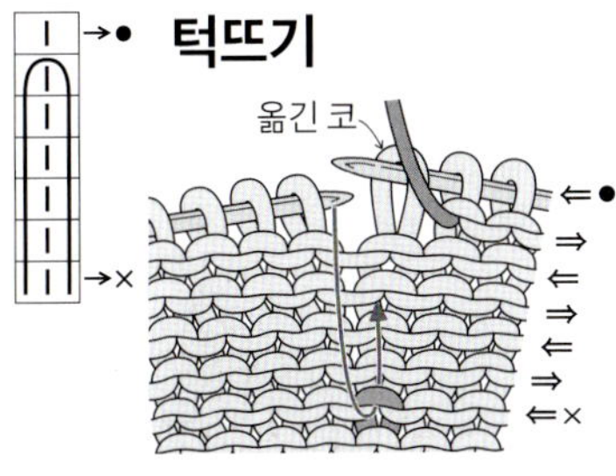

1 ● 표시된 안코 쪽에서 한다. 코를 뜨지 않고 오른쪽 바늘로 옮기고, × 표시에 왼쪽 바늘을 넣는다.

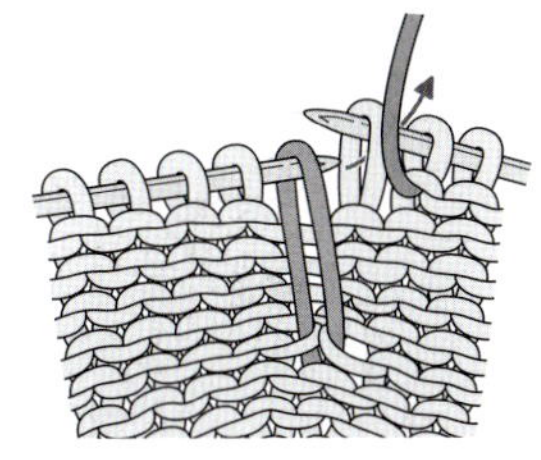

2 왼쪽 바늘로 주운 코를 끌어올리고, 오른쪽 바늘에 옮긴 코를 다시 왼쪽 바늘로 옮긴다.

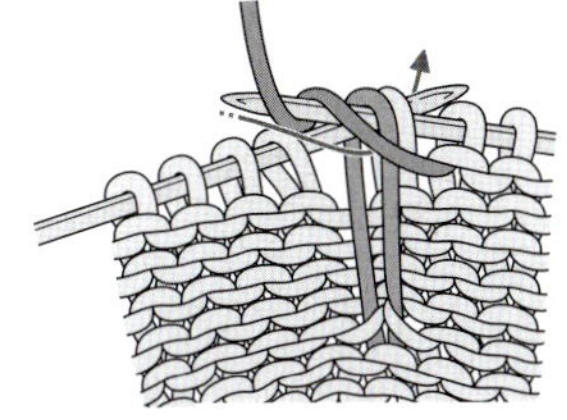

3 다시 옮긴 코와 끌어올린 코를 함께 안뜨기한다.

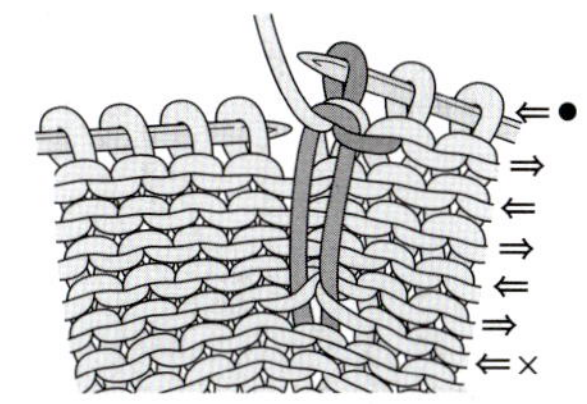

4 턱뜨기 완성. 겉쪽을 사용한다.

왼코 겹쳐 2코 모아뜨기 (안단에서 뜰 때)

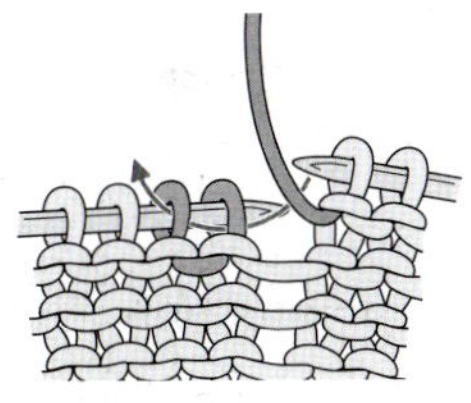

1 오른쪽에서 화살표처럼 2코에 바늘을 넣는다.

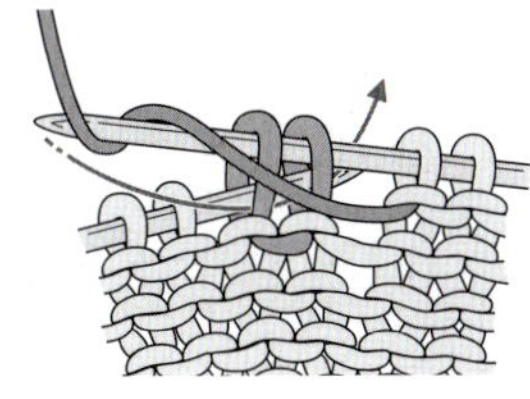

2 그림처럼 실을 걸고 끌어낸다.

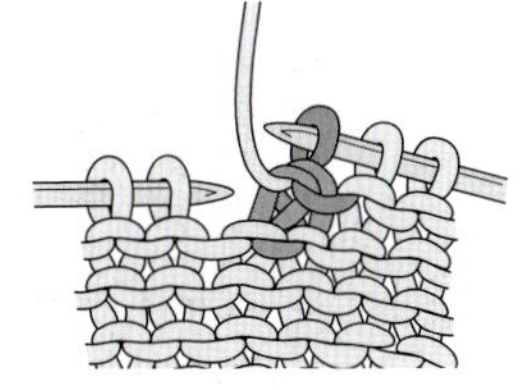

3 겉쪽에서 봤을 때 왼코 겹쳐 2코 모아뜨기 완성

오른코 겹쳐 2코 모아뜨기 (안단에서 뜰 때)

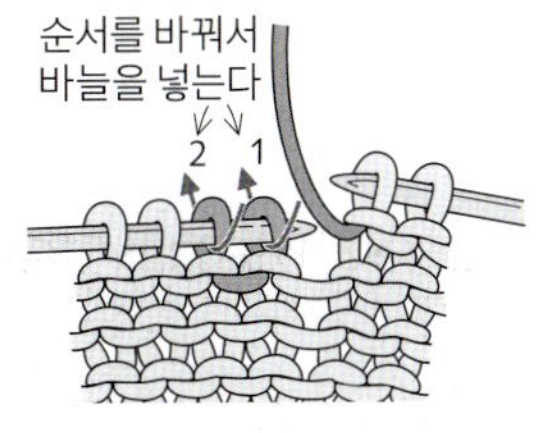

1. 왼쪽 바늘의 2코 순서를 바꾼다. 코1, 코2 순으로 오른쪽 바늘을 넣는다.

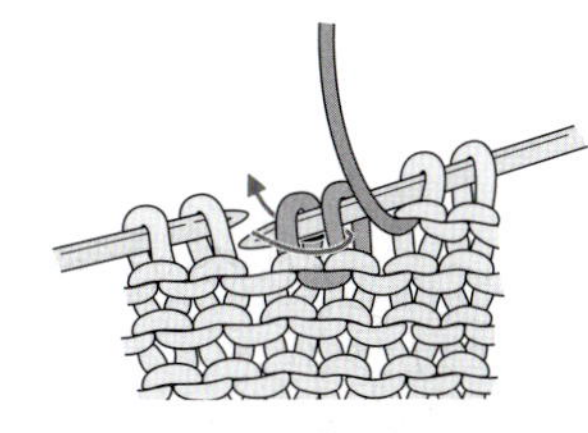

2 화살표처럼 바늘을 넣어서 왼쪽 바늘로 다시 옮기고 2코를 함께 안뜨기한다.

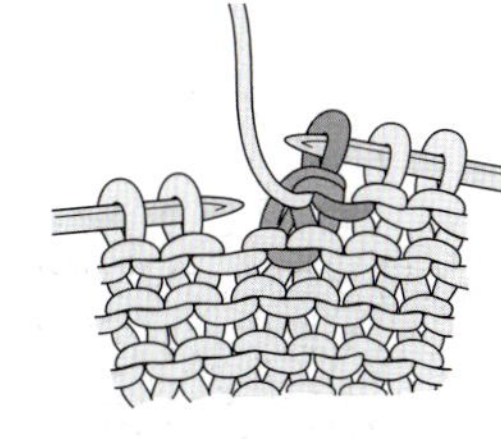

3 겉쪽에서 봤을 때 오른코 겹쳐 2코 모아뜨기 완성.

● 비침무늬 …4p

다이아 태즈메이니안 메리노 (실물 크기)

재료

다이아몬드 뜨개실 다이아 태즈메이니안 메리노 무염색(702)

[M] 400g/ 10볼　[L] 440g/ 11볼

지름 10mm 단추 2개

도구

대바늘 5호, 대바늘 4호, 대바늘 3호, 코바늘 3/0호

완성 치수

[M] 가슴둘레 98cm, 어깨너비 37cm, 옷 길이 56cm, 소매 길이 52.5cm

[L] 가슴둘레 106cm, 어깨너비 39cm, 옷 길이 56cm, 소매 길이 55.5cm

게이지

가로세로 10cm 무늬뜨기 A 28코×32단 (5호 바늘 사용)

POINT

◎ 몸판, 소매: 별도사슬 기초코로 코를 잡아서 무늬뜨기 A, A'로 뜬다. 코 줄이기는 2코 이상은 덮어씌우기로, 1코는 가장자리 1코를 세워서 줄이기로 한다. 코 늘리기는 가장자리 1코 안쪽에서 돌려뜨기로 늘린다.

◎ 마무리: 밑단, 소맷부리는 기초코 사슬을 풀고 코를 주워서 가터뜨기를 한다. 끝낼 때는 안뜨기를 하며 덮어씌우기한다. 어깨선은 덮어씌워 빼뜨기로 잇기, 몸판 옆선과 소매 옆선은 떠서 꿰매기로 잇는다. 칼라는 지정된 콧수를 주워서 무늬뜨기 B로 뜬다. 끝낼 때는 안쪽에서 덮어씌우기한다. 뒤트임은 단춧고리를 만들며 짧은뜨기를 1단 하여 정리한다. 소매는 빼뜨기로 꿰매서 몸판과 잇는다.

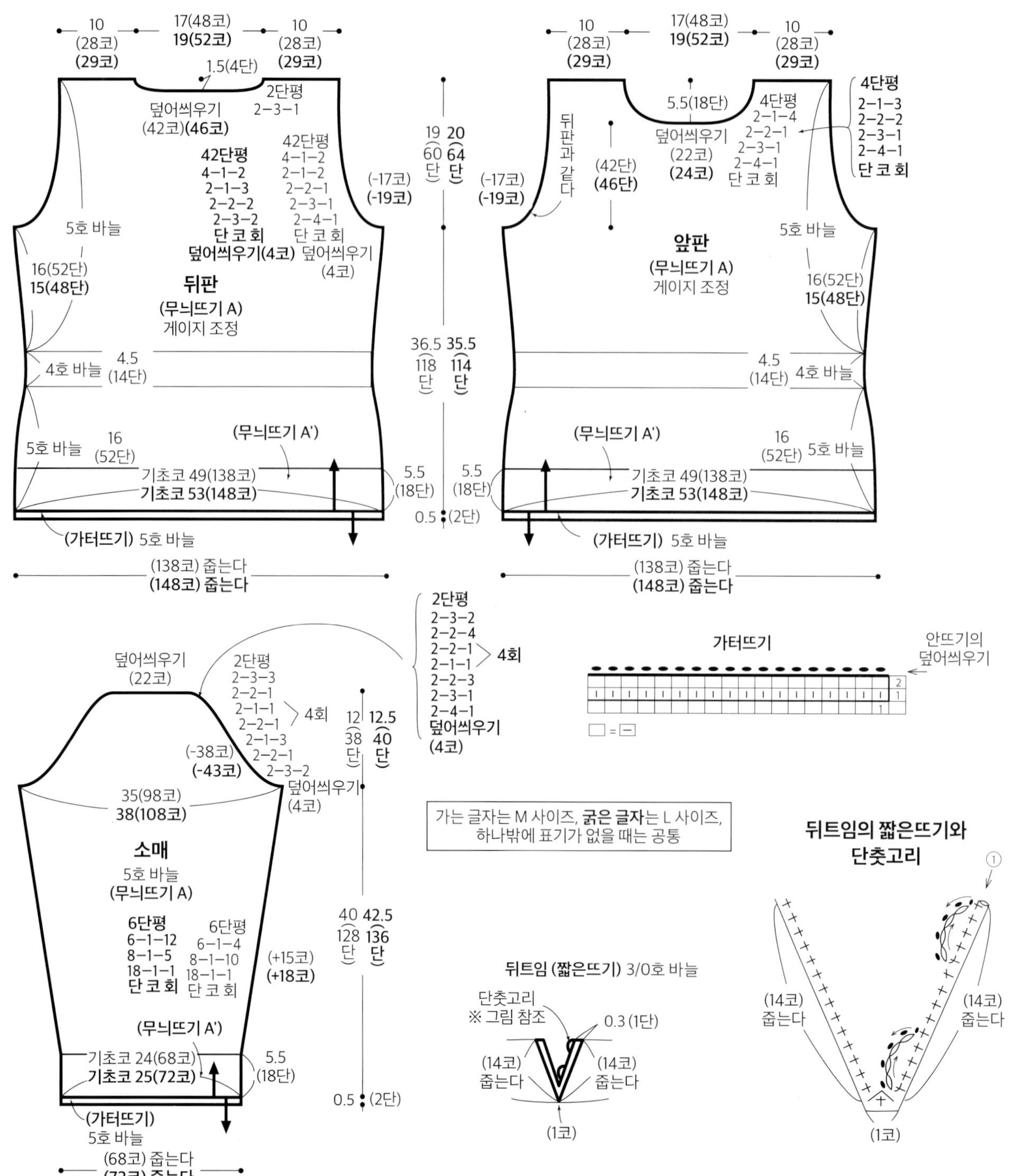

무늬뜨기

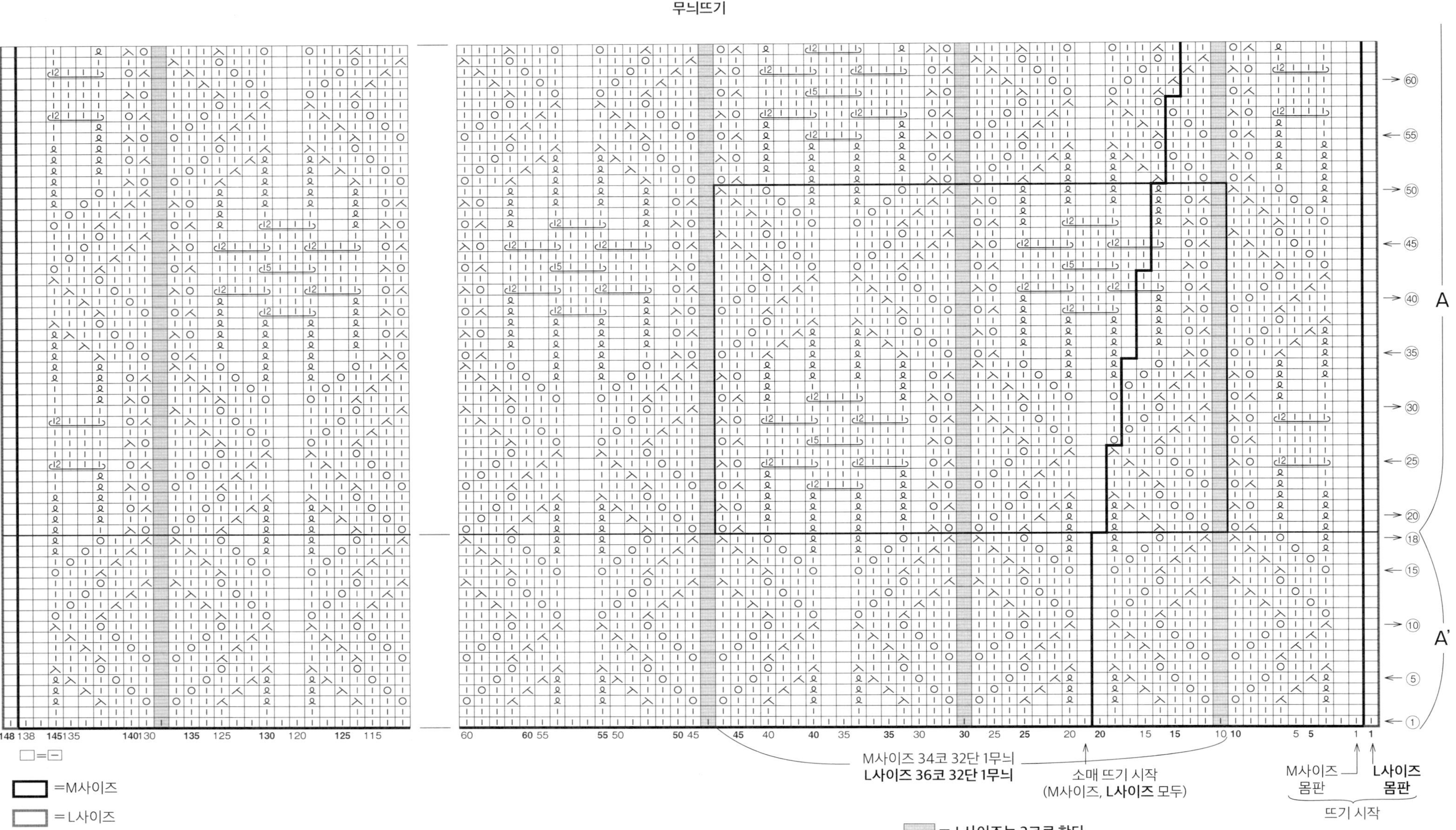

A
A'
□=⊟
=M사이즈
=L사이즈
M사이즈 34코 32단 1무늬
L사이즈 36코 32단 1무늬
소매 뜨기 시작
(M사이즈, L사이즈 모두)
M사이즈 몸판
L사이즈 몸판
뜨기 시작
= L사이즈는 2코로 한다

뒤 목둘레

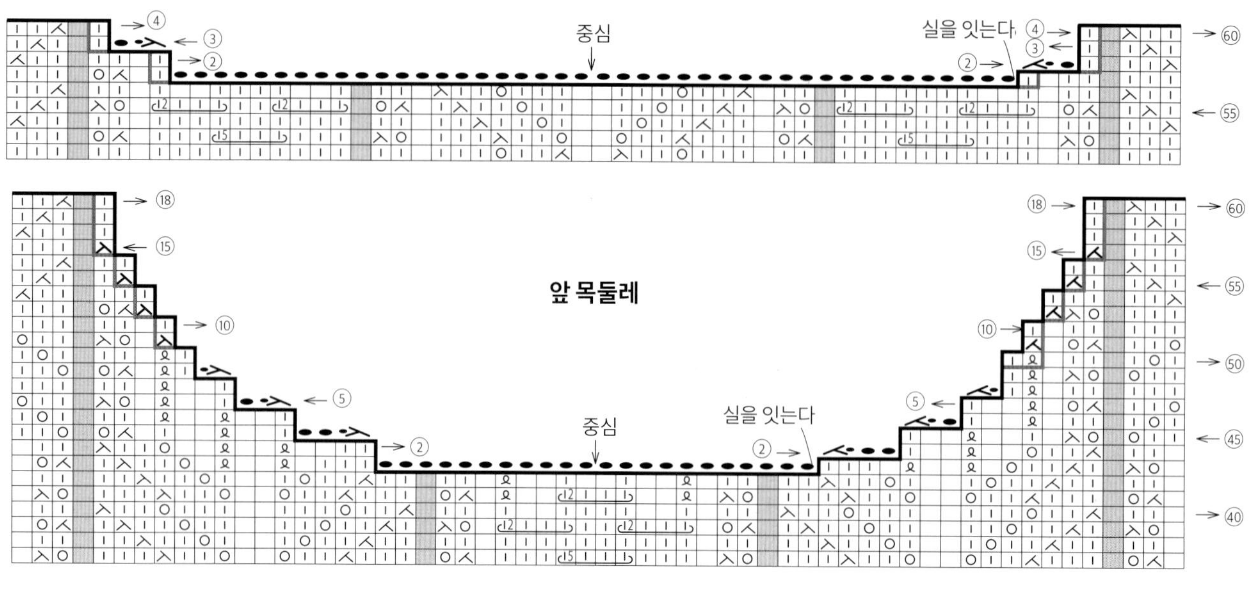

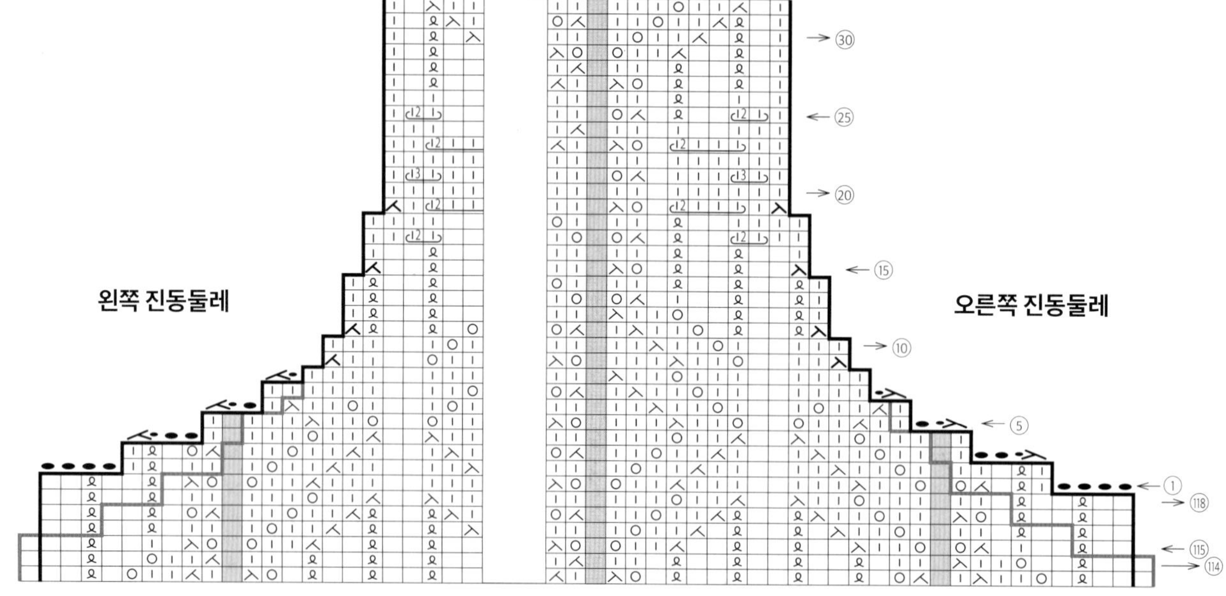

칼라 (무늬뜨기 B) 게이지 조정 ※ 그림 참조

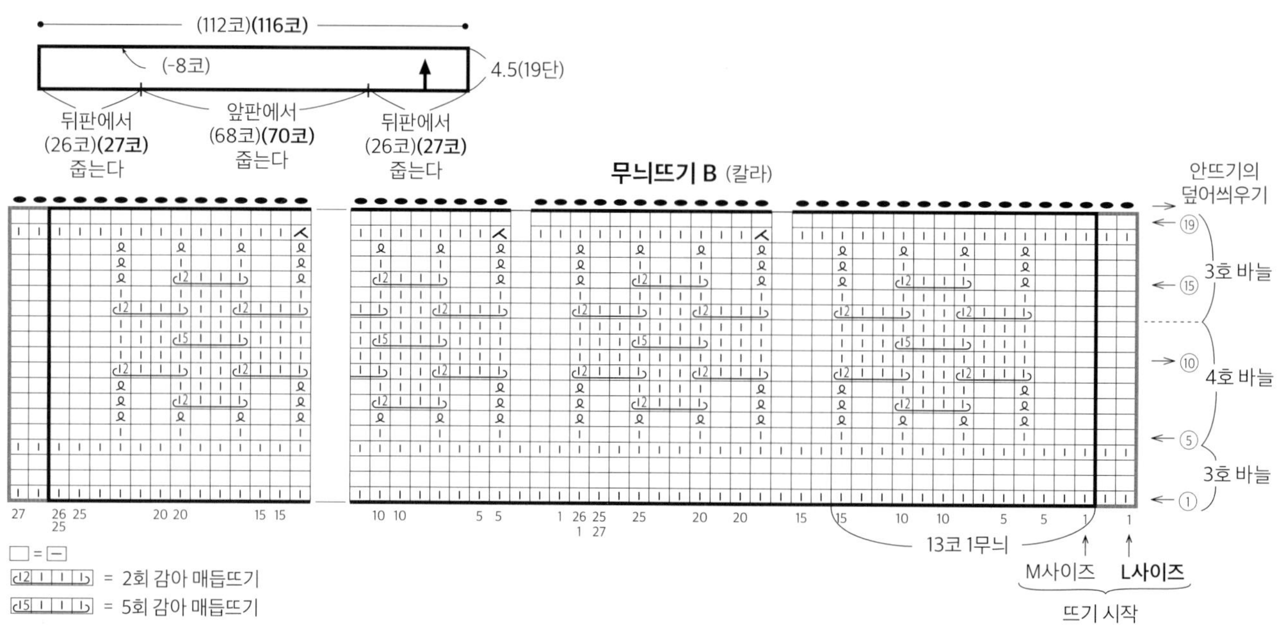

● 바탕무늬 ...46p

다이아 태즈메이니안 메리노<트위드> (실물 크기)

재료

다이아몬드 뜨개실 다이아 태즈메이니안 메리노<트위드> 베이지(911)

[M] 300g/ 8볼

[L] 340g/ 9볼

도구

대바늘 6호, 대바늘 4호

완성 치수

[M] 가슴둘레 96cm, 옷 길이 55.5cm, 뒤 목중심~소매 끝 길이 27.5cm

[L] 가슴둘레 106cm, 옷 길이 56.5cm, 뒤 목중심~소매 끝 길이 30cm

게이지

가로세로 10cm 무늬뜨기 A 28코×35단, 무늬뜨기 B 28코×34단

POINT

◎ **몸판**: 별도사슬 기초코로 코를 잡아서 무늬뜨기 A, B로 뜬다. 목둘레의 코 줄이기는 그림을 참조한다.

◎ **마무리**: 밑단은 기초코 사슬을 풀고 코를 주워서 테두리뜨기를 한다. 끝낼 때는 돌려뜨기로 하는 1코 고무뜨기 코막음을 한다. 어깨선은 덮어씌워 빼뜨기로 잇기, 몸판 옆선은 떠서 꿰매기로 잇는다. 칼라, 소맷부리는 지정된 콧수를 주워서 원형뜨기로 테두리뜨기를 한다. 끝낼 때는 밑단과 같은 방법으로 한다.

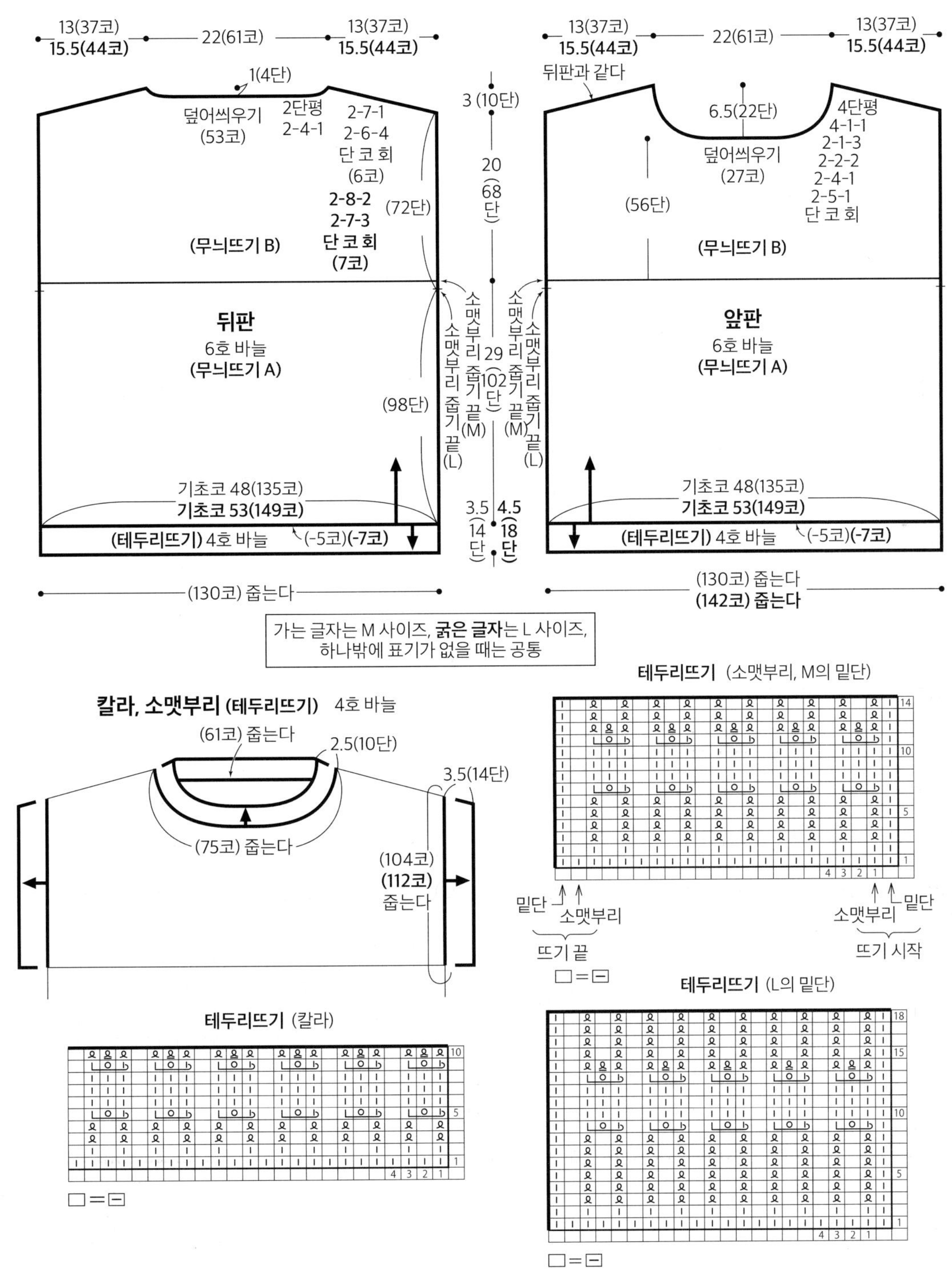

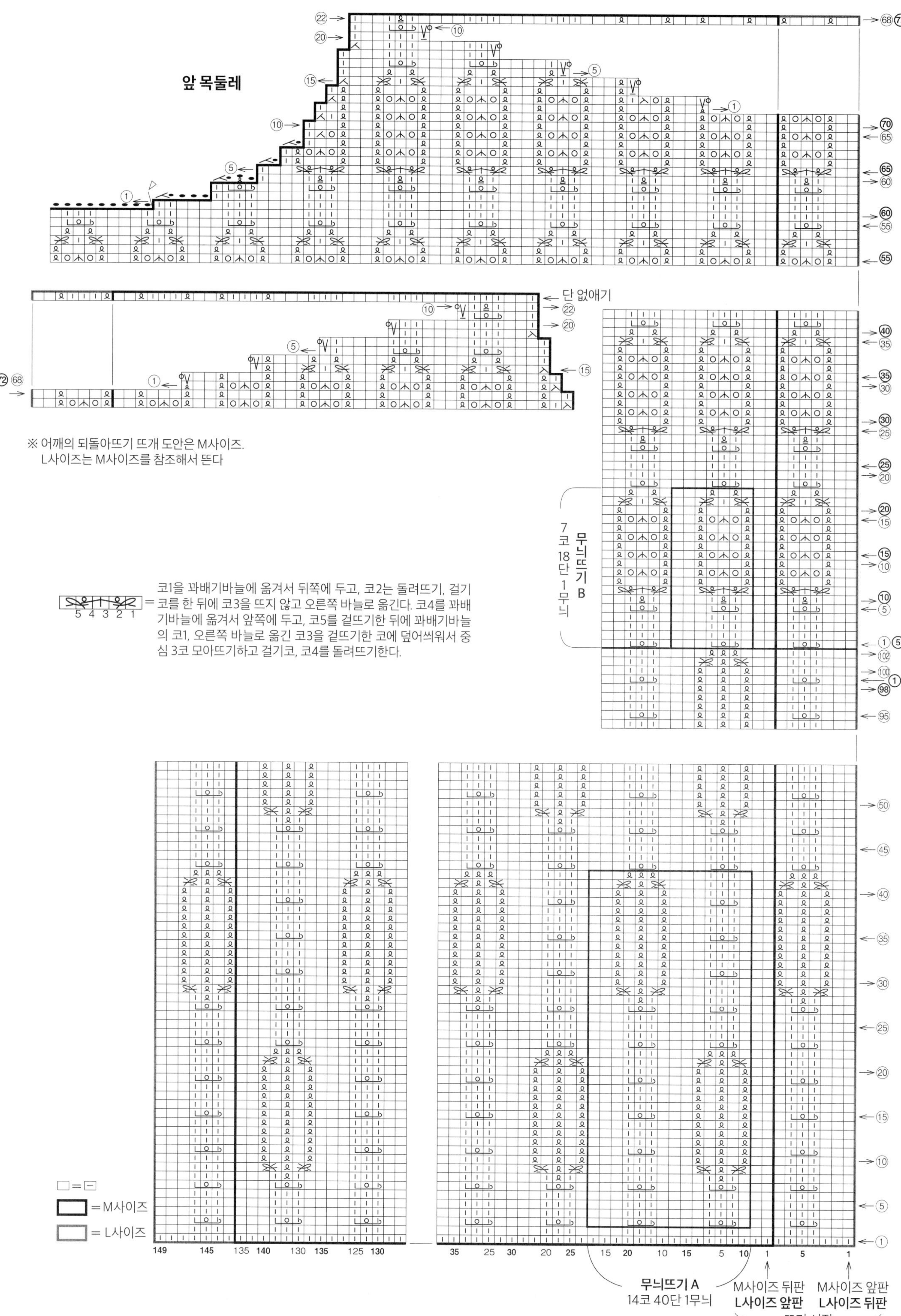
앞 목둘레
단 없애기
※ 어깨의 되돌아뜨기 뜨개 도안은 M사이즈.
L사이즈는 M사이즈를 참조해서 뜬다
무늬뜨기 B
7코 18단 1무늬
5 4 3 2 1
= 코1을 꽈배기바늘에 옮겨서 뒤쪽에 두고, 코2는 돌려뜨기, 걸기코를 한 뒤에 코3을 뜨지 않고 오른쪽 바늘로 옮긴다. 코4를 꽈배기바늘에 옮겨서 앞쪽에 두고, 코5를 겉뜨기한 뒤에 꽈배기바늘의 코1, 오른쪽 바늘로 옮긴 코3을 겉뜨기한 코에 덮어씌워서 중심 3코 모아뜨기하고 걸기코, 코4를 돌려뜨기한다.
=M사이즈
= L사이즈
무늬뜨기 A
14코 40단 1무늬
M사이즈 뒤판
L사이즈 앞판
M사이즈 앞판
L사이즈 뒤판
뜨기 시작

무늬 변형하기 ...62p

다이아 클로에 (실물 크기)

재료

다이아몬드 뜨개실 다이아 클로에 무염색(8401)

풀오버 [M] 220g/ 8볼　[L] 255g/ 9볼　볼레로 카디건 245g/ 9볼

도구

풀오버 대바늘 7호, 대바늘 6호, 대바늘 4호, 볼레로 카디건 대바늘 8호

완성 치수

풀오버

[M] 가슴둘레 94cm, 옷 길이 54㎝, 뒤 목중심~소매 끝 길이 28cm

[L] 가슴둘레 106cm, 옷 길이 54cm, 뒤 목중심~소매 끝 길이 31cm

볼레로 카디건 옷 길이 50.5cm, 뒤 목중심~소매 끝 길이 67.5cm

게이지

가로세로 10cm 무늬뜨기 A, B 모두 28코×31단

POINT

풀오버

◎ **몸판**: 별도사슬 기초코로 코를 잡고 무늬뜨기 A로 게이지를 조정하며 뜬다. 진동둘레는 코를 쉬게 두고, 목둘레의 코 줄이기는 2코 이상은 덮어씌우기로, 1코는 가장자리 1코를 세워서 줄이기로 한다.

◎ **소매**: 몸판과 같은 방법으로 기초코를 잡고 무늬뜨기 A로 뜬다. 소매 옆선의 코 늘리기는 가장자리 1코 안쪽에서 돌려뜨기로 늘린다.

◎ **마무리**: 어깨선은 덮어씌워 빼뜨기로 잇기, 몸판 옆선과 소매 옆선은 떠서 꿰매기로 잇는다. 밑단, 소맷부리는 기초코 사슬을 풀고 코를 주워서 원형뜨기로 테두리뜨기를 한다. 끝낼 때는 느슨하게 덮어씌우기하고, 안쪽으로 접고 헐겁게 감쳐서 두 겹으로 만든다. 칼라는 지정된 콧수를 주워서 원형뜨기로 테두리뜨기를 한다. 끝낼 때는 밑단과 같은 방법으로 마무리한다. 소매는 코와 단 잇기로 몸판과 잇는다.

볼레로 카디건

◎ **몸판, 소매**: 첫째 장은 별도사슬 기초코로 코를 잡아서 소맷부리에서부터 무늬뜨기 B로 뜬다. 소매 옆선의 코 늘리기는 가장자리 1코 안쪽에서 돌려뜨기로 늘린다. 끝낼 때는 코를 쉬게 둔다. 둘째 장도 같은 방법으로 뜨는데, 1단 적게 하여 안쪽에서 무늬뜨기의 마지막 단 1단을 뜨면서 메리야스 잇기로 첫째 장과 잇는다.

◎ **마무리**: 소매 옆선은 떠서 꿰매기로 잇는다. 소맷부리의 기초코 사슬을 풀고 코를 주워서 1단을 뜬다. 소맷부리의 무늬뜨기 B에서 주운 코와 2코 모아뜨기를 하면서 떠 나간다. 끝낼 때는 몸판과 마찬가지로 메리야스 잇기로 잇는다. 앞여밈단, 칼라, 밑단은 소맷부리와 마찬가지로 미리 단 부분에서 코를 주워 두고, 그 코와 무늬뜨기 C를 2코 모아뜨기로 이으면서 뜬다. 끝낼 때는 몸판과 같은 방법으로 마무리한다.

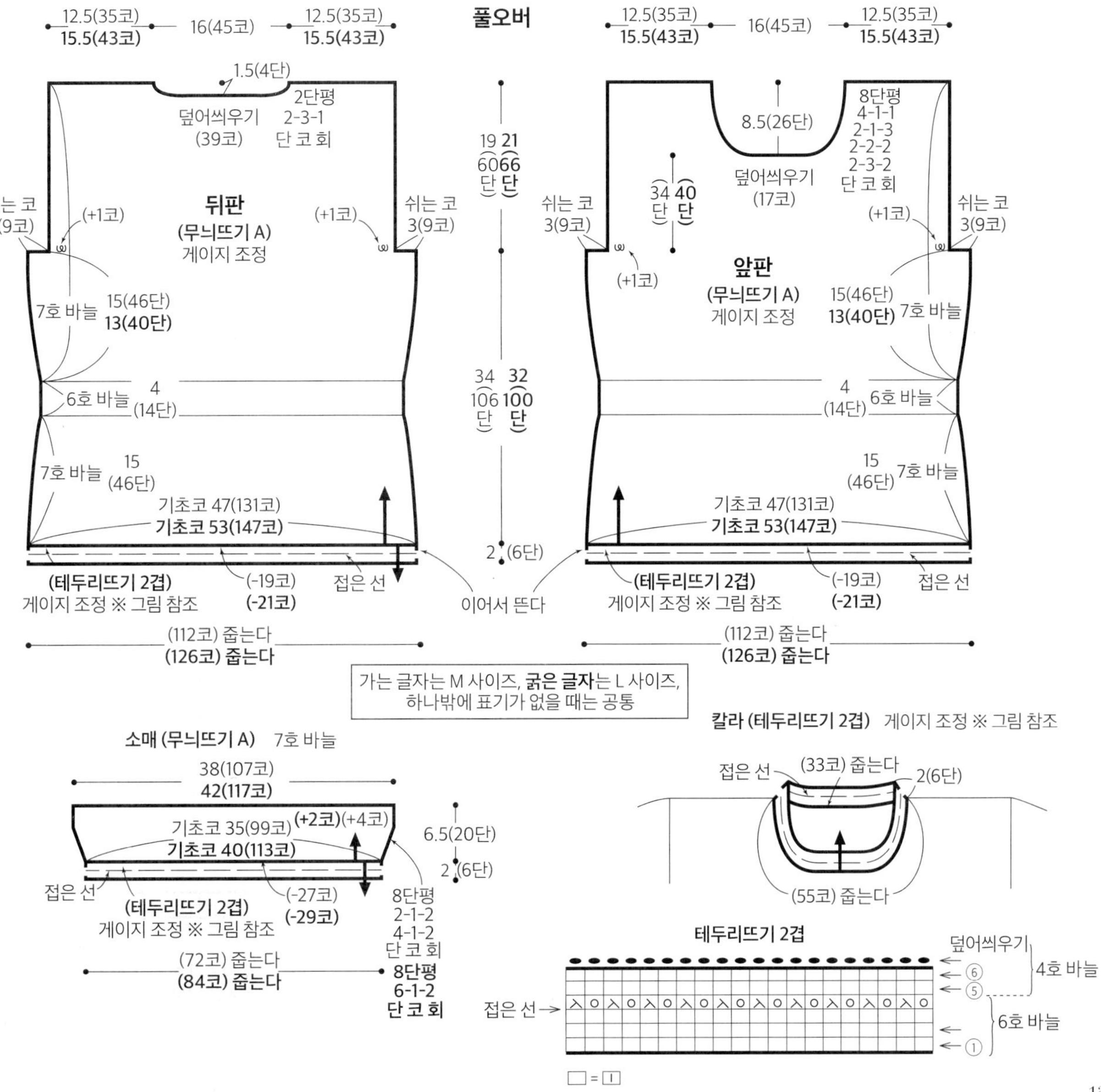

뒤 목둘레

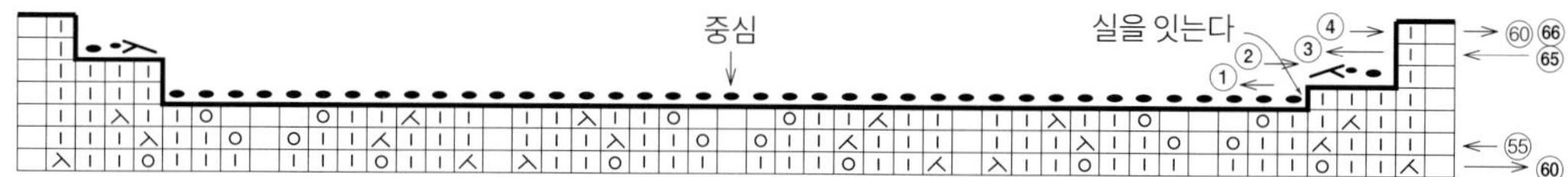

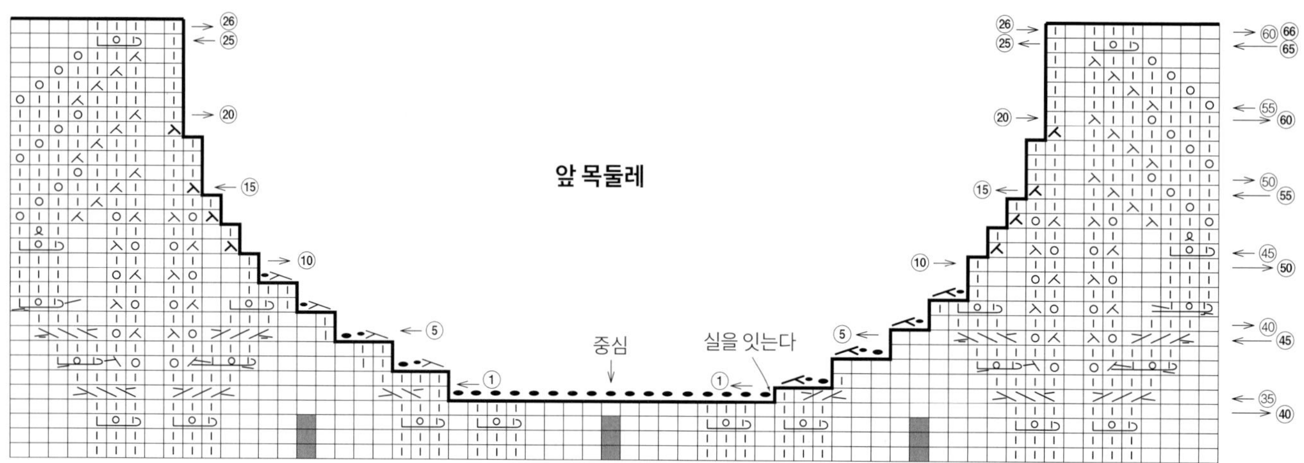

무늬뜨기 A

16코 30단 1무늬

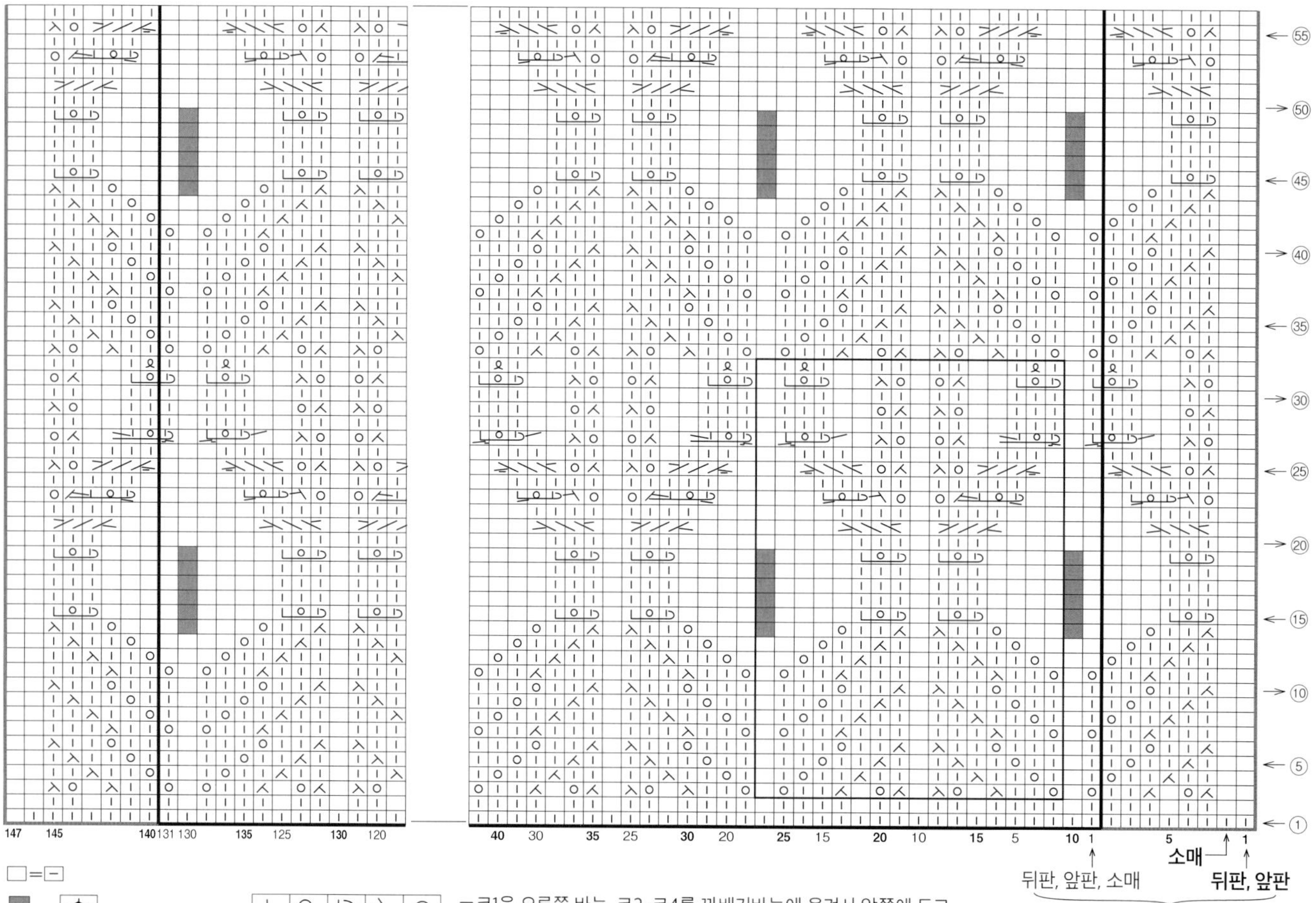

뒤판, 앞판, 소매

소매

뒤판, 앞판

뜨기 시작

※ M사이즈의 가장자리 1코는 안뜨기하고, 가장자리 방울은 앞판에만 뜬다

□=−

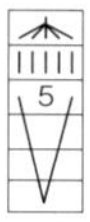

▓ = 3단 끌어올려 구슬뜨기

=코1을 오른쪽 바늘, 코2~코4를 꽈배기바늘에 옮겨서 앞쪽에 두고, 걸기코, 코5를 겉뜨기한 뒤에 오른쪽 바늘로 옮긴 코1을 덮어씌워서 오른코 겹쳐 2코 모아뜨기, 코2~코4를 왼코에 꿴 매듭뜨기한다.

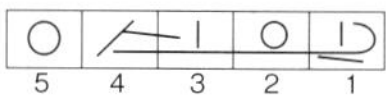

=코1을 꽈배기바늘에 옮겨서 뒤쪽에 두고, 코2~코4를 왼코에 꿴 매듭뜨기, 코1을 왼쪽 바늘로 다시 옮겨서 코5와 왼코 겹쳐 2코 모아뜨기하고 걸기코를 한다.

=코1을 꽈배기바늘에 옮겨서 뒤쪽에 두고, 코2~코4를 왼코에 꿴 매듭뜨기, 코1을 안뜨기한다.

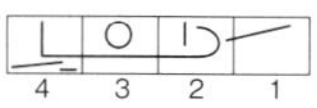

=코1~코3을 꽈배기바늘에 옮겨서 앞쪽에 두고, 코4를 안뜨기한다. 코1~코3을 왼코에 꿴 매듭뜨기한다.

=M사이즈

=L사이즈

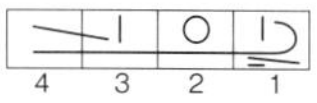

볼레로 카디건

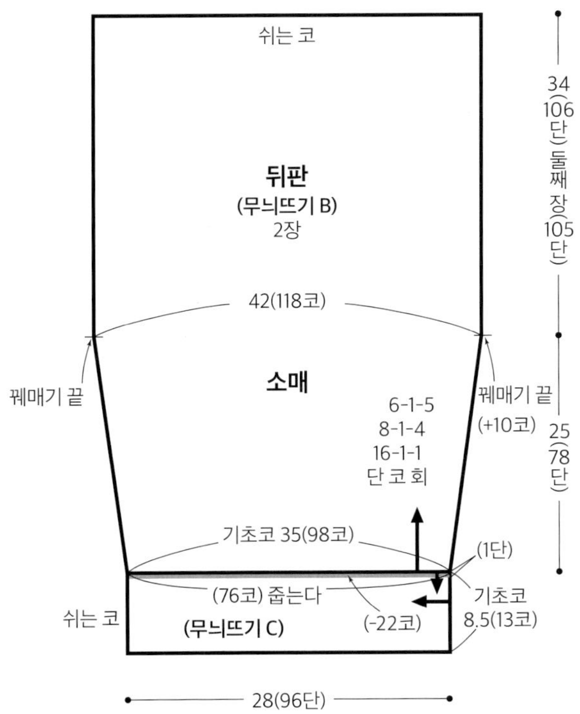

쉬는 코
뒤판
(무늬뜨기 B)
2장
34(106단) 둘째 장(105단)
42(118코)
소매
꿰매기 끝
꿰매기 끝 (+10코)
6-1-5
8-1-4
16-1-1
단 코 회
25(78단)
기초코 35(98코)
(1단)
(76코) 줍는다
(-22코)
기초코 8.5(13코)
쉬는 코
(무늬뜨기 C)
28(96단)

※ 볼레로 카디건은 모두 8호 바늘로 뜬다

앞여밈단·칼라·밑단 (무늬뜨기 C)

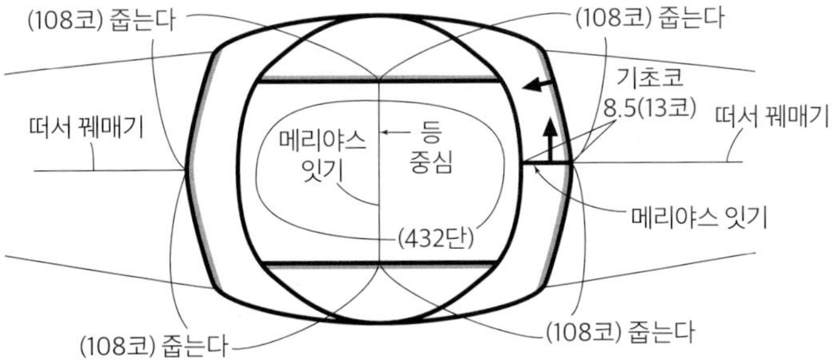

(108코) 줍는다
(108코) 줍는다
떠서 꿰매기
기초코 8.5(13코)
떠서 꿰매기
메리야스 잇기
등 중심
메리야스 잇기
(432단)
(108코) 줍는다
(108코) 줍는다

※ 전체로 (432코)

= 지정된 콧수를 1단 주워 두고, 그 코와 무늬뜨기 C의 가장자리 코로 2코 모아뜨기하여 이으면서 뜬다.

칼라·밑단과 몸판 잇는 법

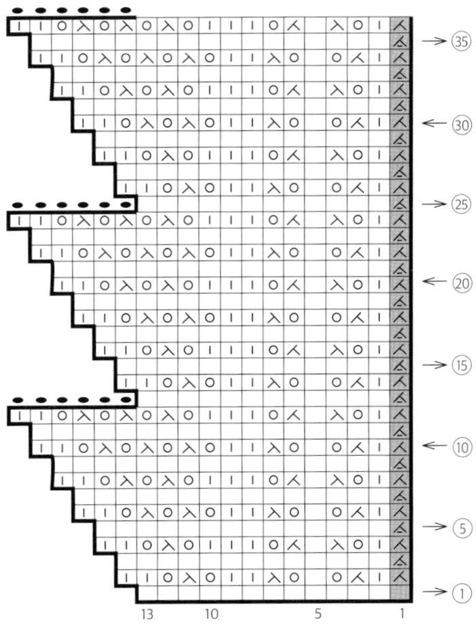

35
30
25
20
15
10
5
1
13
10
5
1

소맷부리와 몸판 잇는 법

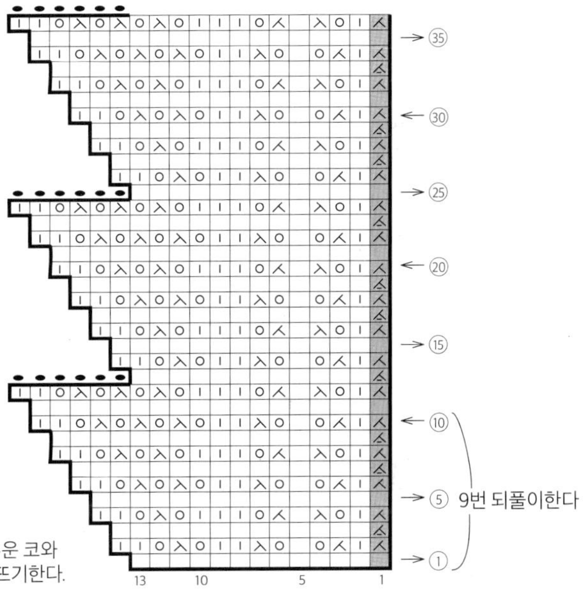

35
30
25
20
15
10
5
9번 되풀이한다
1
13
10
5
1

□ = ⊟

⋏ ⋏ = 몸판의 주운 코와 2코 모아뜨기한다.

소매

덮어씌우기
20
15
10
5
1
113
110
99
105
95
100
90
30
35
25
30
20
25
15
20
10
15
5
10
1
5
1
16코 1무늬

□ = ⊟

▮ = =3단 끌어올려 구슬뜨기

ꝸ · ꝸ =돌려뜨기로 코 늘리기

▭ =M사이즈

▭ = L사이즈

▮ 부분(M사이즈 가장자리의 변칙) L사이즈는 무늬를 그대로 계속하여 뜬다

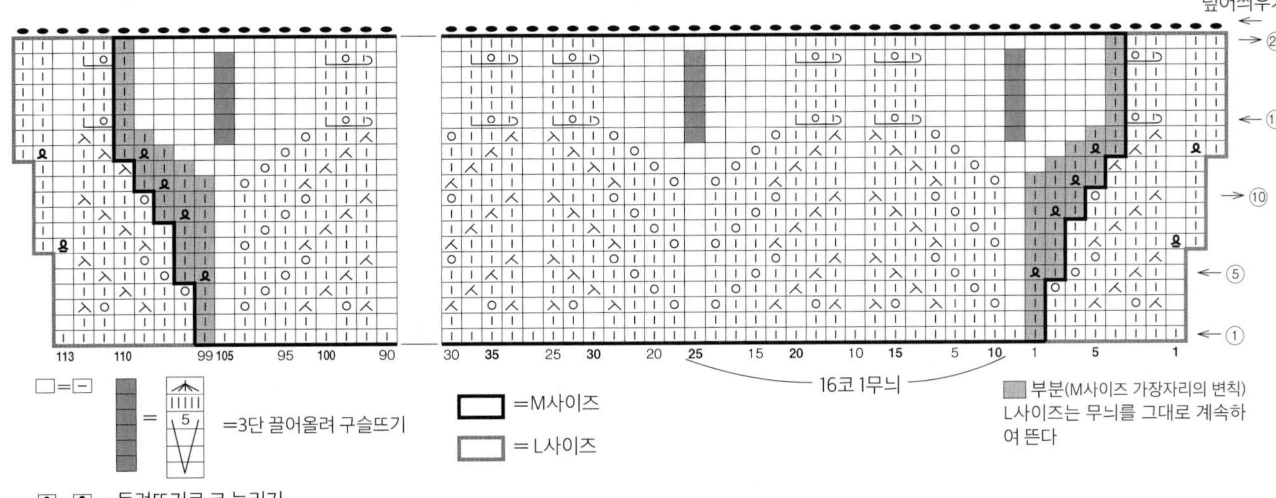

무늬뜨기 B

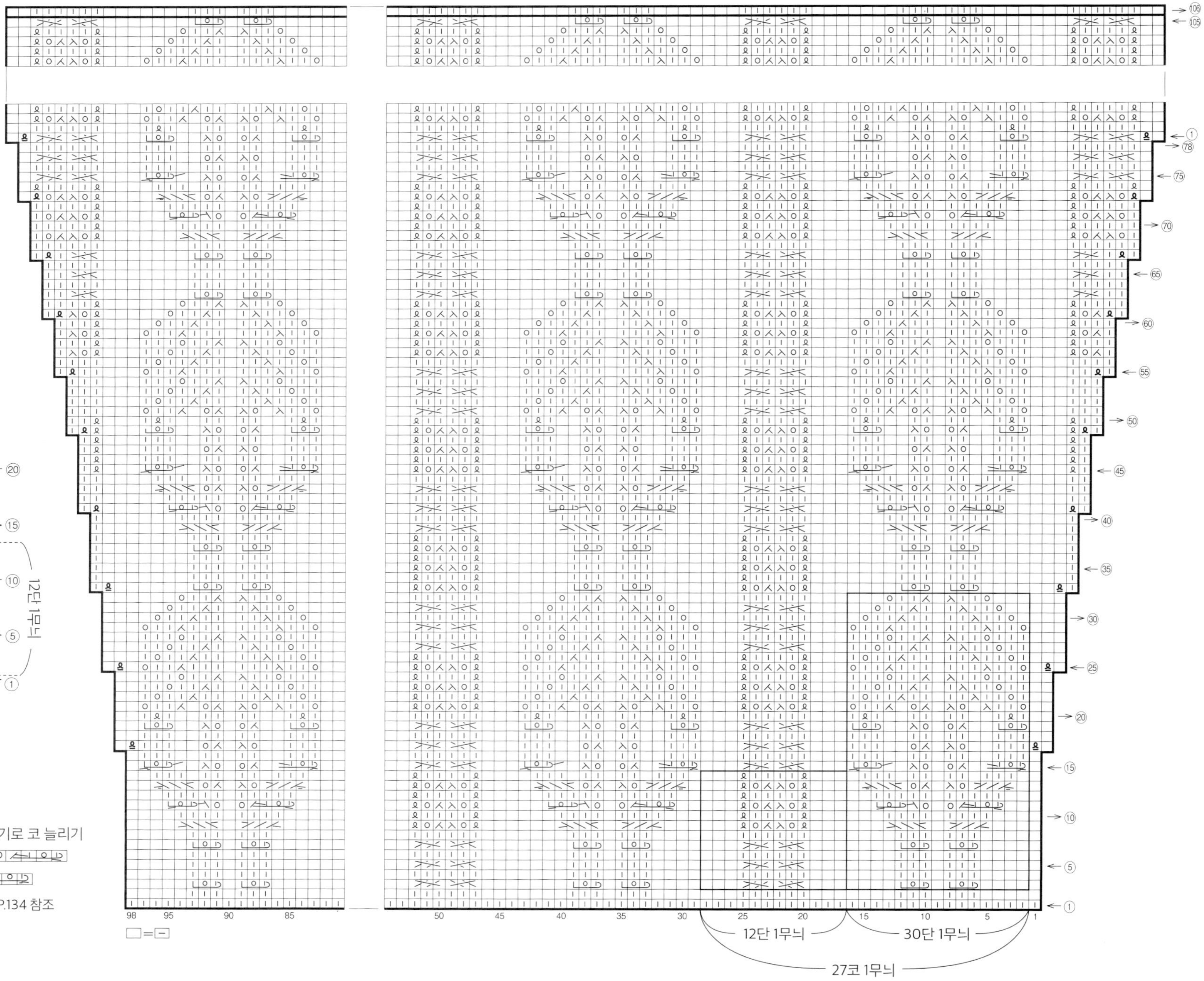

12단 1무늬

30단 1무늬

27코 1무늬

□=−

무늬뜨기 C

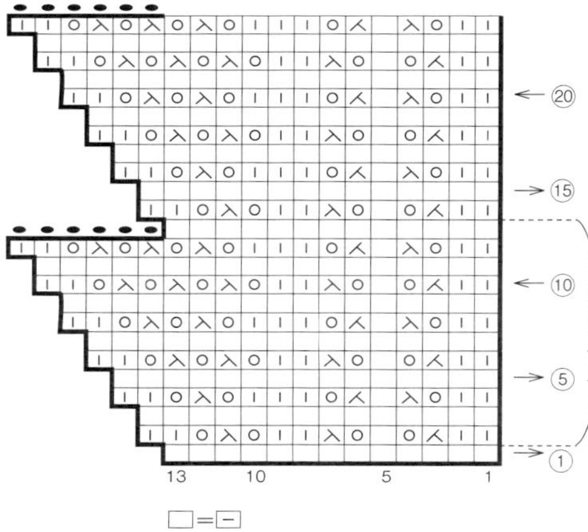

12단 1무늬

□=−

ᘏ · ᘏ =돌려뜨기로 코 늘리기

뜨는 법은 P.123나 P.134 참조

● 교차무늬 …76p

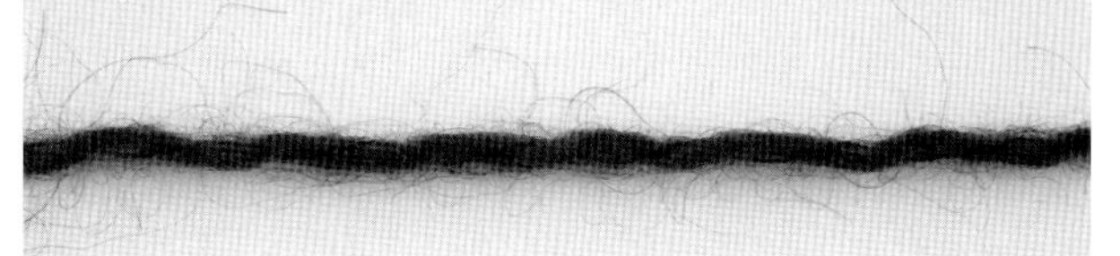

다이아 도미나<놈> (실물 크기)

재료

다이아몬드 뜨개실 다이아 도미나<놈> 소프트 라벤더(511)

[M] 470g/ 12볼

[L] 515g/ 13볼

지름 18mm 단추 5개

도구

대바늘 7호, 대바늘 5호

완성 치수

[M] 가슴둘레 102cm, 어깨너비 42cm, 옷 길이 61cm, 소매 길이 49cm

[L] 가슴둘레 110cm, 어깨너비 48cm, 옷 길이 61cm, 소매 길이 49cm

게이지

가로세로 10cm 무늬뜨기 A 28코×29단, 무늬뜨기 B 26코×29단

POINT

◎ **몸판**: 별도사슬 기초코로 코를 잡아서 무늬뜨기 A, B로 뜬다. 진동둘레의 코 줄이기는 쉬는 코로 두고, 목둘레의 코 줄이기는 2코 이상은 덮어씌우기로, 1코는 가장자리 1코를 세워서 줄이기로 한다.

◎ **소매**: 몸판과 같은 방법으로 코를 잡아서 무늬뜨기 A, B, 안메리야스뜨기로 뜬다. 소매 옆선의 코 늘리기는 가장자리 1코 안쪽에서 돌려뜨기로 늘린다.

◎ **마무리**: 밑단, 소맷부리는 기초코 사슬을 풀고 코를 주워서 테두리뜨기를 한다. 끝낼 때는 무늬에 이어지게 교차뜨기를 하며 2코 고무뜨기 코막음한다. 어깨선은 덮어씌워 빼뜨기로 잇는다. 앞여밈단과 칼라는 지정된 콧수를 주워서 그림을 참조하여 정해진 위치에 단춧구멍을 만들며 테두리뜨기를 한다. 끝낼 때는 밑단과 같은 방법으로 마무리한다. 소매와 몸판은 코와 단 잇기로, 몸판 옆선과 소매 옆선은 떠서 꿰매기로 잇는다.

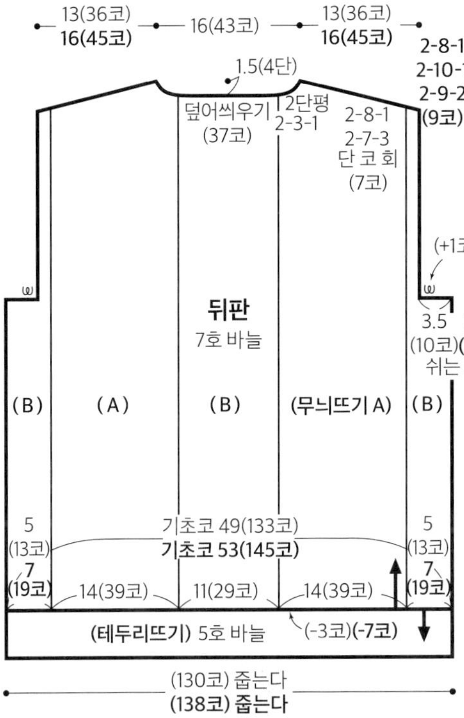

뒤판
7호 바늘

13(36코) **16(45코)** — 16(43코) — 13(36코) **16(45코)**

1.5(4단)

덮어씌우기 (37코)

2단평 2-3-1

2-8-1 2-7-3 단 코 회 (7코)

2-8-1 2-10-1 2-9-2 (9코)

(+1코)

3.5 (10코) 쉬는 코 / 2.5 (7코)

(B) (A) (B) (무늬뜨기 A) (B)

5 (13코) 7 (19코)

기초코 49(133코) **기초코 53(145코)**

14(39코) 11(29코) 14(39코)

(테두리뜨기) 5호 바늘 (-3코)**(-7코)**

(130코) 줍는다 **(138코) 줍는다**

3(8단)

20 **22** / 58 **64** 단

33 **31** / 96 **90** 단

5(18단)

오른쪽 앞판
7호 바늘 (무늬뜨기 A)

13(36코) **16(45코)** — 8.5 (24코)

뒤판과 같다

8단평 4-1-1 2-1-1 > 10회 2-1-3 단 코 회 코 줄이기 (1코)

(+1코)

2.5 (7코) / 3.5 (10코) 쉬는 코

(B) (B)

기초코 25(69코) **기초코 27(75코)**

5 (13코) 7 (19코)

14(39코) 6 (17코)

(테두리뜨기) 5호 바늘 (-2코)

(67코) 줍는다 **(75코) 줍는다**

※ 왼쪽 앞판은 대칭으로 뜬다

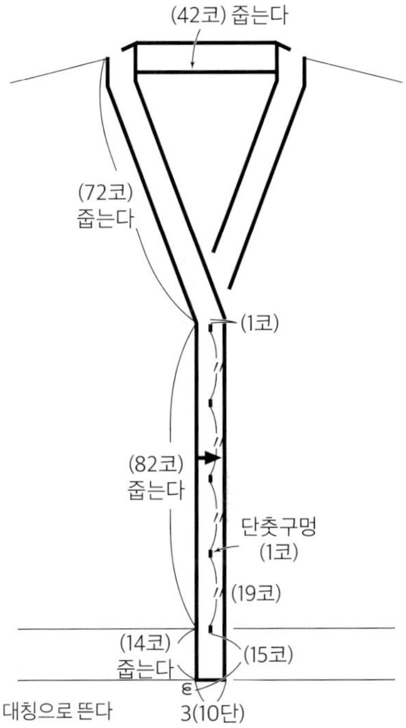

25.5 (74단)

30.5 (88단)

앞여밈단·칼라 (테두리뜨기) 5호 바늘

(42코) 줍는다

(72코) 줍는다

(1코)

(82코) 줍는다

단춧구멍 (1코)

(19코)

(14코) 줍는다

(15코)

3(10단)

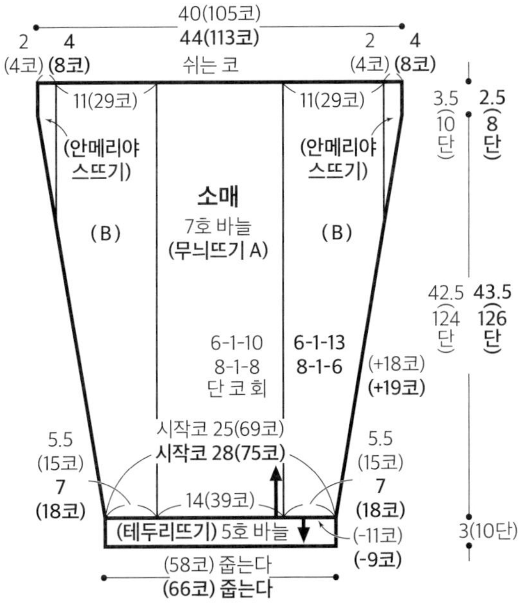

소매
7호 바늘 (무늬뜨기 A)

40(105코) **44(113코)** 쉬는 코

2 (4코) **4 (8코)** / 2 (4코) **4 (8코)**

11(29코) 11(29코)

(안메리야스뜨기) (안메리야스뜨기)

(B) (B)

6-1-10 8-1-8 단 코 회 / **6-1-13 8-1-6**

(+18코) **(+19코)**

시작코 25(69코) **시작코 28(75코)**

5.5 (15코) 7 (18코)

14(39코)

(테두리뜨기) 5호 바늘 (-11코) **(-9코)**

(58코) 줍는다 **(66코) 줍는다**

3.5 (10단) **2.5 (8단)**

42.5 (124단) **43.5 (126단)**

3(10단)

가는 글자는 M 사이즈, **굵은 글자**는 L 사이즈, 하나밖에 표기가 없을 때는 공통

테두리뜨기

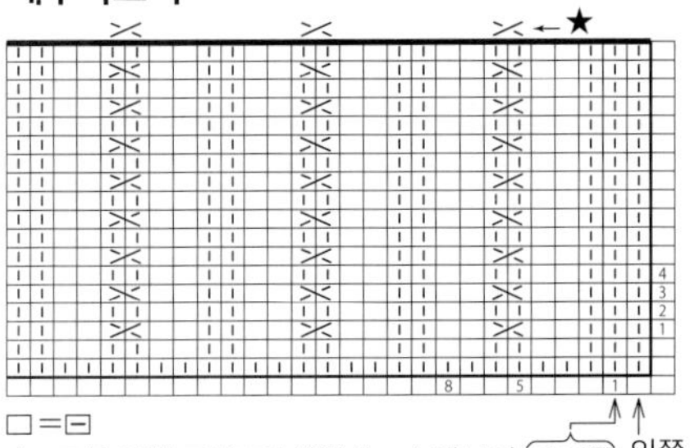

□=⊟

★= 코를 왼쪽 교차뜨기하면서 2코 고무뜨기 코막음한다.

소맷부리, 오른쪽 앞판, 뒤판 / 왼쪽 앞판 뜨기 시작

단춧구멍 (오른쪽 앞여밈단)

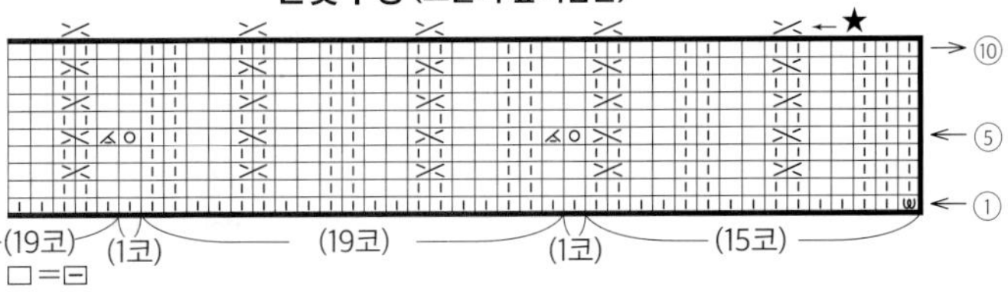

(19코) (1코) (19코) (1코) (15코)

□=⊟

작품 뜨는 방법

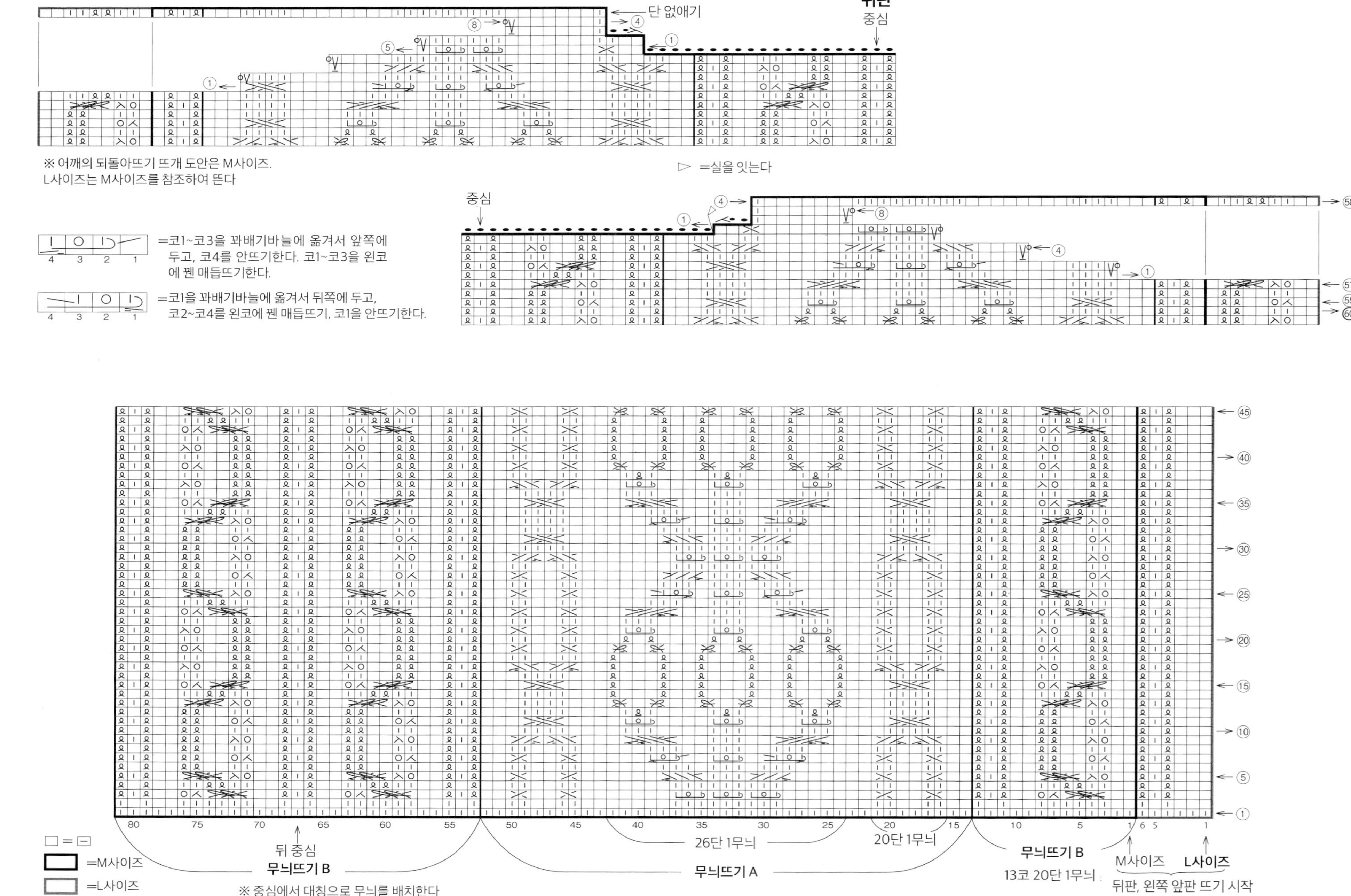
뒤판
중심
단 없애기
※ 어깨의 되돌아뜨기 뜨개 도안은 M사이즈.
L사이즈는 M사이즈를 참조하여 뜬다
▷ =실을 잇는다
중심
=코1~코3을 꽈배기바늘에 옮겨서 앞쪽에 두고, 코4를 안뜨기한다. 코1~코3을 왼코에 꿴 매듭뜨기한다.
=코1을 꽈배기바늘에 옮겨서 뒤쪽에 두고, 코2~코4를 왼코에 꿴 매듭뜨기, 코1을 안뜨기한다.
□ = ⊟
=M사이즈
=L사이즈
뒤 중심
무늬뜨기 B
※ 중심에서 대칭으로 무늬를 배치한다
26단 1무늬
20단 1무늬
무늬뜨기 A
무늬뜨기 B
13코 20단 1무늬
M사이즈
L사이즈
뒤판, 왼쪽 앞판 뜨기 시작

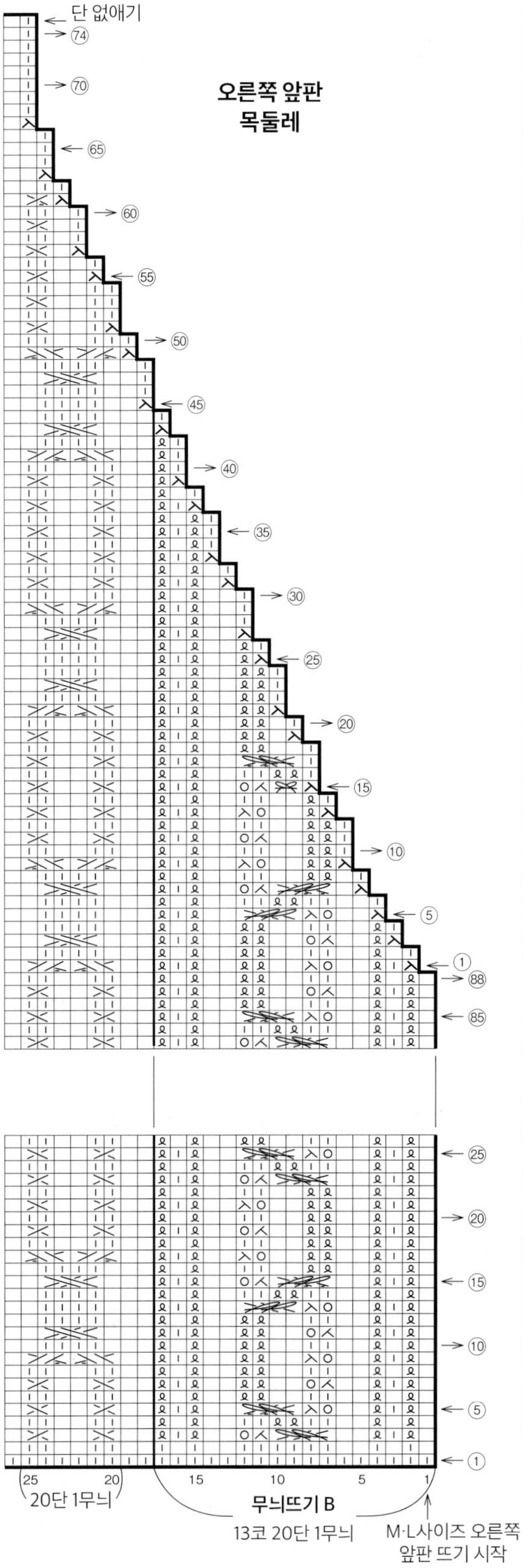

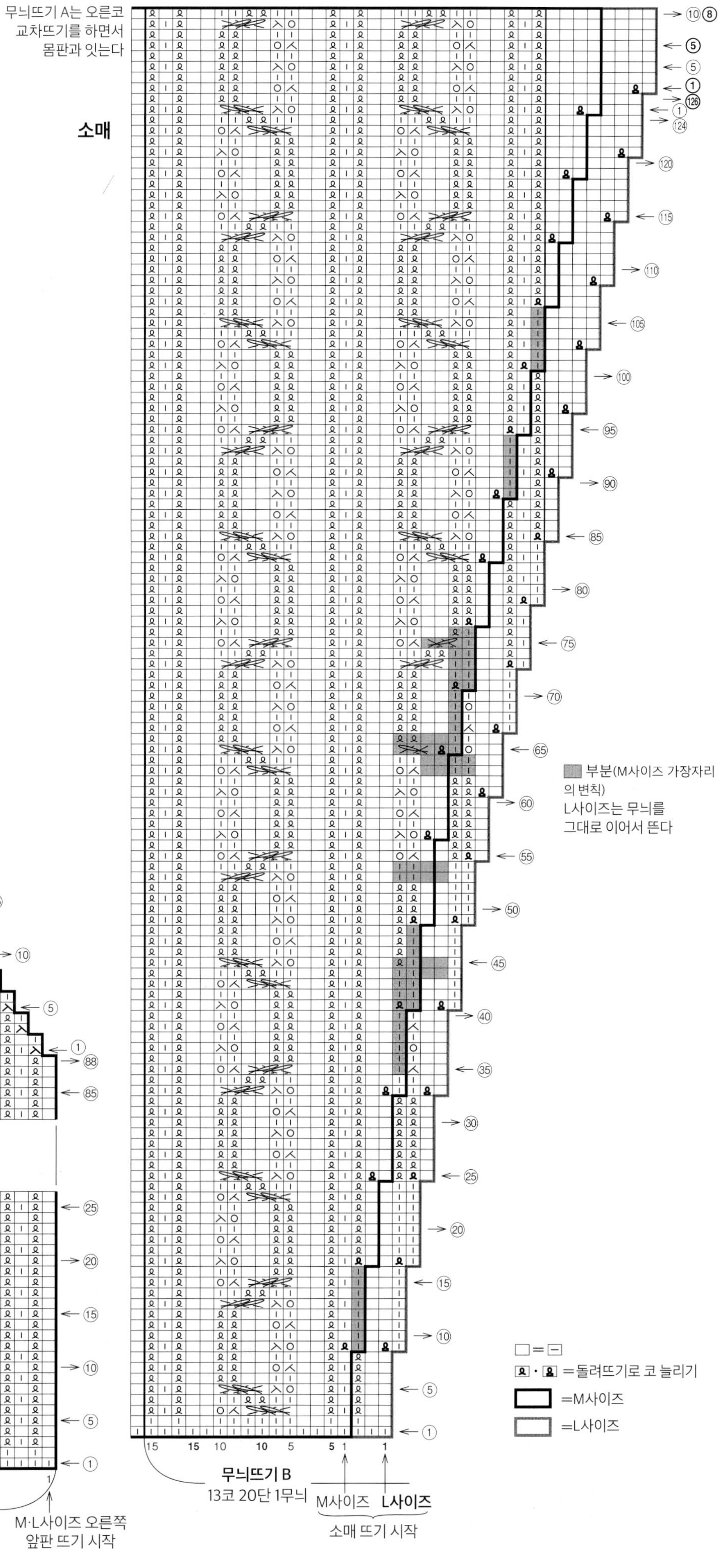

무늬뜨기 A는 오른코 교차뜨기를 하면서 몸판과 잇는다

소매

→ ⑩⑧
⑤
⑤
①
⑫⑥
① ⑫④ ⑫⓪ ⑪⑤ ⑪⓪ ⑩⑤ ⑩⓪ 95 90 85 80 75 70 65 60 55 50 45 40 35 30 25 20 15 10 5 1

15 15 10 10 5 5 1 1

무늬뜨기 B
13코 20단 1무늬

M사이즈 L사이즈
소매 뜨기 시작

■ 부분(M사이즈 가장자리의 변칙)
L사이즈는 무늬를 그대로 이어서 뜬다

□ = ⊟
돌려뜨기로 코 늘리기
= M사이즈
= L사이즈

오른쪽 앞판 목둘레

← 단 없애기
74 70 65 60 55 50 45 40 35 30 25 20 15 10 5 1 88 85

25 20 15 10 5 1
25 20 15 10 5 1

20단 1무늬

무늬뜨기 B
13코 20단 1무늬

M·L사이즈 오른쪽 앞판 뜨기 시작

● 패널무늬 ...98p

다이아 에포카 (실물 크기)

재료

다이아몬드 뜨개실 다이아 에포카 무염색(302)

[M] 550g/ 14볼

[L] 670g/ 17볼

도구

대바늘 9호, 대바늘 8호, 대바늘 7호, 대바늘 6호

완성 치수

[M] 가슴둘레 96cm, 옷 길이 58cm, 뒤 목중심~소매 끝 길이 69cm

[L] 가슴둘레 106cm, 옷 길이 59.5cm, 뒤 목중심~소매 끝 길이 73cm

게이지

가로세로 10cm 무늬뜨기 A, A', C, C', D, D' 모두 26코×28단,

무늬뜨기 B 27코×28단

POINT

◎ 몸판, 소매: 별도사슬 기초코로 코를 잡아서 무늬뜨기 A, A', B, C, C', D, D'로 뜬다. 래글런 선의 코 줄이기는 그림을 참조하여 꽈배기무늬 안쪽에서 2코 모아 안뜨기로 한다. 목둘레는 덮어씌우기로 코를 줄인다. 소매 옆선의 코 늘리기는 가장자리 1코 안쪽에서 돌려뜨기로 늘린다.

◎ 마무리: 밑단, 소맷부리는 기초코 사슬을 풀고 코를 주워서 무늬뜨기 E, E'로 뜬다. 끝낼 때는 2코 고무뜨기 코막음한다. 래글런 선, 몸판 옆선, 소매 옆선은 떠서 꿰매기로 잇고, 래글런 선 아래에 덮어씌우기했던 코는 빼뜨기로 잇는다. 칼라는 지정된 콧수를 주워서 2코 고무뜨기와 무늬뜨기 E''로 게이지를 조정하며 뜬다. 끝낼 때는 원통뜨기로 2코 고무뜨기 코막음한다.

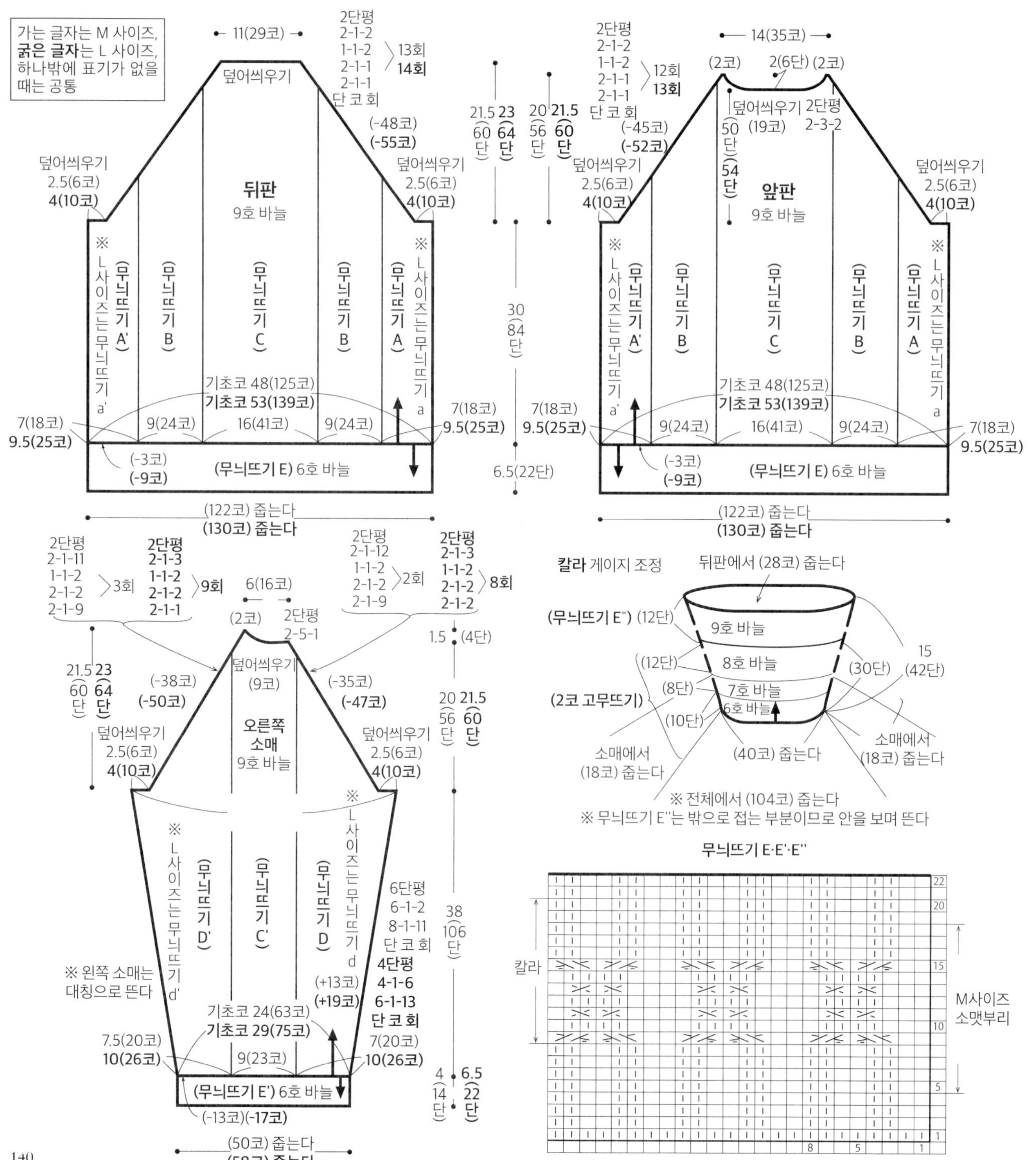

무늬뜨기 A' M사이즈 몸판

앞판, 뒤판 뜨기 시작

무늬뜨기 a' L사이즈 몸판

앞판, 뒤판 뜨기 시작

무늬뜨기 a L사이즈 몸판

앞판, 뒤판 뜨기 시작

중심

무늬뜨기 C 32단 1무늬

무늬뜨기 B 8단 1무늬

무늬뜨기 A 8단 1무늬

M사이즈 앞판, 뒤판 뜨기 시작

□=⊟

=3회 감아 매듭뜨기

=2회 감아 매듭뜨기

=코1을 꽈배기바늘에 옮겨서 뒤쪽에 두고, 코2~코4를 왼코에 꿴 매듭뜨기, 코1을 안뜨기나 겉뜨기하여 교차뜨기한다.

=코1~코3을 꽈배기바늘에 옮겨서 앞쪽에 두고, 코4를 안뜨기나 겉뜨기, 코1~코3을 왼코에 꿴 매듭뜨기한다.

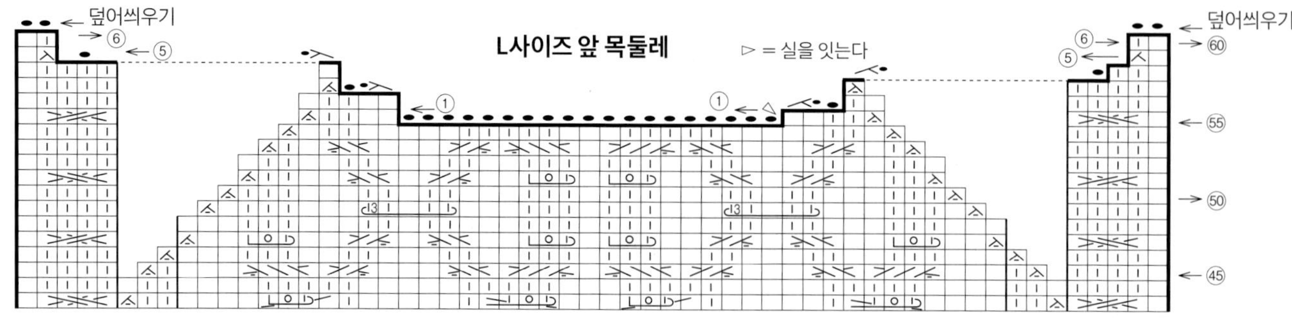

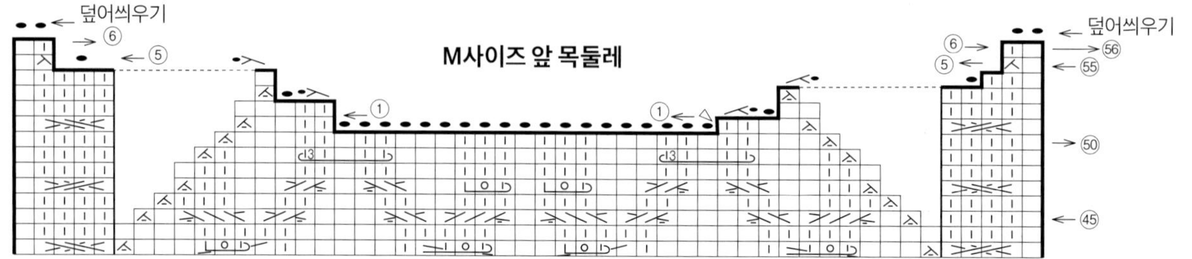

L사이즈 래글런 선의 코 줄이기

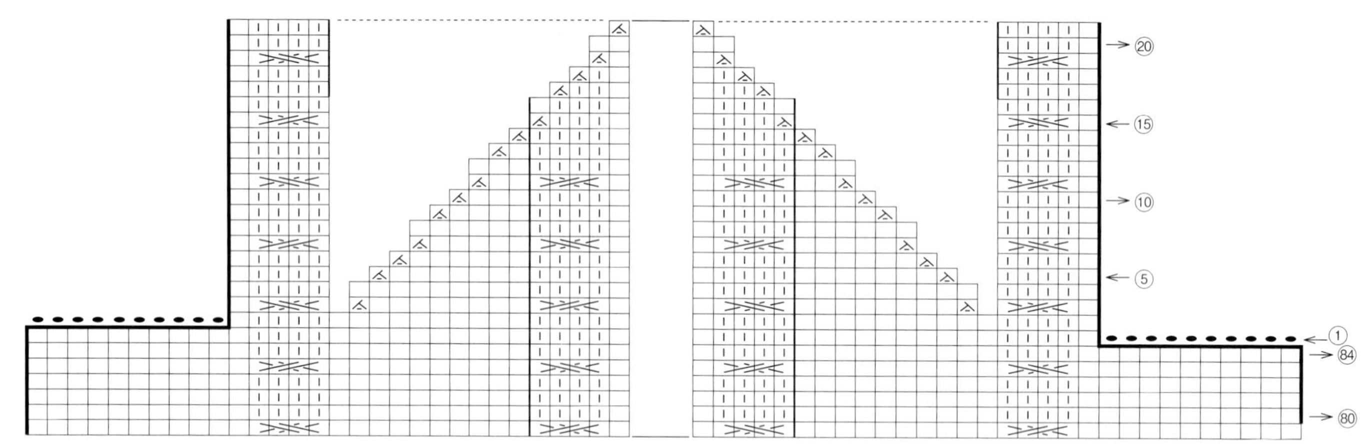

M사이즈 래글런 선의 코 줄이기

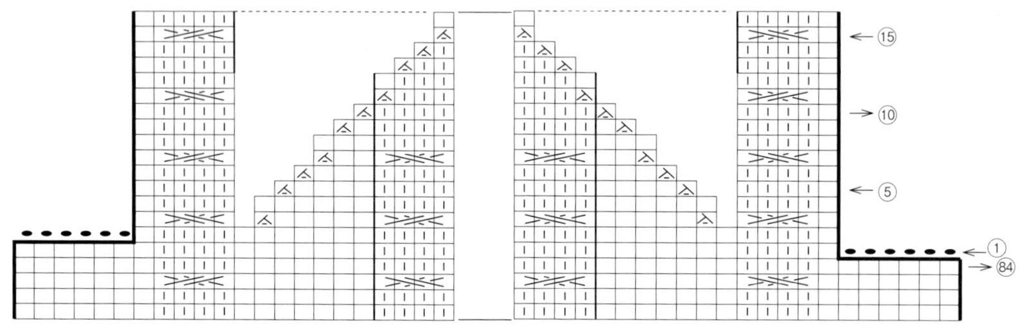

무늬뜨기 d·d' L사이즈 소매

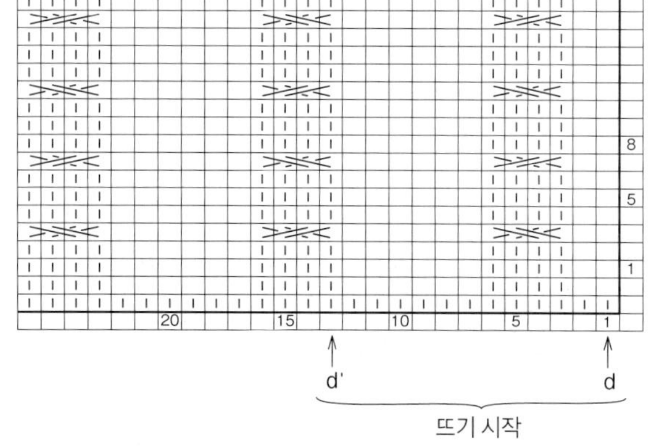

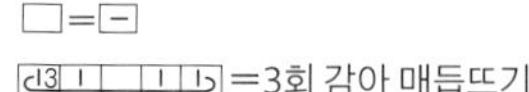

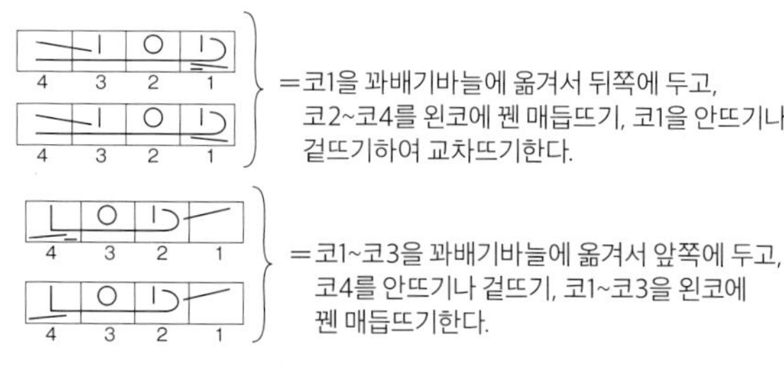

M사이즈 오른쪽 소매

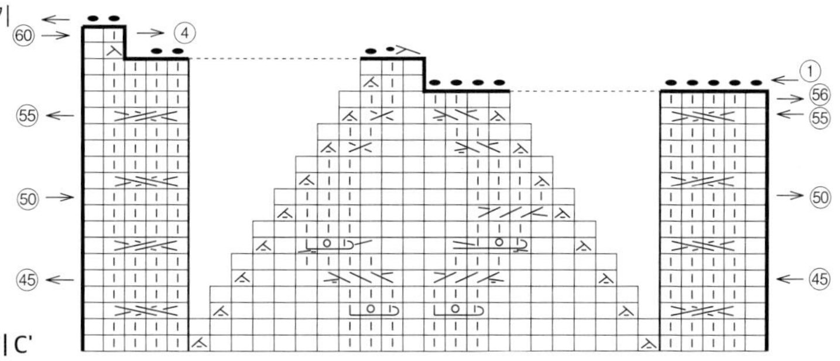

덮어씌우기

소매

무늬뜨기 C' 23코 32단 1무늬

무늬뜨기 D 22코 8단 1무늬

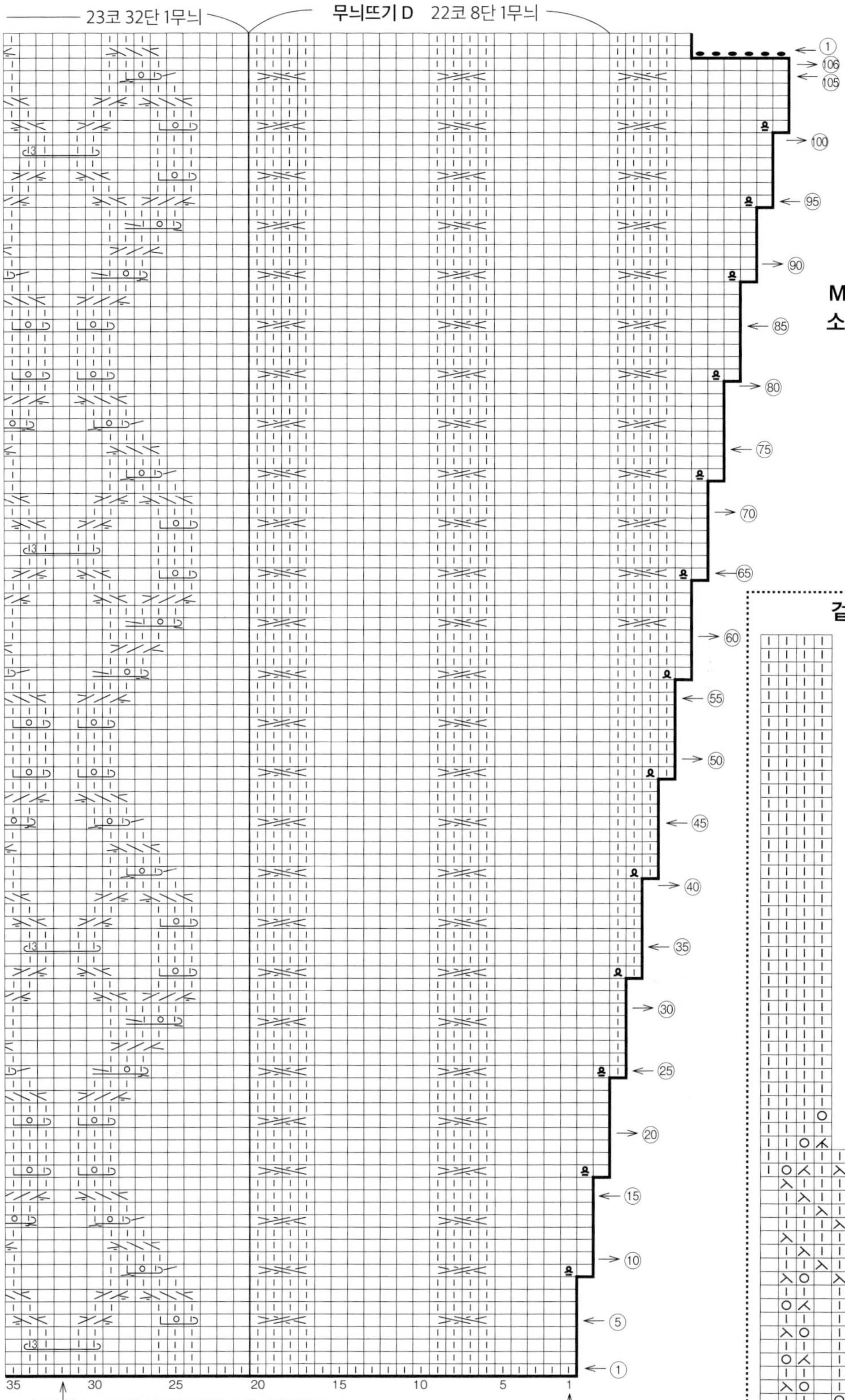

M사이즈 소매 옆선

소매 중심 ※ 중심에서 대칭으로 배치한다

M사이즈 뜨기 시작

※ 무늬뜨기 D'는 좌우대칭으로 배치한다

□=⊟

ꝏ · ꝏ =돌려뜨기로 코 늘리기

=3회 감아 매듭뜨기

겉표지 뜨개 도안(001)

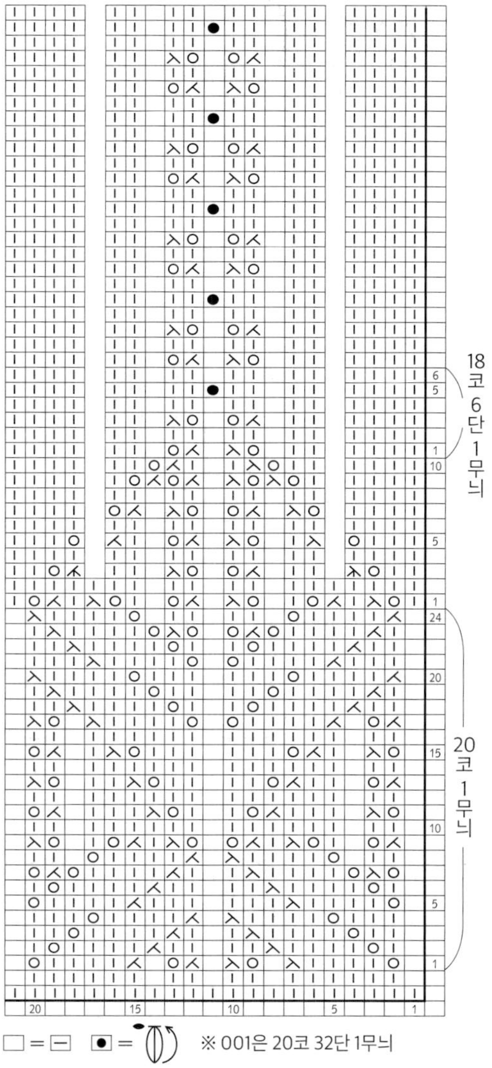

18코 6단 1무늬

20코 1무늬

□=⊟ ●=

※ 001은 20코 32단 1무늬

"ZOUHOKAITEIBAN COUTURE KNIT MOYOAMI 250"
by Hitomi Shida (NV70650)
Copyright © Hitomi Shida / NIHON VOGUE-SHA 2021
All rights reserved.
First published in Japan in 2021 by NIHON VOGUE Corp.
Photographer: Toshikatsu Watanabe, Noriaki Moriya,
Hidetoshi Maki
This Korean edition is published by arrangement
with NIHON VOGUE Corp., Tokyo
in care of Tuttle-Mori Agency, Inc., Tokyo,
through Botong Agency, Seoul.

이 책의 한국어판 저작권은 Botong Agency를 통한 저작권자와의
독점 계약으로 한스미디어가 소유합니다.
신 저작권법에 의하여 한국 내에서 보호를 받는 저작물이므로
무단전재와 무단복제를 금합니다.
이 책에 게재되어 있는 작품을 복제하여 판매하는 것은 금지되어 있습니다.

시다 히토미

일본 아오모리현 출신. 1980년부터 손뜨개를 배우기 시작하여 1990년 하라주쿠 이카트에서 첫 개인전을 열었고, 그 후 출판사 및 의류업체의 일을 시작했다.
1996년《어른의 쿠튀르 니트》출판 시작
2001~2002년 보그 학원, 손뜨개 교실 강사
2005년《대바늘 니트 패턴집 250》출판
2009년부터《쿠튀르 니트 봄여름》출판 시작
2012년《쿠튀르 니트 17 아름다운 무늬 니트》출판
중국에서《쿠튀르 니트》출판 개시, 미국 및 영국의 니트 잡지에 작품 게재
2013년《쿠튀르 니트 봄여름 5》출판
영국의 니트 잡지에 작품 게재
《쿠튀르 니트 18 우아하고 아름다운 무늬 니트》출판
2014년《쿠튀르 니트 봄여름 6》출판
중국 상하이에서 강좌 개최
《쿠튀르 니트 19 어른의 우아한 무늬 니트》출판
2015년《쿠튀르 니트 봄여름 7》출판
《쿠튀르 니트 20 화려한 무늬 니트》출판
《대바늘 손뜨개 패턴집 260》출판
2017년 잡지 <모사다마>에서 '다시 한번 쿠튀르 니트' 연재 시작
2019년부터 잡지 <모사다마>에서 '시다 히토미의 쿠튀르 어레인지' 연재 중
《대바늘 손뜨개 패턴집 260》은 11개 국어로,《대바늘 니트 패턴집 250》은 7개 국어로 번역되어 전 세계에서 인기를 얻고 있다.

작품, 뜨개 디자인: 시다 히토미
제작자명: 아라카와 노리코, 이토 가즈코, 기자키 유키코, 시마무라 다카코, 스즈키 이치코, 스즈키 미즈에, 다나카 야스코 , 나시모토 아케미, 노구치 미치코, 노즈미 에쓰코, 하라 히로코, 후지이 히사코, 후루카와 후미코, 마키노 게이코, 야스다 사토코, 사쿠라이 유카, 이마이 야스코, 구사카와 스미코

대바늘 니트 패턴집 250

1판 1쇄 발행 | 2022년 8월 29일
1판 2쇄 발행 | 2024년 1월 15일

지은이 시다 히토미
옮긴이 남궁가윤
펴낸이 김기옥

실용본부장 박재성
편집 실용2팀 이나리, 장윤선
마케터 이지수
지원 고광현, 김형식

디자인 푸른나무디자인
인쇄·제본 민언프린텍

펴낸곳 한스미디어(한즈미디어(주))
주소 04037 서울시 마포구 양화로 11길 13(서교동, 강원빌딩 5층)
전화 02-707-0337 | 팩스 02-707-0198 | 홈페이지 www.hansmedia.com
출판신고번호 제 313-2003-227호 | 신고일자 2003년 6월 25일

ISBN 979-11-6007-840-4 13590

책값은 뒤표지에 있습니다.
잘못 만들어진 책은 구입하신 서점에서 교환해 드립니다.